# Animate 2022 动画制作
# 团体操队形

周涛　王韬　谢传彬　著

电子工业出版社
Publishing House of Electronics Industry
北京·BEIJING

## 内 容 简 介

本书利用 Animate 2022 的各项功能，从团体操创编和教学等实际工作需要出发，采用通俗易懂的语言，将团体操队形图案的变化以动画预设的方式呈现，同时针对性地兼顾了 Animate 主要功能的学习和领会。为方便读者理解和学习，全书每个章节都配有视频，帮助读者快速理解该软件的运行原理并掌握各种操作技巧，获得创建图形模板、绘制坐标"演员"点位、制作动画等技能，通过扫描二维码即可进行动画制作的同步学习。

本书适合学校体育工作者、团体操组织与创编者、大中专院校相关专业（团体操课程）学生和教师参考与阅读。

未经许可，不得以任何方式复制或抄袭本书之部分或全部内容。
版权所有，侵权必究。

**图书在版编目（CIP）数据**

Animate 2022 动画制作：团体操队形 / 周涛，王韬，谢传彬著. —北京：电子工业出版社，2023.8

ISBN 978-7-121-46468-3

Ⅰ. ①A… Ⅱ. ①周… ②王… ③谢… Ⅲ. ①团体操－编排(体育)－计算机辅助设计－应用软件 Ⅳ. ①G837.19-39

中国国家版本馆 CIP 数据核字(2023)第 179407 号

责任编辑：祁玉芹
印　　刷：中国电影出版社印刷厂
装　　订：中国电影出版社印刷厂
出版发行：电子工业出版社
　　　　　北京市海淀区万寿路 173 信箱　邮编：100036
开　　本：787×1092　1/16　印张：13　字数：316 千字
版　　次：2023 年 8 月第 1 版
印　　次：2023 年 8 月第 1 次印刷
定　　价：59.00 元

凡所购买电子工业出版社图书有缺损问题，请向购买书店调换。若书店售缺，请与本社发行部联系，联系及邮购电话：（010）88254888，88258888。
质量投诉请发邮件至 zlts@phei.com.cn，盗版侵权举报请发邮件至 dbqq@phei.com.cn。
本书咨询联系方式：qiyuqin@phei.com.cn。

# 前　　言

　　Animate 2022是一款集动画创作和应用程序开发为一体的二维动画编辑软件，缩写为An。用户可以借助该软件提供的设计工具、命令和动画等功能，在不用写代码的情况下制作公益短片、多媒体广告、交互游戏和UI的动态效果。但将其用于构建团体操队形图案的坐标点位图和制作动画，目前在我国还寥寥无几，特别是相关方面的书籍目前还是空白。

　　本书利用Animate 2022软件的强大功能，结合团体操队形图案的设计，来实现团体操从"静态创编"到"动态展示"的目标。本书借助大量的团体操队形图片和动画制作的示例演示，深入浅出地引导读者如何利用Animate软件构建团体操队形的"坐标点点位图"和动画制作。读者只需具备基本的电脑操作技能，就可以根据书中的文字描述或配套的视频演示学会其技能。（创建图形模板、绘制坐标"演员"点位、制作动画）。本书适合学校体育工作者、团体操组织与创编者、大中专院校相关专业（团体操课程）学生和教师参考与阅读。

　　本书由周涛（清华大学）、王韬（吉利学院）和谢传彬（吉利学院）著。具体分工如下：周涛负责统筹和统稿以及第4章、第5章的撰写和视频制作，王韬完成第1章、第2章、第3章的撰写和视频制作，谢传彬完成第6章、第7章的撰写和视频制作，龙健（米哥科技）老师负责全书的视频编辑。

　　感谢顾问王廷杰（成都体育学院）老师对本书和作者的悉心教导，感谢本书所参考过的文献作者和电子工业出版社的大力支持！

　　由于编著者水平所限，书中难免有不足之处，敬请读者、同行和专家批评指正。

著者

2023 年 8 月

# 目　　录

**第 1 章　Animate 2022 动画软件简述** ·········································· 001
　　1.1　Animate的运行 ················································· 001
　　1.2　Animate 2022工作界面 ··········································· 002
　　1.3　UI设计 ························································· 008
　　1.4　文档基本操作 ··················································· 009

**第 2 章　图形绘制基本知识** ··················································· 012
　　2.1　绘图工具 ······················································· 012
　　2.2　查看和选择工具 ················································· 016
　　2.3　颜色填充 ······················································· 018
　　2.4　编辑和调整 ····················································· 021
　　2.5　文本形式与编辑 ················································· 027
　　2.6　导入素材 ······················································· 031
　　2.7　撤销操作 ······················································· 031

**第 3 章　动画制作基本知识** ··················································· 032
　　3.1　使用元件 ······················································· 032
　　3.2　时间轴和帧 ····················································· 034
　　3.3　图层简述 ······················································· 041
　　3.4　基础动画 ······················································· 044
　　3.5　音乐节奏谱动画 ················································· 058

**第 4 章　团体操队形坐标点位图** ··············································· 061
　　4.1　空白坐标图 ····················································· 061
　　4.2　团体操队形点位图 ··············································· 072

**第 5 章　运用 Animate 制作"团体操队形动画"** ································ 115
　　5.1　动画坐标图模板 ················································· 115
　　5.2　常用队形的动画制作 ············································· 117
　　5.3　特效队形变化 ··················································· 138

5.4 "道具变化"动画制作 …………………………………… 154
5.5 制作队形音乐动画 ……………………………………… 167
5.6 团体操队形动画实例展示 ……………………………… 174

# 第 6 章 团体操背景图 …………………………………………… 175
6.1 基础知识 ………………………………………………… 175
6.2 文档模板 ………………………………………………… 175
6.3 单色背景本坐标图 ……………………………………… 178
6.4 多色背景本坐标图 ……………………………………… 184
6.5 "背景坐标图"实例展示 ………………………………… 185

# 第 7 章 团体操背景动画 ………………………………………… 187
7.1 同时展示和消失类 ……………………………………… 187
7.2 依次展示和消失类 ……………………………………… 191
7.3 "背景动画"实例展示 …………………………………… 201

# 第1章

## Animate 2022动画软件简述

为了帮助读者快速掌握Animate 2022的操作方法并在实际工作中灵活运用，在构建团体操点位图和制作动画之前，需要对该软件的基本知识和操作技巧有初步的了解。本章简要介绍相关的基础知识，以便快速达到理论与运用同步提高的目的。

### 1.1 Animate 的运行

#### 1.1.1 启动Animate 2022

An 的运行

启动Animate 2022的方法一般有以下两种。

（1）从 ⊞ 启动。鼠标左键单击电脑左下角 ⊞，在弹出的下拉菜单中，用鼠标左键单击 `An Adobe Animate 2022` 图标，如图1-1所示。

（2）从桌面启动。当Animate 2022安装完成时，桌面将自动创建 An 图标，双击该图标，如图1-2所示。

图1-1 "开始"菜单

图1-2 快捷图标

用以上两种方式启动Animate 2022软件以后，都将出现如下主屏画面，如图1-3所示。

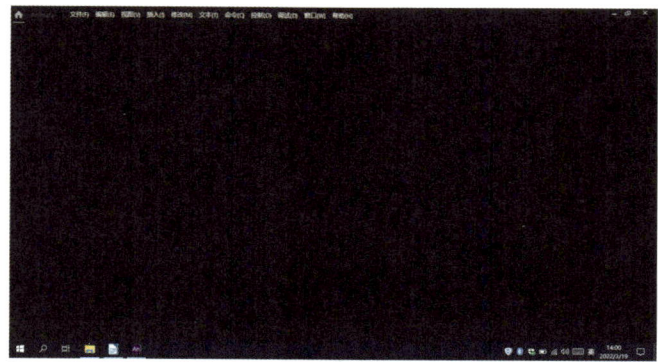

图1-3  Animate 的主屏画面

## 1.1.2  退出Animate 2022

退出Animate 2022的方法一般有以下三种。
（1）单击右上角的 ✕ "关闭"按钮。
（2）选择"文件"→"退出"命令。
（3）使用【Ctrl+Q】组合键。

## 1.1.3  界面窗口管理

包括"最小化""向下还原"和"关闭"按钮。

## 1.2  Animate 2022 工作界面

要正确、高效地运用Animate 2022软件制作图形和动画，需要熟悉它的工作界面以及各部分的功能。工作界面包括菜单栏、工具栏、时间轴、场景和舞台、属性、浮动等，如图1-5所示。

图1-4  "文件"菜单

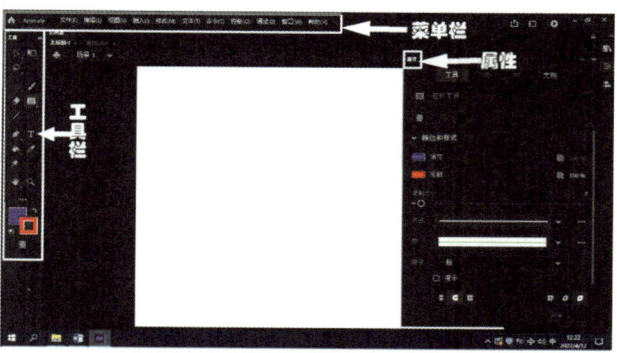

图1-5  Animate 工作界面

提示：启动该软件后需要单击"文件"菜单并新建文档（如图1-4所示）以后才能显示工作界面。

## 1.2.1 菜单栏

菜单栏包括"文件""编辑""视图""插入""修改""文本""命令""控制""调试""窗口"和"帮助"11种操作命令。

（1）"文件"用于创建、打开、保存和关闭等。

（2）"窗口"是控制各功能面板的显示以及在总面板上的布局设置等。

（3）其他命令的功能可单击该软件中对应图标或参考相关书籍进行详细了解和学习。

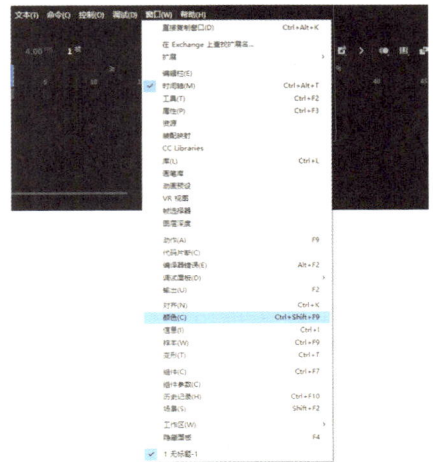

## 1.2.2 窗口

如果操作员在屏幕找不到某个面板按钮的位置，可以打开"窗口"菜单，然后在弹出的下拉菜单中根据各功能的文字提示进行查找，如图1-6所示。

在Animate中比较常用的有"颜色""库""属性""变形""对齐"和"工具"等面板。这些面板均是通过"窗口"进入其相应的命令选择，常用面板的基本功能如下：

图1-6 "窗口"下拉菜单

"颜色"面板给对象设置边框颜色和填充颜色，如图1-7所示。

"库"面板存储用户所创建的组件内容，外部素材也可以导入该面板中，如图1-8所示。

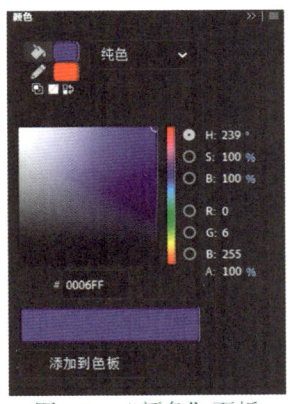

图1-7 "颜色"面板

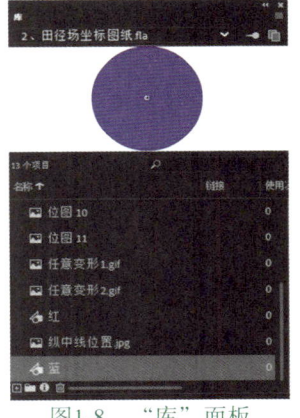

图1-8 "库"面板

"属性"面板可以查看正在使用的工具或资源，简化文档的创建过程，如图1-9所示。

"变形"面板对所选对象进行"放大与缩小""旋转""倾斜""中心点位置"等操作，如图1-10所示。

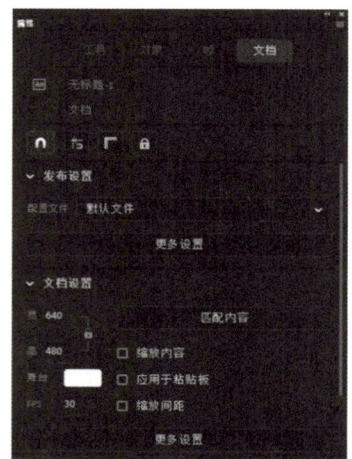

图1-9  "属性"面板

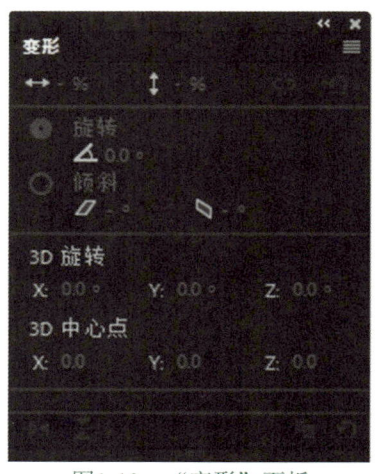

图1-10  "变形"面板

"对齐"面板对所选对象进行对齐和分布操作，如图1-11所示。

"工具"面板用于创建和编辑图像、图稿、页面元素的所有工具，使用这些工具可以进行绘图、选取对象、喷涂、修改及编排文字等操作。单击工具箱下面的 ▦ "编辑工具栏"按钮，弹出"拖放工具"面板，可将工具在面板中来回拖动以方便工作需要，如图1-12所示。

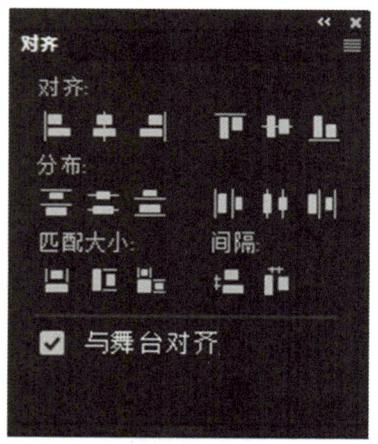

图1-11  "对齐"面板

图1-12  "工具"面板

## 1.2.3 时间轴

时间轴用于组织和控制影片内容在一定时间内播放的层数和帧数。"图层"相当于层叠的幻灯片，每个图层都包含一个显示在舞台中的不同对象（图像、动画、音频等）；动画影片将时间长度划分为"帧"。

在时间轴下面（左边）的 ⊞ 和 ▭ 按钮用于创建图层，◎ 和 ⋒ 按钮等用于调整图层的状态。在帧区域中有"播放头""帧的编号""播放时间"和"时间轴调整器"等，如图1-13所示。

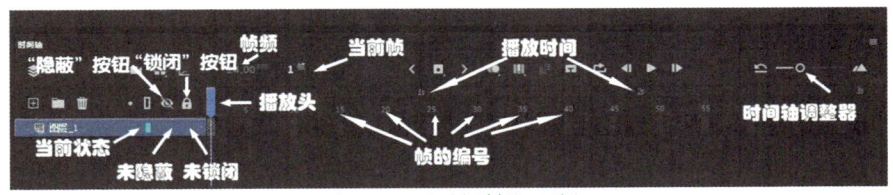

图1-13　"时间轴"面板

## 1.2.4　场景（舞台）

场景就是常说的舞台，是用户进行图形和动画创作的可编辑区域和所有动画元素的活动区间，设计者可以在其中直接绘制、导入需要的插图、媒体文件等。但场景像多幕剧一样可能不止一个，要查看特定的场景，可以选择"视图"→"转到"命令，在子菜单中选择场景名称。在舞台上可以显示"网格""标尺"和"辅助线"，帮助用户实现定位，其背景默认颜色是白色。

### 1. 编辑栏

单击 ▭ "工作区切换"按钮，选择功能或对应的命令，舞台上端即出现编辑栏，包含 ♣ "编辑元件"按钮，场景1 ▽ "编辑场景"按钮，⇅ 100% ▽ "缩放数字框"等元素。在编辑栏的上方是标签栏，上面标示着文档的名字，如图1-14所示。

### 2. 属性设置

选择"修改"→"文档"命令，打开"文档设置"对话框，根据需要修改舞台属性，如尺寸大小、颜色、帧频等信息，单击"确定"按钮，如图1-15所示。

图1-14　舞台和文档名称

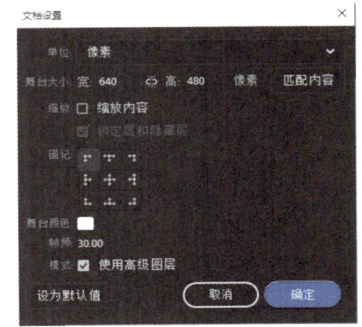

图1-15　"文档设置"对话框

### 3. 缩放舞台

要在工作时更改舞台的视图，可以使用放大和缩小功能。如要在屏幕上查看整个舞台或查看绘图的特定区域,则可以通过更改缩放比例完成,最大为2000%,最小为4%。

(1)缩放某个元素。单击 🔍 "缩放"工具,单击要缩放的元素,在 🔍 "放大"和 🔍 "缩小"按钮之间切换,如图1-16所示。

(2)缩放整个舞台。选择"视图"→"放大"或"视图"→"缩小"命令。要放大绘图中的特定区域,可使用"缩放工具"在舞台上拖出一个矩形选取框。

(3)缩放百分比。选择"视图"→"缩放比率"命令,在子菜单中选择一个百分比或从"缩放控件"中输入数字即可,如图1-17和1-18所示。

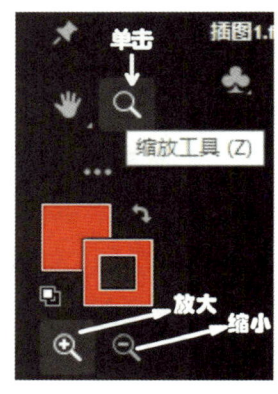

图1-16　缩放按钮

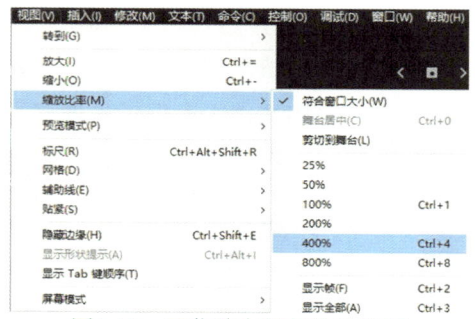

图1-17　子菜单中的百分比选项

图1-18　文档窗口中的".. %"

(4)缩放窗口。选择"视图"→"缩放比例"→"符合窗口大小"命令。

(5)显示整个舞台。选择"视图"→"缩放比例"→"显示帧"命令。

## 1.2.5　网格显示与修改

网格是用来对齐图像的网状辅助线工具。选择"视图"→"网格"→"显示网格"命令并打开相应的对话框,可以设置显示或隐藏网格,如图1-19、图1-20和图1-21所示。

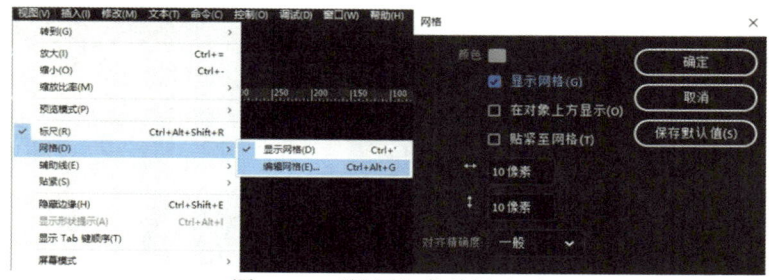

图1-19　"视图"菜单栏选项

图1-20　显示网格　　　　　　　　　　图1-21　隐蔽网格

## 1.2.6　面板集

面板集是将设计人员需要用到的多种"面板"集中在同一个面板中的合集。通过面板集，用户可以根据工作需要对面板的布局进行重新组合。主要有以下几种操作。

### 1. 工作区模式切换

新建文档后单击  按钮，在弹出的下拉菜单中有"默认""传统""基本""基本功能""小屏幕""开发人员""设计人员"和"调试"等选项，如图1-22所示。选择相应的选项即可以在各种布局方式间切换，本例采用"传统"工作区模式，如图1-23所示。

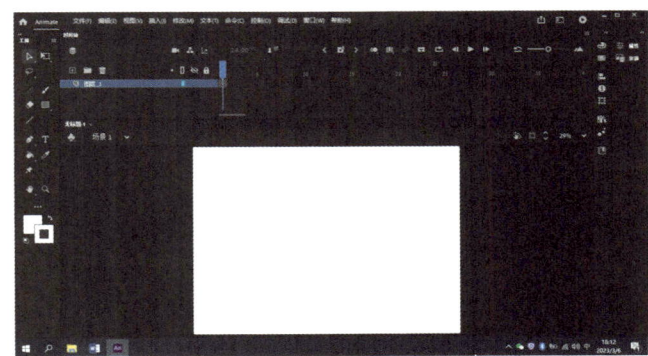

图1-22　工作区选项　　　　　　　　　　图1-23　"传统"工作区模式

### 2. 面板的拖放

（1）面板靠边。用鼠标左键按住面板的标题栏，可以对面板进行任意位置的移动。当被拖动的面板停靠在其他面板旁边时，会出现一个蓝边的半透明条，释放鼠标被拖动的面板将停放在半透明条位置。将左侧的"工具"面板拖动到右侧的示意图，如图1-24和图1-25所示。

（2）面板镶嵌。将一个面板拖动到另一个面板中时，目标面板会呈现蓝色的边框，被拖动的面板将会以选项卡的形式出现在目标面板中。如图1-26和图1-27所示，将"属性"面板拖动到"库"面板中。

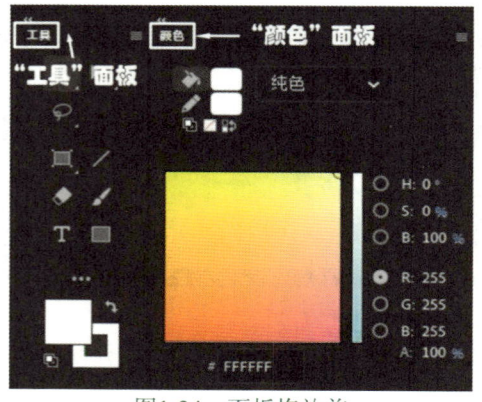
图1-24　面板拖放前
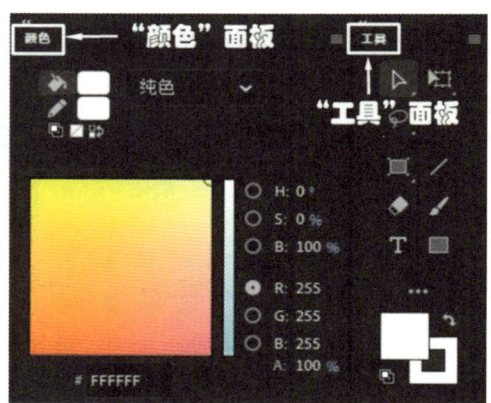
图1-25　面板拖放后

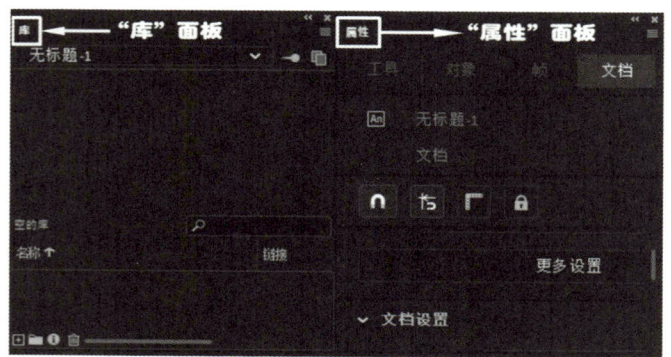
图1-26　面板拖放前
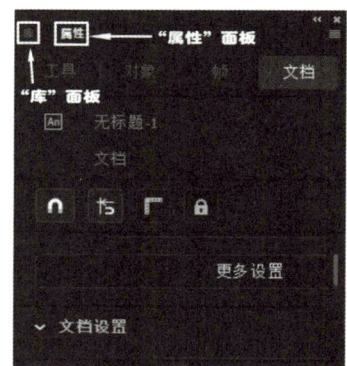
图1-27　面板拖放后

**3. 面板折叠与恢复**

单击面板集顶端的 ▸▸ "折叠",可以将整个面板集中的面板折叠以 ◂◂ 显示,再次单击 ◂◂ 则恢复面板的显示。

## 1.3　UI设计

UI设计(或称界面设计)即User Interface(用户界面)的简称,是指对软件的人机交互、操作逻辑、界面美观的整体设计,也可理解为创意或平面设计。Animate的工作界面的颜色有(最深、深、最浅、浅)四种。设计者可根据自己的喜好选择。设置方法如下:

(1)选择"编辑"→"首选参数"→"编辑首选参数"命令,打开"首选参数"对话框,在其中单击"常规",如图1-28所示。

(2)选择"编辑"→"首选参数"→"UI主题"命令,在打开的窗口中选择"深"或"浅"颜色,效果如图1-29和图1-30所示,其他项选择默认不变。

第1章
Animate 2022动画软件简述

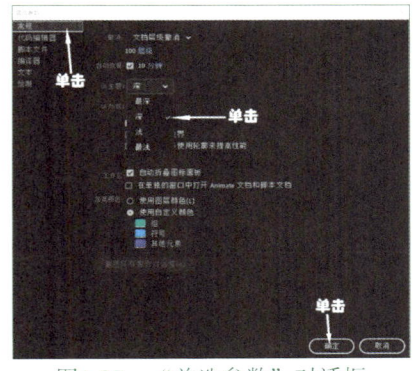

图1-28 "首选参数"对话框　　图1-29 UI主题"深"

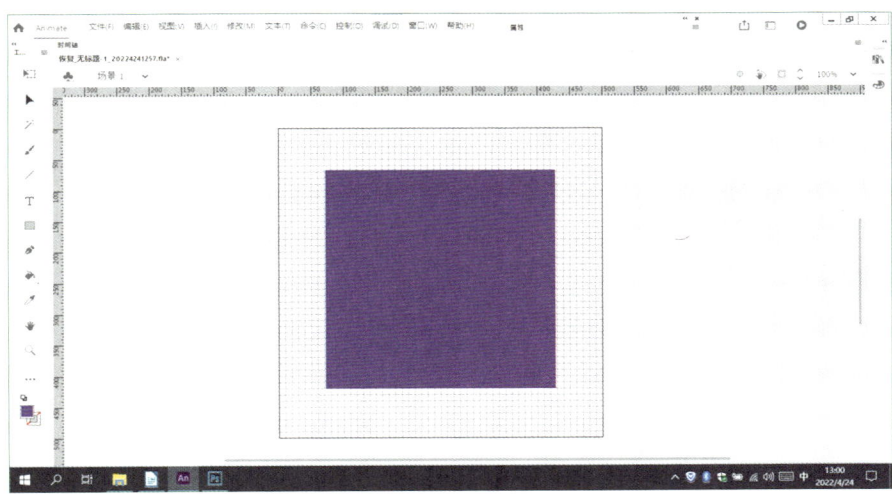

图1-30 UI主题"浅"

## 1.4　文档基本操作

### 1.4.1　新建文档

**第1步**：启动。

单击桌面中的 图标，启动Animate 2022软件。

**第2步**：选择文档类型。

选择"文件"→"新建"命令，打开"新建文档"对话框，选择"角色动画"→"全高清"文档类型。

**第3步**：重新设置舞台。

宽1980px（像素）、高1440px（像素），"帧频率"和"平台类型"为默认。然后单击"创建"按钮，如图1-31所示。此时会出现"新建文档"对话框，其工作界面为默认工作区。

**009**

**第4步**："传统"工作区模式。

单击▣按钮，在弹出的"新建工作区"对话框中进入"传统"工作区模式。

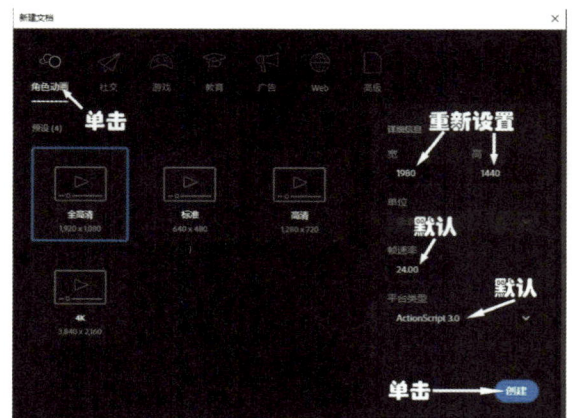

图1-31　"新建文档"对话框

## 1.4.2　现有文档的运行

**第1步**：打开文档。

启动▣图标，单击"打开"按钮，在对话框中即显示原有文档，选择需要的文档即可，如图1-32所示。

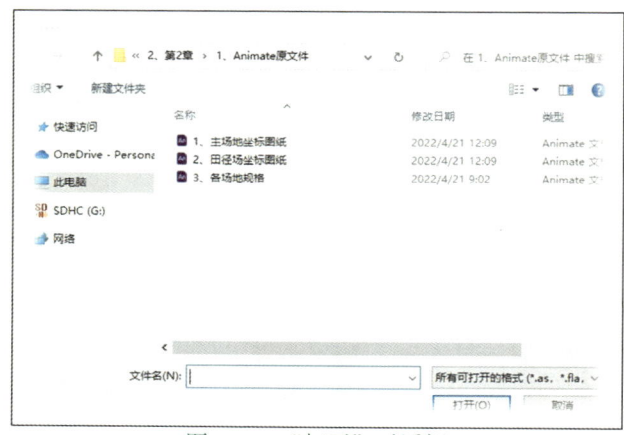

图1-32　"打开"对话框

**第2步**：切换和关闭文档。

如果同时打开了多个文档，则单击文档标签即可在多个文档之间切换，高亮标题为当前文档。如果要关闭单个文档，则单击高亮标题栏中的▣按钮即可；如果要关闭整个文档，则单击屏幕右上的▣按钮即可，如图1-33所示。

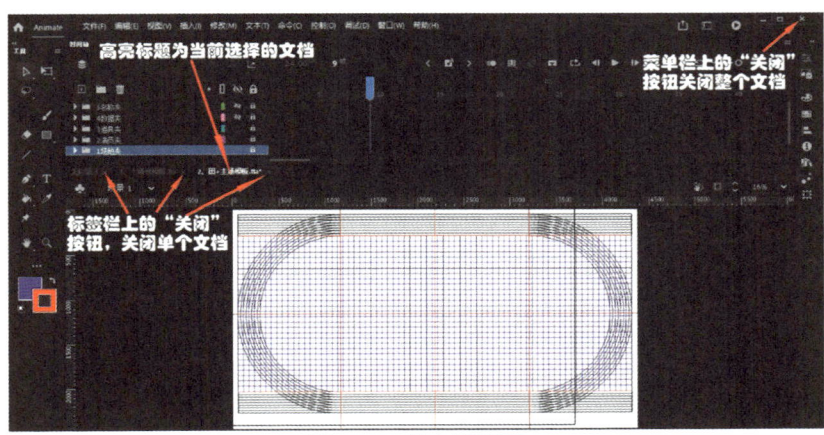

图1-33 多文档界面

**第3步：**保存文档。

选择"文件"→"保存"命令，分别将"主场地模版""田+主场地模版"按原有名称保存在原有位置。将"无标题-1"文档通过选择"文件"→"另存为"命令，在打开的对话框中设置保存的路径并输入相应名称，单击"保存"按钮完成保存文档操作，如图1-34所示。

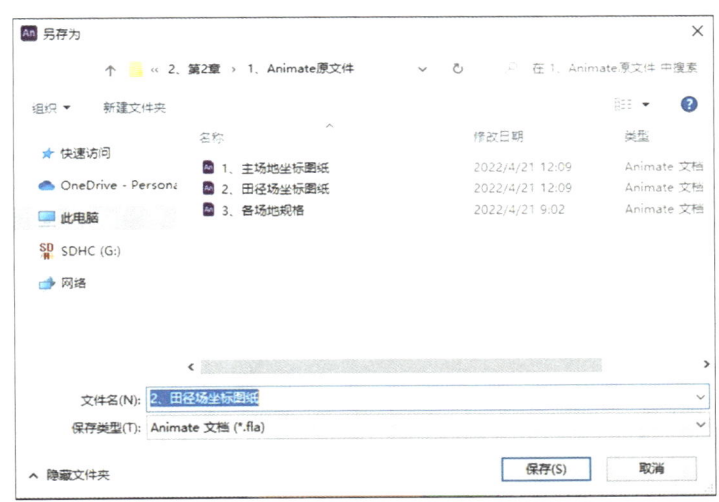

图1-34 "另存为"对话框

# 第2章 图形绘制基本知识

Animate 2022提供了很多易用、强大的工具来绘制、编辑图形，下面介绍几种常用工具的使用方法和相关基础知识。

## 2.1 绘图工具

绘图工具

### 2.1.1 线条

**1. 绘制线条**

（1）在"工具栏"中单击 ✐ "线条"工具，光标呈现 ╬ "十"字形状，按鼠标左键向任意方向拖动，即可绘制出直线，如图2-1所示。

（2）按【Shift】键的同时拖动鼠标向左右移动可以绘制出"水平线"；向上或向下移动则可绘制"垂直线"；斜向拖动可绘制45°的"斜线"，如图2-2、图2-3和图2-4所示。

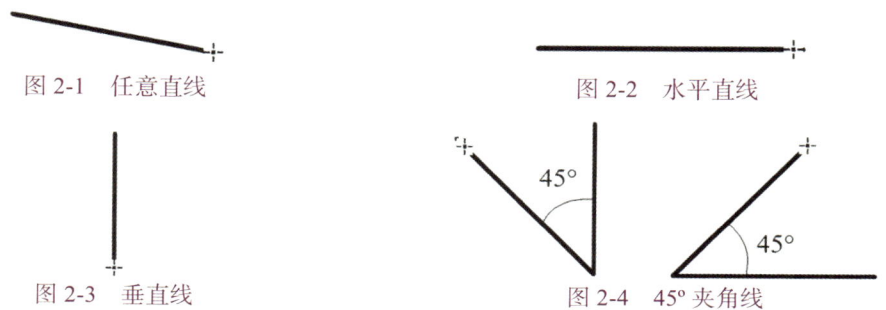

图 2-1　任意直线　　　　图 2-2　水平直线

图 2-3　垂直线　　　　图 2-4　45° 夹角线

**2. 编辑线条**

绘制线条前先单击 ✐ 工具，绘制线条后则需要先单击已绘制好的线条，再单击 ≡ "属性"图标，或在菜单栏中通过选择"窗口"→"属性"命令，打开"属性"面板，在其中设置和编辑线条的"填充颜色""笔触大小"等参数，如图2-5所示。

（1）"颜色和式样"设置线条的笔触式样和颜色。

（2）"笔触大小"设置线条的粗细度。可用鼠标拖动滑块或在文本框中输入需求进行调整，如图2-6和图2-7所示。

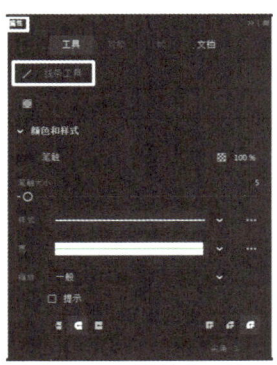 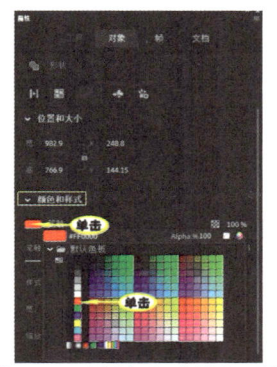 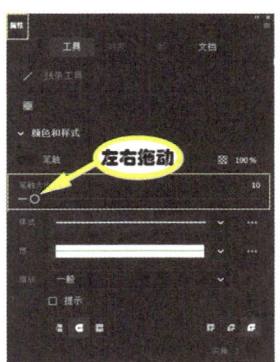

图 2-5　"属性"面板　　　图 2-6　"颜色和式样"面板　　　图 2-7　"笔触大小"面板

（3）"式样"在"对象"选项卡中右下侧的 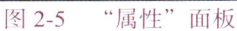 "式样"按钮中自定义笔触式样，如线条的实线、虚线、点状线、锯齿线等，如图2-8所示。

（4）"画笔库"和"宽"分别是线条画笔的形状和笔触的宽度，如图2-9～图2-11所示。

（5）"缩放"按照方向缩放笔触，包括"一般""水平""垂直"和"无"几个选项，如图2-12所示。

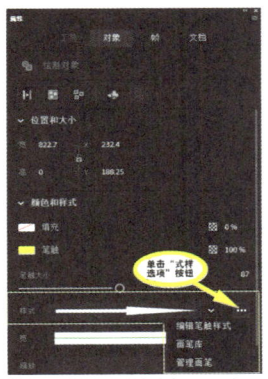 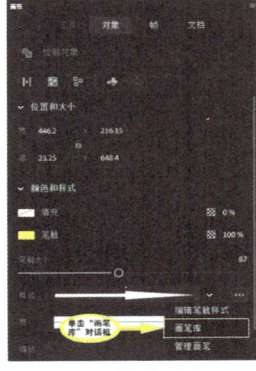

图 2-8　"式样"面板　　　　　　　图 2-9　"画笔库"面板

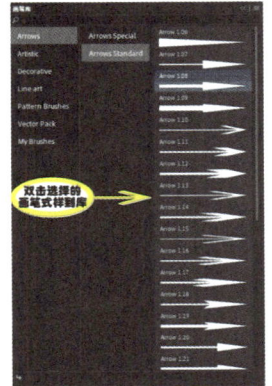 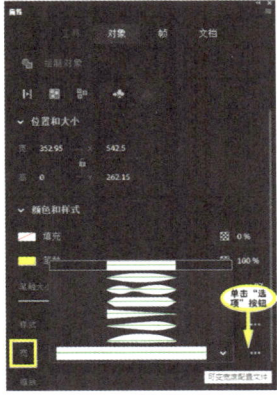 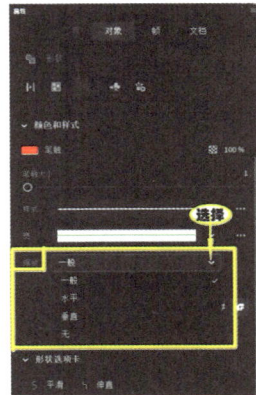

图 2-10　"画笔形状"面板　　图 2-11　"笔触宽度"面板　　图 2-12　"缩放"面板

## 2.1.2 矩形

**1. 绘制矩形**

单击■"矩形工具"后，按住【Shift】键的同时拖动鼠标可以绘制正方形，按鼠标左键则可以在舞台上绘制任意大小的矩形。通过单击左上角的"小方块"切换"填充与笔触"，有"含填充和边框""只有填充""只有边框"三种形式，如图2-13所示。

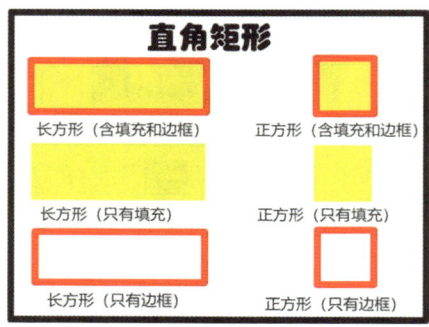

图 2-13　直角矩形和正方形

**2. 编辑矩形**

（1）通过"属性"面板可设置矩形的参数，如图2-14所示。

（2）"笔触"选项右侧的百分比，随着数字的变小，颜色有"渐变色"的呈现，如图2-15所示。

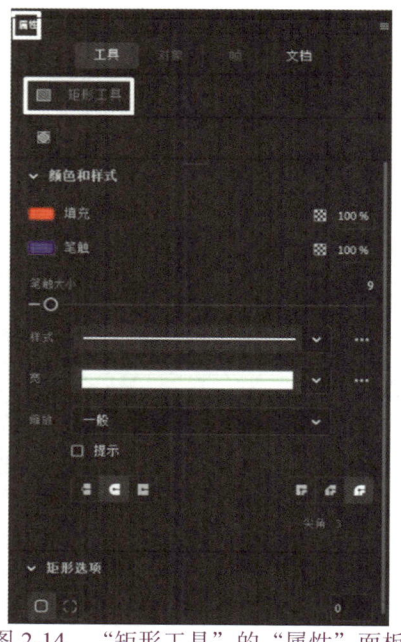

图 2-14　"矩形工具"的"属性"面板

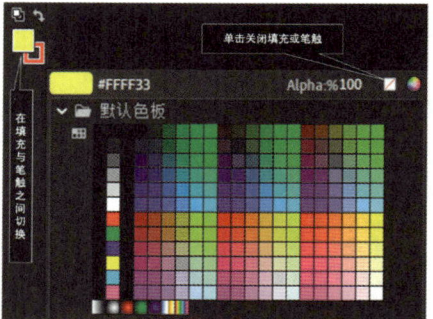

图 2-15　填充与笔触转换键

（3）单击■工具后，在"属性"面板的"矩形选项"选项组最下面有 ▭ "矩形边角半径"和 ▭ "单个矩形边角半径"两个选项。在右侧文本框中输入相同或不同的"正数""负数",可设置不同的边角半径,如图2-16和图2-17所示。

图 2-16  矩形边角半径

图 2-17  单个矩形边角半径

(4)根据设置的不同值,矩形角会出现不同的圆角效果,如图2-18和图2-19所示。

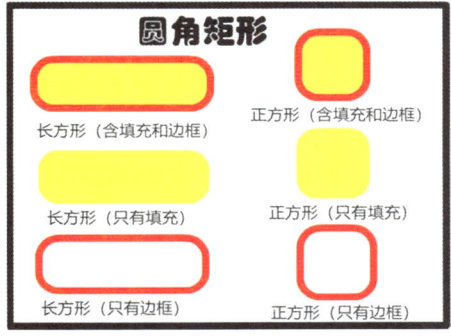
图 2-18  圆角矩形和正方形

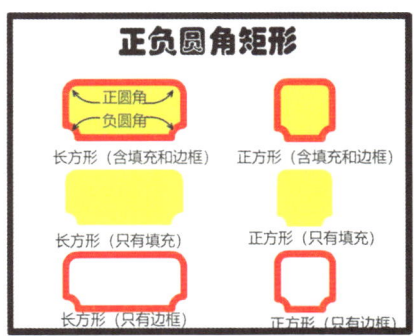
图 2-19  4个角的正负值效果

## 2.1.3  椭圆

单击 ⬭ 工具后,按住鼠标键拖动可以绘制出椭圆。如果按住【Shift】键的同时拖动鼠标,则可以绘制正圆图形,如图2-20所示。

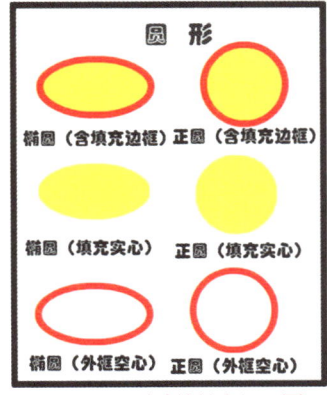
图 2-20  绘制椭圆和正圆

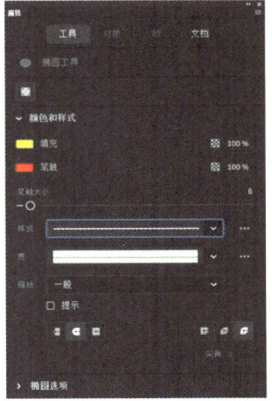
图 2-21  "属性"面板

通过"属性"面板可设置(圆或椭圆)的参数。"填充"设置"圆"的内部填充颜色。"笔触"设置外框颜色、大小、式样、宽等。"式样"设置"圆"的笔触式样,如图2-21所示。

## 2.1.4 多角星形

单击 ⬢ 工具后，按住鼠标左键拖动可以绘制出五边形（默认），通过"属性"面板可设置多角星形的参数，绘制其他多角星形图形，如图2-22和图2-23所示。

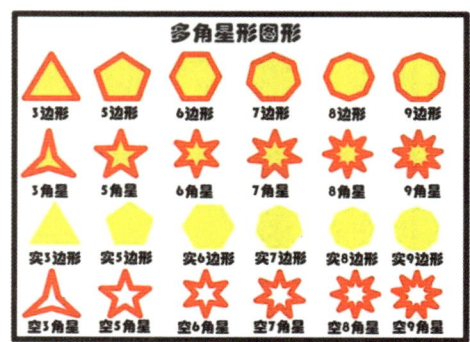

图 2-22 多角星形图形

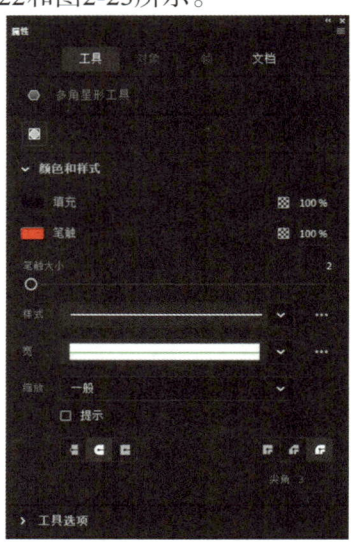

图 2-23 "属性"面板

通过"属性"面板，可设置"多角星形"参数，"样式"有"多边形"和"星形"选项。"边数"设置图形的边数，范围为3～32。"星形顶点大小"用于设置绘制图形顶点的大小，如图2-24所示。

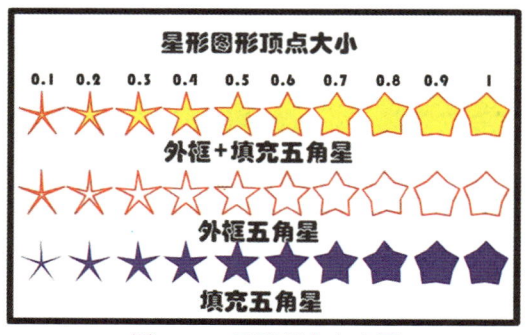

图 2-24 星形顶点大小图

## 2.2 查看和选择工具

Animate 2022中的查看和选择工具包括"手形工具""缩放工具""选择工具""部分选择工具"和"套索工具"。

## 2.2.1 手形

要查看无法在视窗中显示的布局或完整场景的时候，可选择 ![手] "手形工具"完成该项工作。"手形工具"面板中还包含 ![旋] "旋转"，将它放在选择的对象上拖动，就可以做相应的改变。选择 ![手] 工具后，光标显现透明 ![手]，按住鼠标左键并拖动，可以调整舞台在视图窗口中的位置，如图2-25所示。

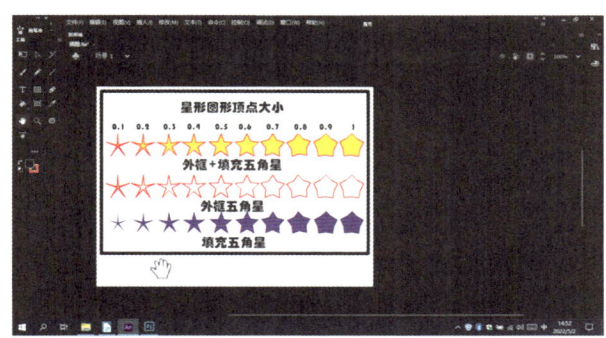

图 2-25　使用"手形工具"移动舞台

## 2.2.2 选择

### 1. 对象的选择

（1）单选。将鼠标移到舞台任意的对象上，鼠标左键单击便可选中对象。

（2）复选。按住【Shift】键，分别单击舞台上需要选择的对象，就可以连续选中若干个对象。

（3）框选。按住鼠标左键并拖动鼠标框选需要选择的对象，便可将全部对象选中。

（4）全选。将光标移至时间帧处呈现 ![箭头] "黑色箭头"，单击相应时间帧下面灰色"小框"，便可一次性选中此帧在舞台上的全部对象。

### 2. 对象的调整

（1）调整弧线。单击 ![箭] 工具后将光标移至直线（除两端顶点外）的任意线段，呈现 ![箭头+弧线] "箭头+弧线"后采用拖动或顶推方法可以改变成弧线，如果是弧线，则可以调整其弧度，如图2-26所示。

（2）调整直线。单击 ![箭] 工具后将光标移至直线的任意一个顶点位置，呈现 ![箭头+角线] "箭头+角线"后采用拖动的方法可以改变直线的长短、方向等，如图2-27所示。

（3）调整转角。单击 ![箭] 工具后将光标移至图形的任意转角位置，呈现 ![箭头]，采用拖动的方法可以调整图形转角的位置并保持图形边线为直线，如图2-28所示。

图 2-26　调整弧度

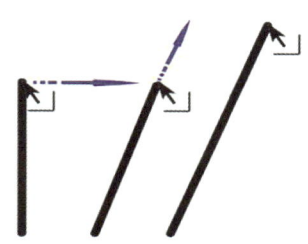
图 2-27　改变长短和方向

图 2-28　调整图形转角

### 2.2.3　魔术棒

"魔术棒"一般用来抠图或处理图片。进行抠图时需要先选择图片，通过选择"修改"→"分离"命令，将鼠标移到图像中，当光标呈现 单击白色的部分，图片呈现黑色网点（被选中）状，按【Delete】键就可以把白色的部分删除，如图2-29所示。

图 2-29　使用"魔术棒"抠图

提示：图片必须是"位图"分离的图像。位图（bitmap）又叫点阵图、栅格图或像素图，是由许多很小的颜色小方块组合在一起的图片（图片放大后看到的许多类似马赛克的小方块），一个小方块代表 1px，放大或缩小都会使原有图像产生失真。常见的属于"位图"格式的数据文件有 BMPG、GIF、JPEG 和 TIFF 格式。

## 2.3　颜色填充

颜色填充

绘制图形之后可进行颜色的填充操作。Animate 2022中的颜色填充工具包括"颜料桶工具""滴管"工具 "墨水瓶"工具和"橡皮擦"工具等。

### 2.3.1　"颜料桶"工具

"颜料桶"工具用于对封闭的轮廓范围或图形块区域进行颜色填充，用户可以在"属性"面板中设置需要的"填充色"，如图2-30所示。

单击 工具后，单击"属性"面板中的"间隔大小"按钮，出现"不封闭空隙""封闭小空隙""封闭中空隙""封闭大空隙"4个选项,这些选项是理论上"封闭",但并不是"绝对封闭"的一种填充设置,如图2-31所示。

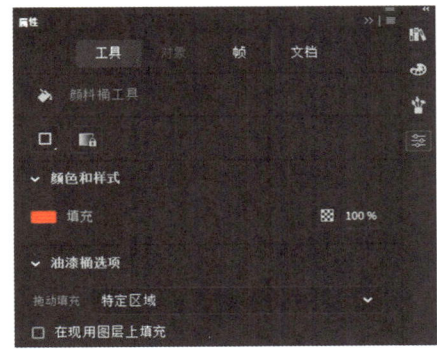

图2-30 "属性"面板 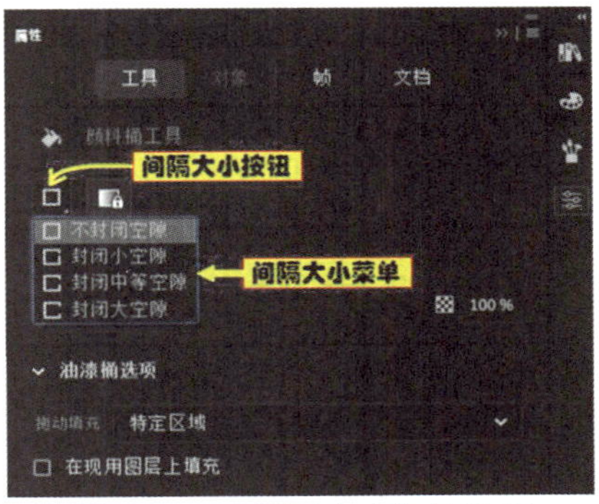　　　　　图2-31 "间隔大小"的选项

4个选项的功能,如图2-32和图2-33所示。

"不封闭空隙":颜料桶无法颜色填充。

"封闭小空隙":填充存在有较小空隙的区域,约1像素。

"封闭中空隙":填充封闭但存在中等空隙的区域,约2～6像素。

"封闭大空隙":填充封闭但存在较大空隙的区域,约7～9像素。

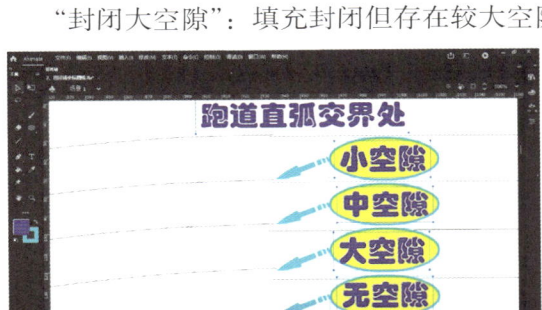
图2-32 4种空隙示意图

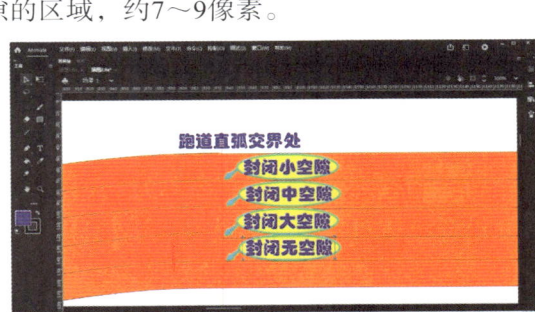
图2-33 填充颜色后的示意图

## 2.3.2 "墨水瓶"工具

通过"墨水瓶"工具的"属性"面板可以设置笔触颜色,大小、样式等,如图2-34所示。

单击 工具,将光标移至没有"颜色"的图形上,当光标变为 时,单击鼠标左键可以给图形的"外框线"添加颜色;将 移至设置好"颜色"的图形上,图形颜色会改为 工具选择的笔触颜色,如图2-35所示。

选择其他选项可以设置外框线的粗细和形状等,详细操作方法见视频。

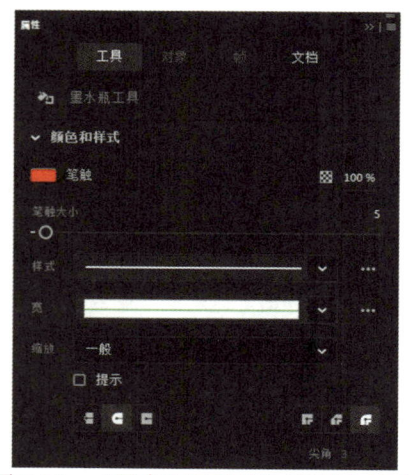

图 2-34 "墨水瓶工具的""属性"面板

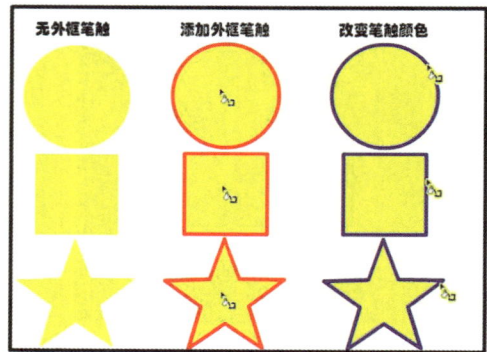

图 2-35 外框线和笔触颜色

## 2.3.3 "滴管"工具

单击 "滴管"工具吸取现有图形区域和边框"线条"的颜色后，可以将该"颜色"应用到其他图像上。

单击 工具后光标移到舞台上的线条时显示为 ，移到填充区域时显示为 ，单击鼠标左键，即可吸取该线条或区域的颜色作为填充颜色。

用 工具吸取图形区域颜色后会自动切换成 工具，将光标移动到需要填充的对象处并松开，该对象的颜色就变成 工具所吸取的颜色，如图2-36所示。

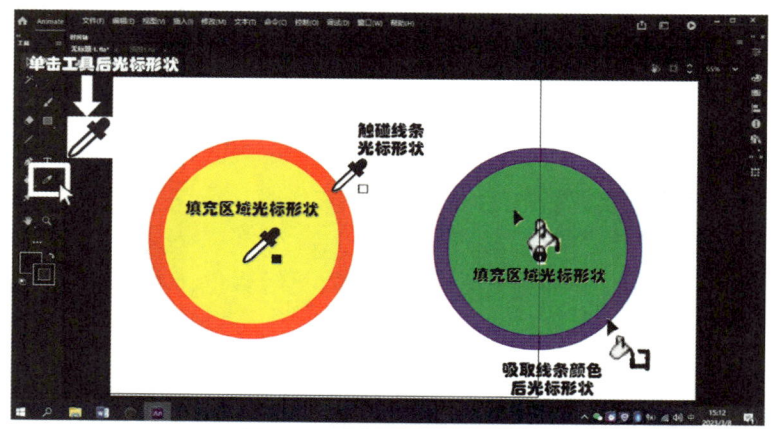

图 2-36 滴管的变化和使用

## 2.4 编辑和调整

编辑和调整

### 2.4.1 移动

**1. 使用 ▷ 工具**

(1) 单击 ▷ 工具后光标移到任意对象上呈现 ▸，采用拖动的方法，即可移动对象。

(2) 如果要想移动整体图形，则先"框选"对象，再用鼠标左键点住该对象的任意部分，即可完整移动。

(3) 通过"修改"把要移动的对象"组合"后，再进行移动，如图2-37所示。

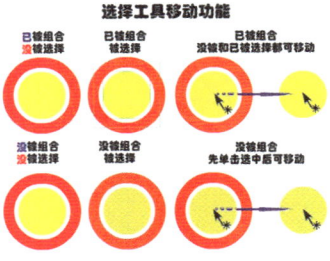

图 2-37 移动对象功能

**2. 使用"方向键"**

(1) 单击 ▷ 工具后选择要移动的对象，持续按键盘上的 ↓ ↑ ← → "方向键"，即可连续移动对象。

(2) 每按1次"方向键"可移动对象1像素。

(3) 按住【Shift】键的同时每按1次"方向键"，所选对象每次可移动10像素。

### 2.4.2 复制并粘贴

**1. 菜单命令**

选中要复制的对象，在菜单栏选择"编辑"→"复制"命令，单击鼠标右键后使用"粘贴到中心位置"或"粘贴到当前位置"便可以将所选对象粘贴到舞台上，如图2-38所示。

选中要复制的对象，选择"编辑"→"直接复制"命令（不用粘贴命令就可以直接复制该对象），复制出的图形在原图的右下方，如图2-39所示。

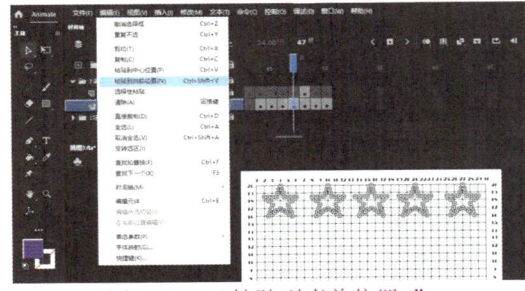

图 2-38 "粘贴到当前位置"

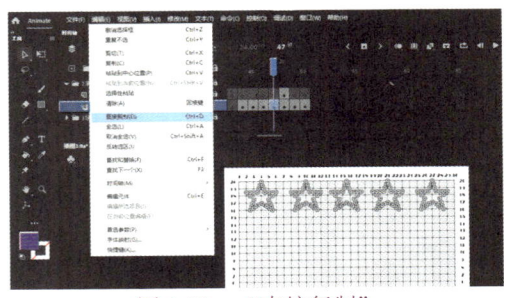

图 2-39 "直接复制"

### 2. 鼠标右键

选择要复制的对象，单击鼠标右键后在弹窗中进行选项操作，如图2-40和图2-41所示。

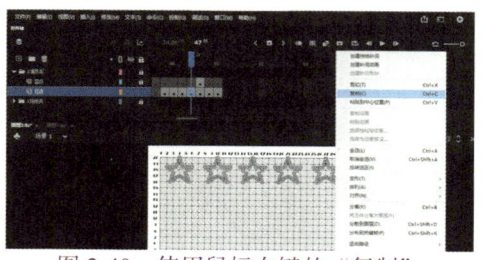 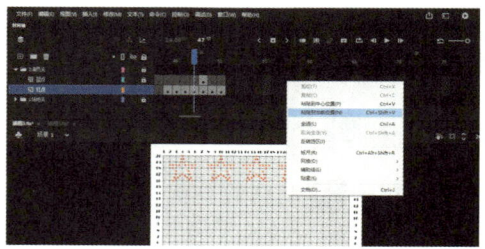

图 2-40　使用鼠标右键的"复制"　　　　图 2-41　使用鼠标右键的"粘贴"

### 3. 组合方式

选择要复制的对象，按【Ctrl+C】组合键复制，按【Ctrl+V】组合键粘贴。

选择要复制的对象，单次按【Ctrl+D】组合键可以复制该对象1次。如果按【Ctrl】键的同时按若干次【D】键，则可以复制该对象若干次，如图2-42所示。

选择要复制的对象，按【Alt】键同时按鼠标左键，拖动光标可复制该对象，如图2-43所示。

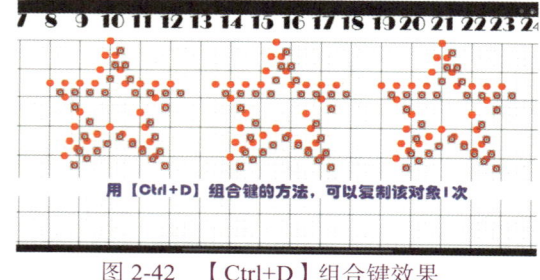 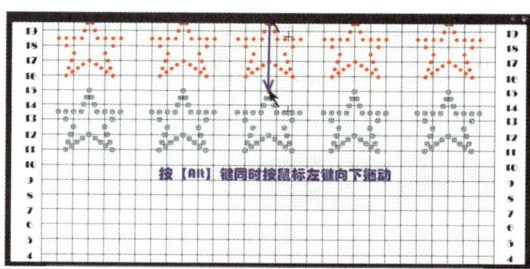

图 2-42　【Ctrl+D】组合键效果　　　　图 2-43　【Alt】和鼠标键结合效果

## 2.4.3　排列和对齐

### 1. 排列（重叠）

（1）没有被组合或相互重叠的两个图形，在移动时被重叠部分会被自动删除（红色椭圆），如图2-44所示。

（2）如果先单击"工具"中的 ⬛ "对象绘制"工具后再绘制图形，那么这两个图形在移动时则不会被删除，如图2-45所示。

图 2-44　被自动删除的未组合图形　　　　图 2-45　使用（对象绘制）的图形

（3）在同一图层上绘制了多个图形并处于相互重叠时，要想上下移动某一对象，可先选择对象再选择"修改"→"排列"命令，在对话框中做移动的选择，如（移至底层或移至顶层），如图2-46和图2-47所示。

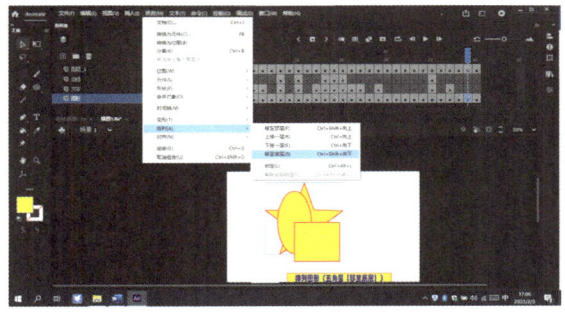

图 2-46　五角星移至底层

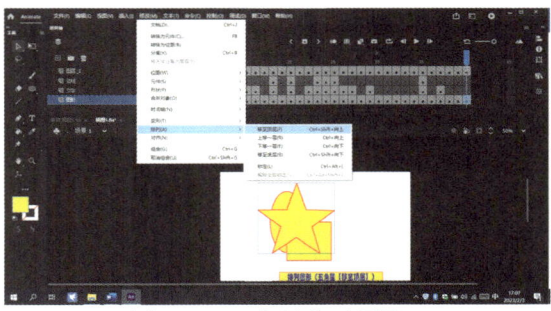

图 2-47　五角星移至顶层

### 2. 对齐和分布

选择菜单栏中的"窗口"→"对齐"命令，打开"对齐"面板，如图2-48所示。

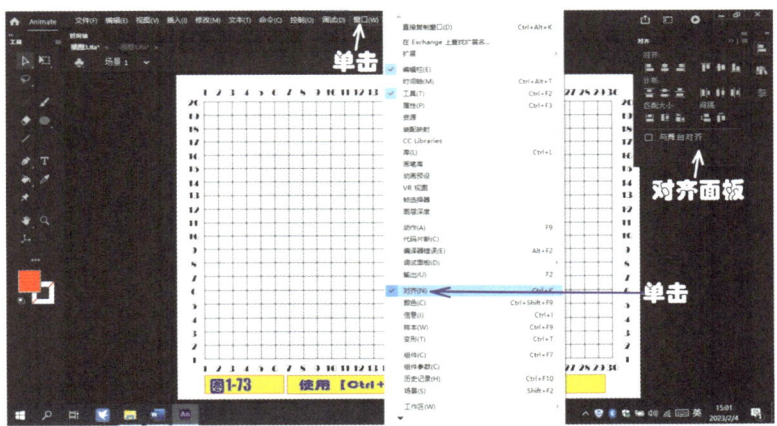

图 2-48　"对齐"路径

（1）水平平均间隔。全部选中对象，选择"对齐"面板中的"水平平均间隔"选项，可使被选对象在水平方向上等距分布，如图2-49和图2-50所示。

（2）顶对齐。全部选中对象，选择"对齐"面板中的"顶对齐"选项，可使被选对象按最顶端的方式对齐，如图2-51和图2-52所示。

（3）垂直平均间隔。全部选中对象（本例为：30颗圆点）；按【Ctrl+G】组合键将一横排的坐标点组合成一个完整对象；再复制并粘贴成20排垂直距离不等距的圆点；选择"对齐"中的"垂直平均间隔"选项，可让被选对象按垂直方向上等距离分布，如图2-53和图2-54所示。

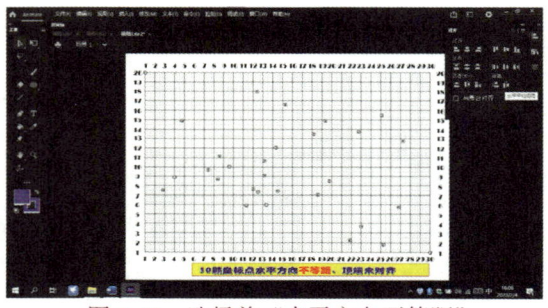
图 2-49　选择前"水平方向不等距"

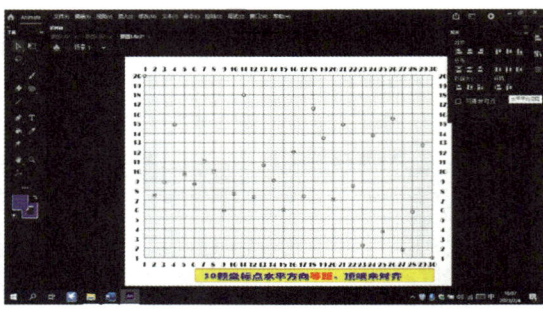
图 2-50　选择后"水平方向等距"

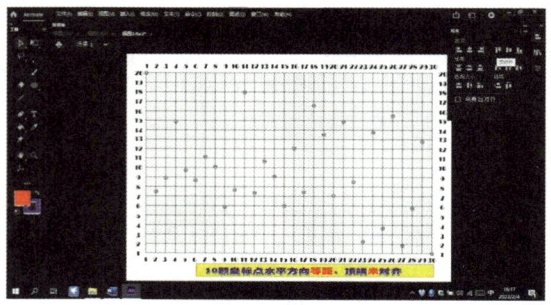
图 2-51　"顶对齐"选择前

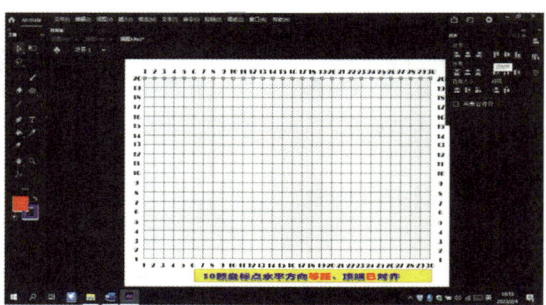
图 2-52　"顶对齐"选择后

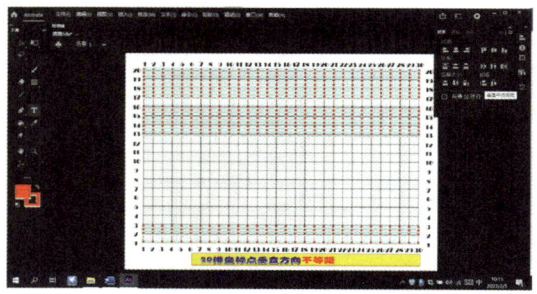
图 2-53　选择前（垂直方向不等距）

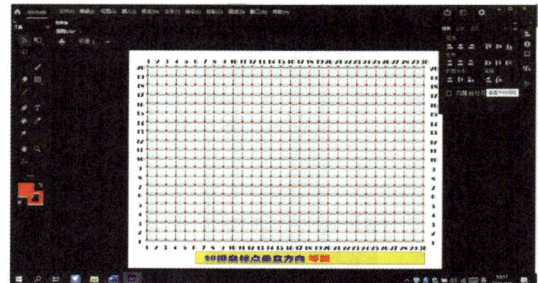
图 2-54　选择后（垂直方向等距）

## 2.4.4　组合和分离

**1. 组合**

选择"修改"→"组合"命令或按【Ctrl+G】组合键，即可组合对象。单击鼠标左键选择30颗"圆点"，被组合后外框呈现蓝色线条框，使用此方法后，即变成组合图形，如图2-55所示。

**2. 分离**

已组合后的图形，可以通过选择"分离"命令将其撤散为单个图形。单个图形又可以选择"分离"命令将其形成独立的像素点图，如图2-56所示。

第2章 图形绘制基本知识

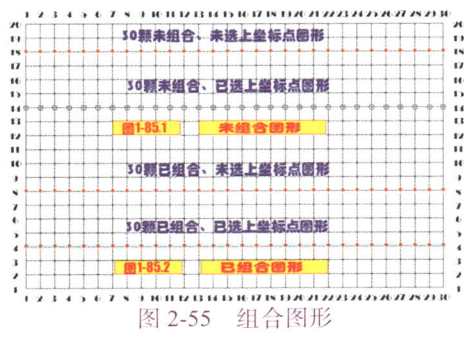

图 2-55　组合图形

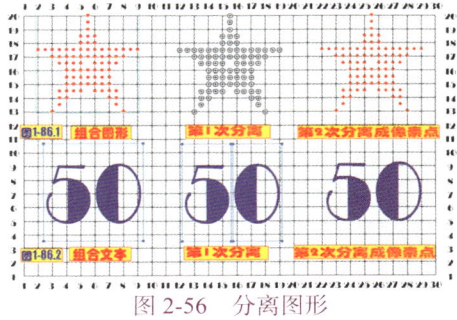

图 2-56　分离图形

## 2.4.5　贴紧

### 1. 贴紧至网格

选择"视图"→"贴紧"→"贴紧至网格"命令，图形的中心点和网格交叉中心贴紧，如图 2-57 所示。

### 2. 贴紧至对象

选择"视图"→"贴紧"→"贴紧至对象"命令，图形的中心点和对象的中心点对齐，如图 2-58 所示。

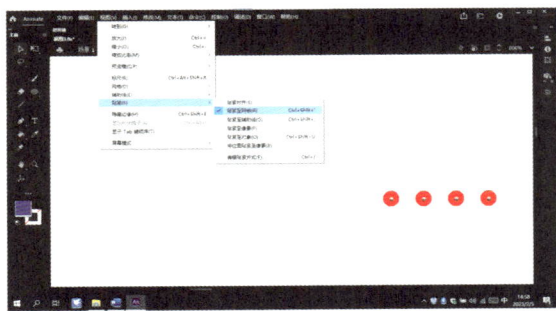

图 2-57　坐标点贴紧至网格

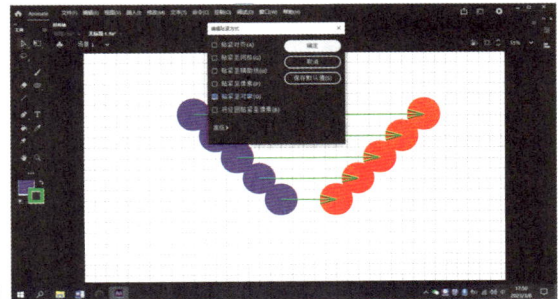

图 2-58　贴紧至对象

## 2.4.6　翻转图形

### 1. 水平翻转

全选图形，执行"修改"→"变形"→"水平翻转"命令，被选定对象将进行水平翻转。如复制并粘贴左半圆的对象后，经过"水平翻转"将其放置在右半圆位置上形成完整的圆，如图 2-59 所示。

### 2. 垂直翻转

全选图形，执行"修改"→"变形"→"垂直翻转"命令，可以使所选对象进行垂直

**025**

翻转。如上半圆复制并粘贴后，经过"垂直翻转"放置再拖动到下半圆位置上形成完整的圆，如图2-60所示。

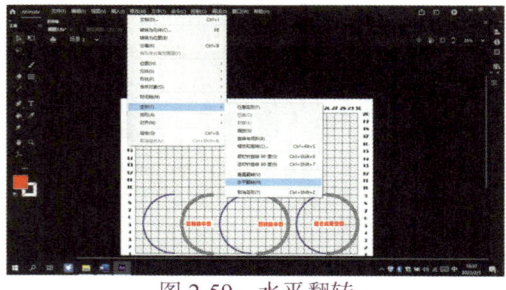

图 2-59　水平翻转

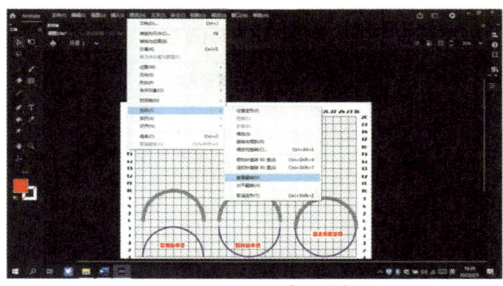

图 2-60　垂直翻转

## 2.4.7　旋转图形

### 1. 顺时针（逆时针）旋转

全选需要旋转的图形，选择"修改"→"变形"→"顺时针（逆时针）旋转90°"命令，选定对象将进行对应的旋转，如图2-61所示。

### 2. 度数旋转

全选需要旋转的图形，选择"修改"→"变形"→"缩放和旋转"命令，在打开的对话框中设置"缩放比例数或旋转度数"，即可达到设计需求，如图2-62和图2-63所示。

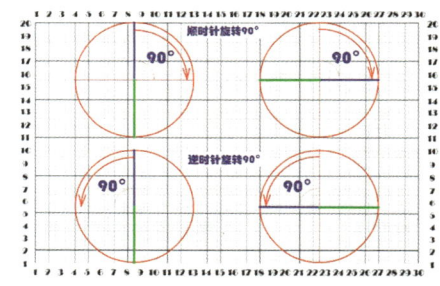

图 2-61　旋转 90°的示意图

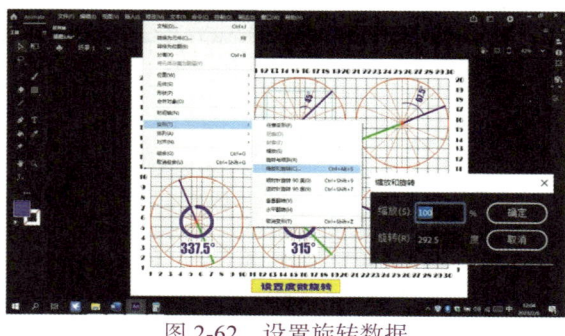

图 2-62　设置旋转数据

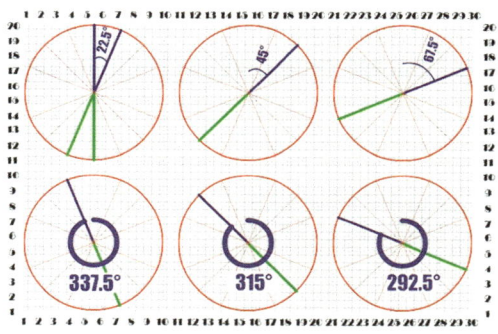

图 2-63　蓝绿垂线旋转效果

### 3. 绕"中心点"旋转

（1）绕"默认"中心点旋转。全选弧形上圆点，单击 工具后所选对象的四周出现8个控制方向的"方形点"和1个默认的"中心点"，光标移到任意1个方形点附近即呈现 "黑箭头+旋转圆",向任何方向拖动,被选对象均可绕"默认中心点"进行旋转。

(2)绕"设置"中心点旋转。全选弧形上的圆点,单击 工具后所选对象的四周出现8个控制方向的"方形点"和1个默认的"中心点",将光标移到原"中心点"上拖动至"设置中心"处,再将光标移到任意1个方形点附近,即可以按任意角度、顺时针或逆时针方向拖动,旋转到指定的位置,如图2-64所示。

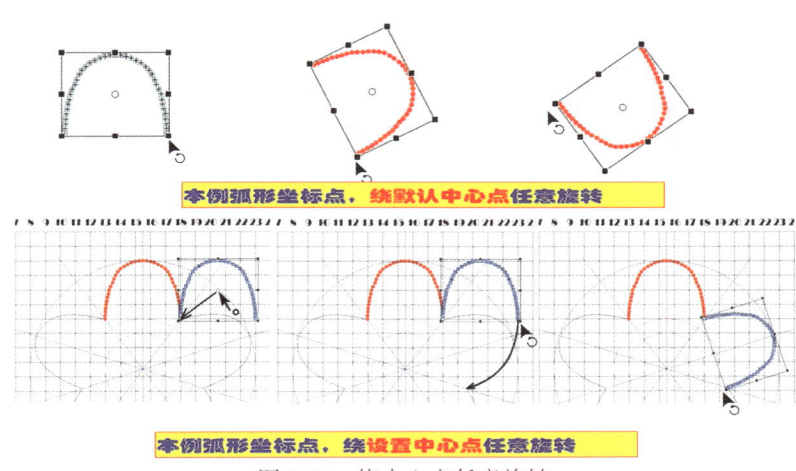

图 2-64　绕中心点任意旋转

## 2.4.8　删除

选中不需要的某个图形或其他内容,按【Delete】键或【Backspace】键将其删除。

## 2.5　文本形式与编辑

"文本"是Animate绘制图形和制作动画重要的组成元素之一,能起到帮助图形和动画表述内容以及美化作品的作用。Animate创建的文本类型有"静态文本""动态文本""输入文本"3类。本例介绍"静态文本"的添加和编辑。

文本与编辑

## 2.5.1　构建文本

**1. 水平文本框**

(1)横向延长或缩短。单击 工具光标呈现 后,在舞台上单击会出现一个空心的正方形标识文本框,其输入区域随文字数量的变化自动横向延长或缩短,如图2-65所示。

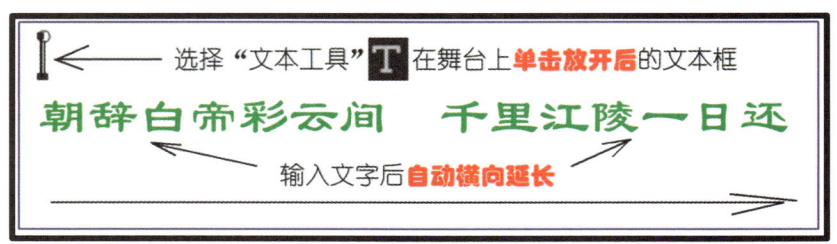

图 2-65 自动横向延长或缩短的文本

（2）自动换行。当光标呈现 ┼┼ 形状时，在舞台上拖动一定的宽度后会出现一个文本框，当输入的文本字数超出宽度时将自动换行，如图2-66所示。

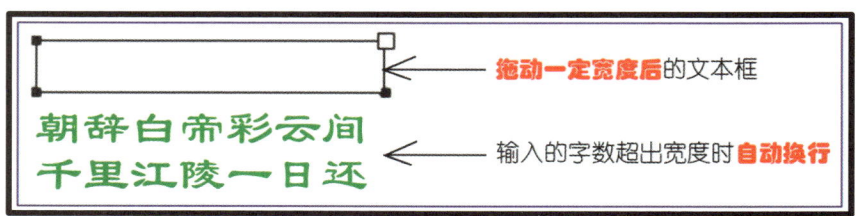

图 2-66 自动换行的文本

### 2. 垂直文本框

（1）自动纵向延长或缩短。单击 T 工具后单击 图标即打开"属性"面板，然后单击 "改变文本方向"按钮，在打开的对话框中选择"垂直"选项，如图2-67所示。当光标变成 ┼┼ 后，在舞台上单击会出现一个空心正方形标识文本框，其输入区域随文字数量的变化自动横向延长或缩短，如图2-68所示。

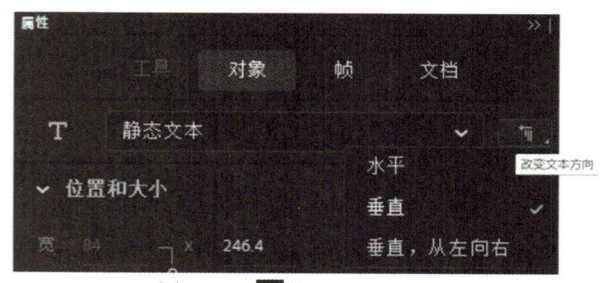

图 2-67 T 的"属性"面板

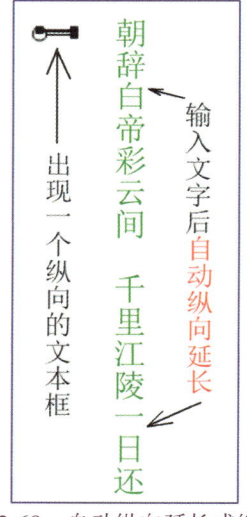

图 2-68 自动纵向延长或缩短

（2）默认的自动换行。单击 T 工具后再单击 图标即打开"属性"面板，然后单击 "改变文本方向"按钮，在打开的对话框中选择"垂直"选项。光标移到舞台，从上向下拖动任意长度的文本框，当输入的文字数超出文本框长度时将自动换行（默认换行方向：从右向左），如图 2-69 所示。

（3）有选择的自动换行。单击 T 工具后再单击 图标即打开"属性"面板，然后单击 "改变文本方向"按钮，在打开的对话框中选择"垂直，从左向右"选项。光标移到舞台，从上向下拖动任意长度的文本框，当输入的文字数超出文本框长度时将按照所选择的"垂直，从左向右"进行换行，如图2-70所示。

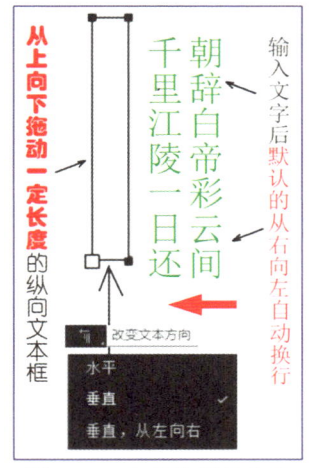
图 2-69　自动换行的文本

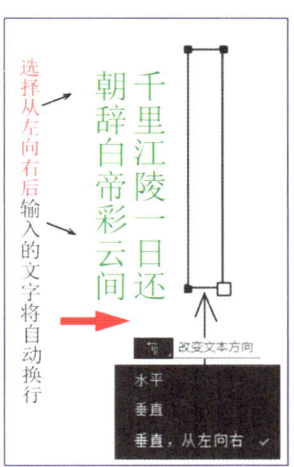
图 2-70　选择换行的文本

### 3. 设置相关属性

（1）字符属性。单击 工具后再单击需要编辑的文本字符后，然后单击 图标对"字符"选项区域进行"字体""大小""颜色""模式""字距"等相关信息的设置和编辑，如图2-71所示。

（2）段落属性。单击 工具后单击需要编辑的文本字符，然后单击 图标在"段落"选项区域进行"对齐""缩进量""行间距""左右边距"的设置和编辑，如图2-72所示。

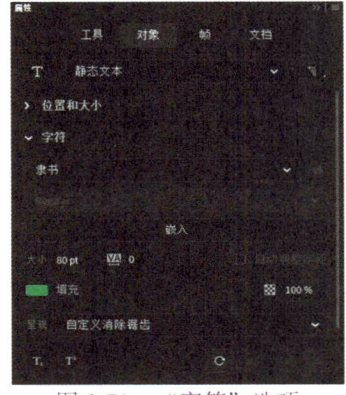
图 2-71　"字符"选项

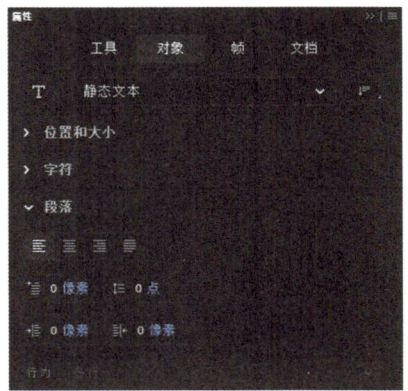
图 2-72　"段落"选项

### 4. 使用 ▶ 和 T 工具

（1）拖动。在文本上按住鼠标左键并向左或右拖动，可以选择文本框中的部分或全部文字。

（2）双击。在文本框中双击，可选中一组连续输入的中文或一个英文单词。

（3）复选。单击选择对象的开始位，按住【Shift】键后单击其结束位，被框入的文本将被全选。

（4）全选。单击文本框，按【Ctrl+A】组合键，可以选择文本框中的全部文字。

（5）多框复选。按【Shift】键，然后逐一单击需要选择的文本框。

## 2.5.2 编辑文本

### 1. 分离

单击需要分离的文本，选择"修改"→"分离"命令或单击鼠标右键在弹出的对话框中进行分离操作。

### 2. 组合

文本分离后或者多个文本需要结合在一起，可将需要组合的文本选中，选择"修改"→"组合"命令或按【Ctrl+G】组合键，便可组合成为字形图。

### 3. 取消

选择"修改"→"取消组合"命令或者使用【Shift+Ctrl+G】组合键取消，便会再次成为像素点图。

提示：单字文本分离一次就成为像素点图，多字文本需要分离两次才成为像素点图，分离后的文本（无论是像素点图、组合成字形图）不再具有文字属性，仅具有图形属性，如图2-73所示。

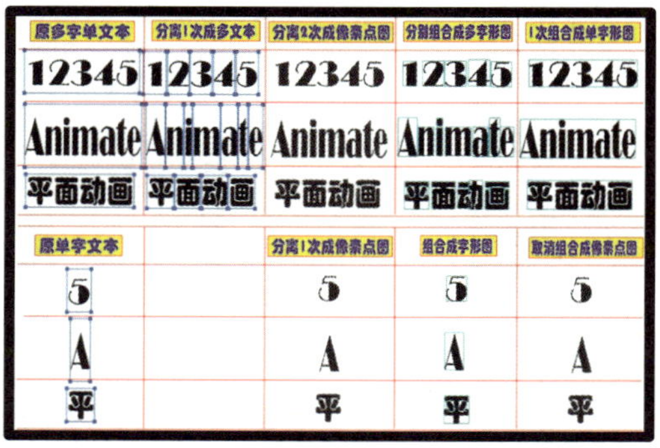

图2-73 分离、组合、取消组合

## 2.6　导入素材

单击 ▶ 工具后选择"文件"→"导入"→"导入到舞台"命令,将需要导入的素材单击"打开"按钮,即可导入到当前的舞台中。

提示:导入的素材像素不能太大,可以提前做位图分离或编辑后再操作。

## 2.7　撤销操作

对于操作不慎发生的错误,如错误地删除、错误地输入、错误地复制并粘贴等,Animate 有一个撤销最后操作的功能。其做法是选择"编辑"→"撤销"命令,如果是连续撤销若干个操作,则可以通过多次地按组合键【Ctrl+Z】组合键来完成。

# 第3章
## 动画制作基本知识

在进入团体操动画制作前,我们需要了解一些基本术语和相关知识,为后续的实际操作奠定基础。

团体操的基本元素以"动作""队形与图案""音乐"和"服装与道具"为主,执行这些元素的主体是"演员"。本书在文字撰写、图片和视频的运用过程中会提及以下内容。

(1)"坐标点""正圆点""红点""蓝点"和"白点"等名称,全都指的是表演主体"演员"(这个可以根据设计者的习惯来命名)。

(2)舞台四周的"编号"是场地坐标格的对应号码,如(2,5)或(7,10)。

(3)撰写文字和编辑图片说明时的"左右方向"为约定俗成的"镜面"方式。

(4)演员在表演场地上"前后左右"的站位方向,以他们自身在直立站位时的面向为主,如前(脸或胸的朝向方)、后(背部的朝向方)、左(左手同侧方向)、右(右手同侧方向)。

### 3.1 使用元件

元件是动画的基本元素,这些元素可以是文字、图形或形状。元件在动画制作中可以多次使用,它具有唯一的时间轴、舞台及图层,按其功能有图形元件、按钮元件和影片剪辑三种类型。如果把动画看成是一部电影,那么元件就是电影中的"演员"。 "库"是放置和组织"演员"的场所,在动画制作过程中需要反复使用这些特定的元件时,将它们从"库"中拖动出来即可。

使用元件

图形元件。用于存放静态的对象,也可用来创建动画。

按钮元件。用于创建响应鼠标单击、滑过或其他动作的交互式按钮。它们可以是绘制的形状、文字或位图,可以是一根线条或一个框,也可以是透明按钮等。

影片剪接。用于创建具有独立主题的动画片段。

#### 3.1.1 图形元件的转换

本书用各种颜色的"圆点"代表"演员"。在制作"团体操动画"前需要将绘制的"圆点"转换为"图形元件",才可以在后续的制作过程中反复调用,所有元件都默认保存在面板中。

在舞台上绘制的圆点图形是"像素点图"（即：放大后能看到非常多的"小点"，这些点就是像素）。根据工作需要，可以将"像素图"转换成"组合图"或"图形元件"，如图3-1所示。

图 3-1　三种图形外观

将"对象"转换成元件有方法如下：

（1）菜单栏路径。选中舞台上绘制好的圆点，选择"修改"→"转换为元件"命令，再选择元件类型为"图形"，根据需要可以修改元件的名称，单击"确定"按钮，如图3-2所示。

（2）快捷菜单。用鼠标右键单击绘制好的圆点，选择"修改"→"转换为元件"命令，然后在对话框中确定元件名称和图形类型，单击"确定"按钮，如图3-3所示。

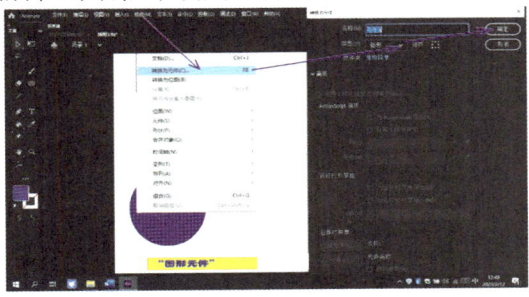

图 3-2　菜单栏路径　　　　　　　　图 3-3　快捷菜单路径

## 3.1.2　一般复制

在动画制作中要多次运用"属性"相同的元件，因此需要复制元件。其方法如下：

单击"库"面板中的元件条，在灰色图标上单击鼠标右键，在弹出的快捷菜单中选择"复制"命令后再通过选择"编辑"→"粘贴到中心位置"命令，将相同的圆点粘贴到舞台中，如图3-4所示。

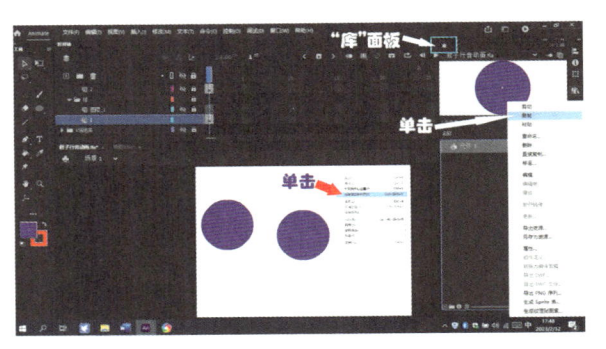

图 3-4　复制元件

## 3.1.3 直接复制

以原始元件为基础,创建一个独立的新元件,要用该新元件时将其拖动到舞台上即可。如果使用 图标来修改任何元件,则另一个元件不会发生改变。元件复制操作方法:

(1)单击 面板,在出现的面板中单击"蓝色"(元件),如图3-5所示。

(2)在弹出的快捷菜单中选择"直接复制"命令,如图3-6所示。

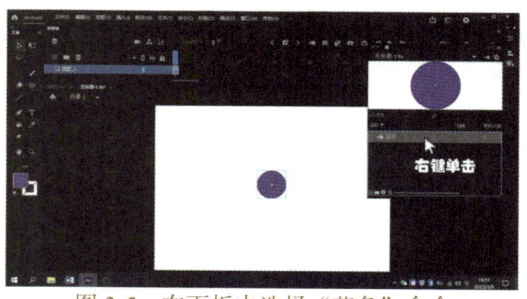

图 3-5　在面板中选择"蓝色"命令

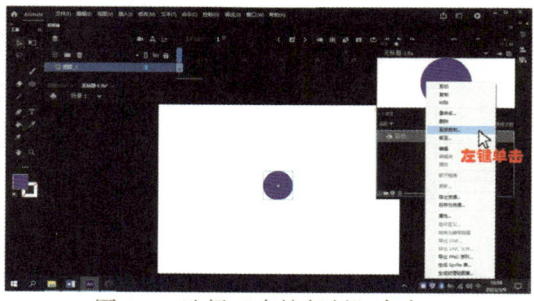

图 3-6　选择"直接复制"命令

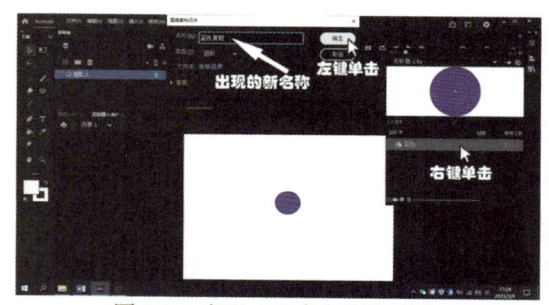

图 3-7　出现"蓝色复制"名称

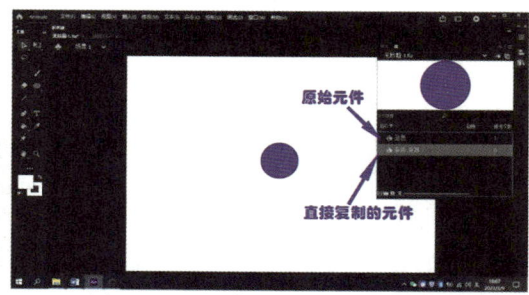

图 3-8　已创建"蓝色复制"元件

(3)在"直接复制元件"的名称框中出现"蓝色复制",单击"确定"按钮,如图3-7所示。

(4)在 面板中,完成"蓝色复制"元件的创建,如图3-8所示。

## 3.2　时间轴和帧

时间轴和帧

### 3.2.1　轴和帧的概念

**1. 时间轴**

是用来表示时间的一条直线,直线上不同的点表示不同的时刻。主要由"图层""帧"和"播放头"组成,在播放动画时,播放头沿时间轴向右滑行移动,而帧和图层的内容则随着时间的变化而变化,"时间轴"面板请参考第1章图1-13。

### 2. 帧

是影像中最小单位的单幅影像画面，相当于电影胶片上的每一格镜头，一帧就是一副静止的画面，连续的帧就形成动画。帧在时间轴上排列的先后顺序决定动画播放的先后顺序，每一帧中的具体内容，是该帧在相应舞台上（工作区域）被制作出来的。如在第1帧绘制了一幅图，那么这幅图只能作为第一帧的内容在舞台中被显示出来，第2帧没有内容，如图3-9和图3-10所示。

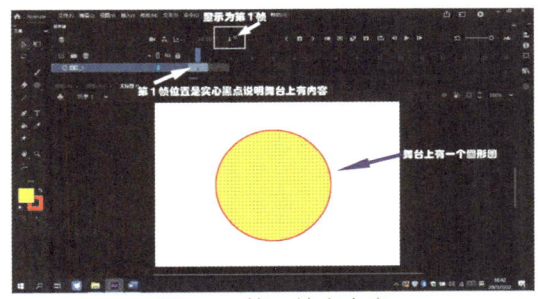

图 3-9　第 1 帧有内容

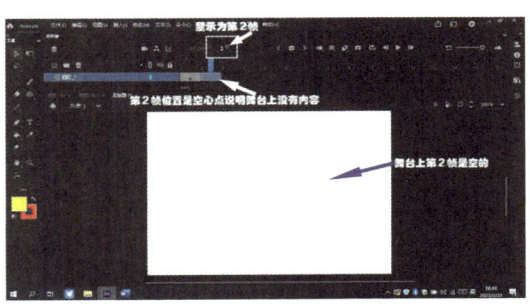

图 3-10　第 2 帧是空的

## 3.2.2　帧的类型

### 1. 关键帧

有实心圆点的灰色方块，该帧对应的舞台中有内容，补间动画的制作就是通过插入关键帧的方法实现的，如图3-11所示。

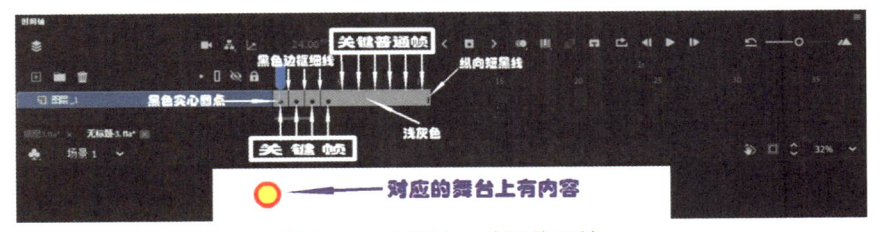

图 3-11　关键帧、关键普通帧

### 2. 空白关键帧

有空心圆点的灰色方块，该帧在对应的舞台上是没有内容的帧，当舞台上需要出现"空白"或"绘制内容"时，就变成了关键帧，如图3-12所示。

普通帧和空白普通帧。在时间轴上有浅灰色的方块，用它来放置动画中静止不变的对象（如背景和静态文字），但不能进行编辑。

简单记忆：普通帧不可以编辑，用来显示左边关键帧内容。关键帧有内容可以编辑，空白关键帧没有内容显示，但可以编辑和添加内容。

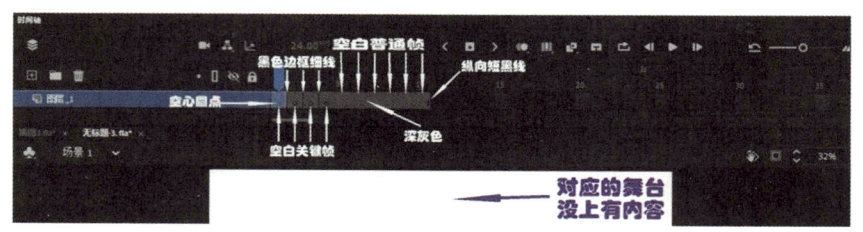

图 3-12　空白关键帧、空白普通帧

## 3.2.3　帧的显示

帧在时间轴上有多种表现形式，根据创建动画的不同，帧会呈现出不同的状态和颜色。

### 1. 创建传统补间动画

（1）动画的开始和结束都是用"关键帧"（黑色小点）表示，在关键帧之间的紫色背景被一条黑色实线箭头贯穿，表示创建传统补间动画成功，如图3-13所示。

图 3-13　创建成功

（2）当紫色背景被一条虚线贯穿，表示动画并未创建成功，如图3-14所示。

图 3-14　创建不成功

### 2. 创建补间形状动画

（1）当关键帧之间被棕色背景和一个箭头贯穿时，表示创建补间形状动画成功，如图3-15所示。

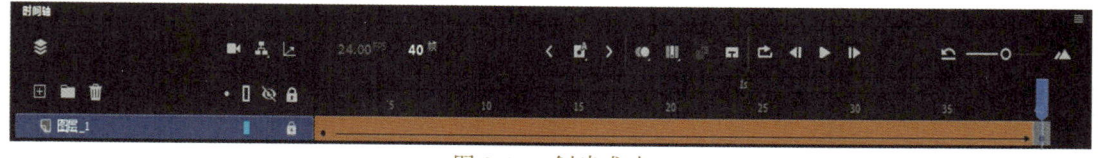

图 3-15　创建成功

（2）当棕色背景被一条虚线贯穿时，表示补间形状动画创建不成功，如图3-16所示。

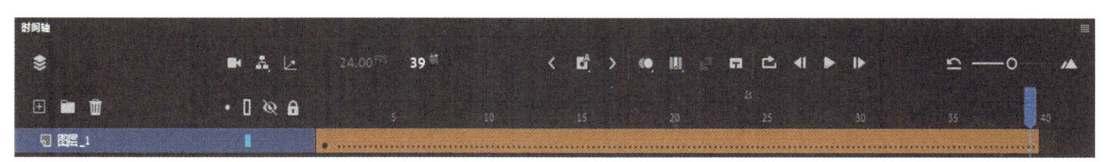

图 3-16　创建不成功

## 3.2.4　帧的操作

### 1. 插入帧

（1）右键单击。用鼠标右键单击时间轴上要插入帧的位置，在弹出的快捷菜单中根据需要选择"插入帧""插入关键帧"或"插入空白关键帧"即可，如图3-17所示。

（2）主菜单栏。用鼠标左键单击时间轴上要插入帧的位置，在菜单栏中选择"插入"→"时间轴"命令，在弹出的子菜单中选择要插入帧的类型即可，如图3-18所示。

图 3-17　右键弹窗插入帧　　　　　　图 3-18　主菜单栏插入帧

### 2. "帧"的选择

到菜单栏中选择"窗口"→"时间轴"命令，打开"时间轴"面板，可对帧或帧中的内容进行编辑（操作），这就需要选择"帧"。

（1）选择单个帧。把光标移到需要的帧上单击鼠标左键即可完成选择，如图3-19所示。

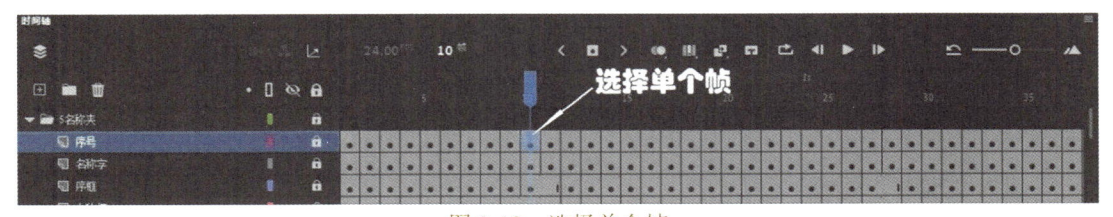

图 3-19　选择单个帧

（2）选择多个不连续的帧。按住【Ctrl】键，单击需要的帧即可完成选择，如图3-20所示。

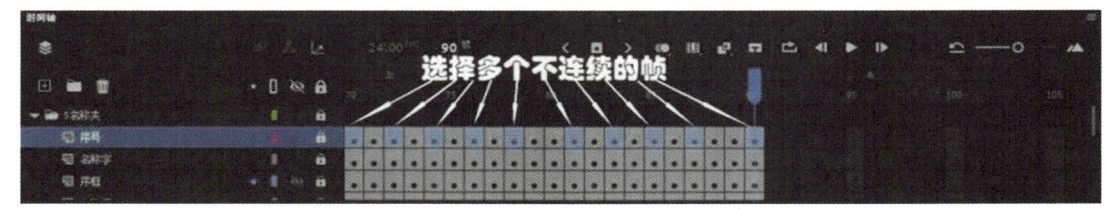

图 3-20　选择多个不连续的帧

（3）选择多个连续的帧。按住【Shift】键，单击需要选择一定范围内的开始帧和结束帧，如图3-21所示。

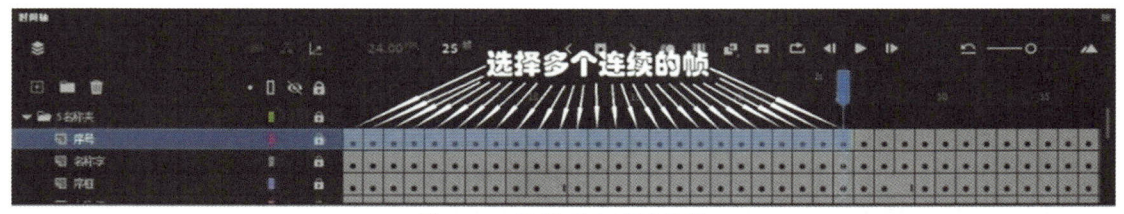

图 3-21　选择多个连续的帧

（4）选择所有的帧。在同一图层的任意一个帧上单击鼠标右键，在弹出的快捷菜单中选择"选择所有帧"命令，或者选择"编辑"→"时间轴"→"选择所有帧"命令，就可以选择所有的帧，如图3-22所示。

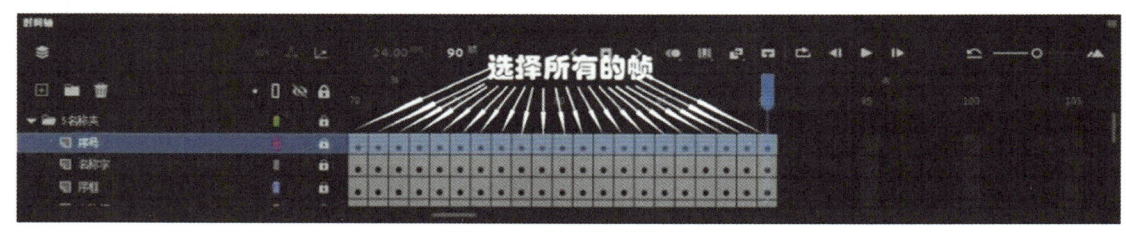

图 3-22　选择所有的帧

### 3. 删除帧

先选择将要删除的帧。再用鼠标右键单击"删除帧"。或者选中帧以后，选择"编辑"→"时间轴"→"删除帧"命令。此操作不仅删除选中的帧，还删除了帧中的内容，还原成原始状态，即被删除的帧上无黑色小圆点，如图3-23所示。

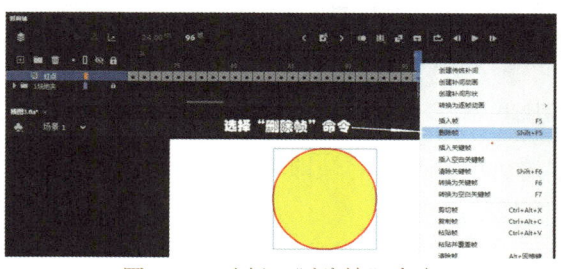

图 3-23　选择"删除帧"命令　　　　　　　　图 3-24　删除帧后的效果

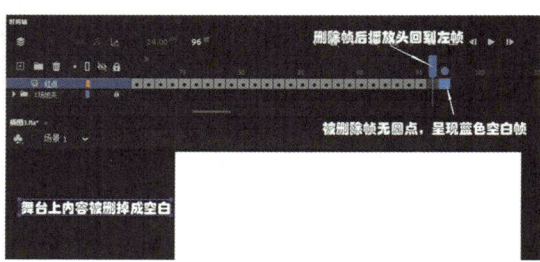

### 4. 复制并粘贴"帧"

主要作用是将帧上已制作好的"图形""图案""文字"和"动画"等素材复制下来，粘贴到你需要放置的帧位置上，这样可以加快制作速度、节约时间，让设计工作更便捷。

（1）"单帧"的复制并粘贴。在时间轴的第1帧上单击鼠标右键，在弹出的快捷菜单中选择"复制帧"命令；然后在需要粘贴的第2帧上单击鼠标右键，在弹出的快捷菜单中选择"粘贴帧"命令；复制并粘贴后的效果如图3-25、图3-26和图3-27所示。

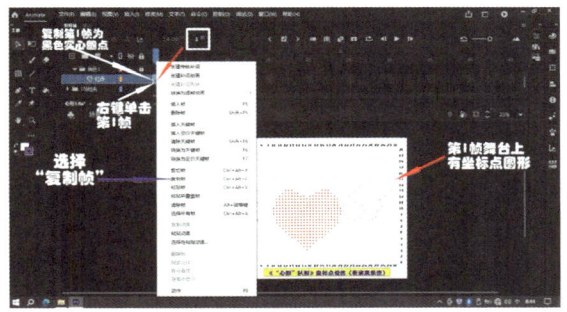

图 3-25　选择"复制帧"

图 3-26　选择"粘贴帧"

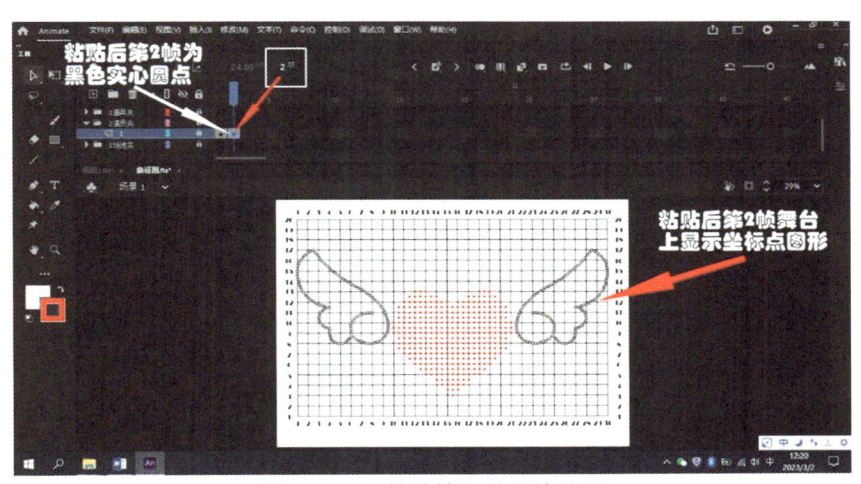

图 3-27　"粘贴帧"后的效果图

（2）"多帧"的复制和粘贴（适用于不同的文档）。在"纵屈1"文档中，选择要复制的"多帧"（第1至55帧）；用鼠标右键单击复选帧中的任意一帧后在弹出的快捷菜单中选择"复制帧"命令，如图3-28和图3-29所示。

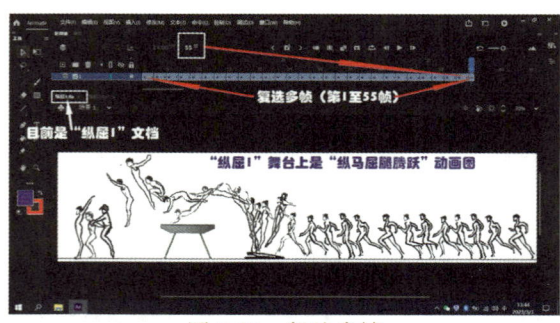

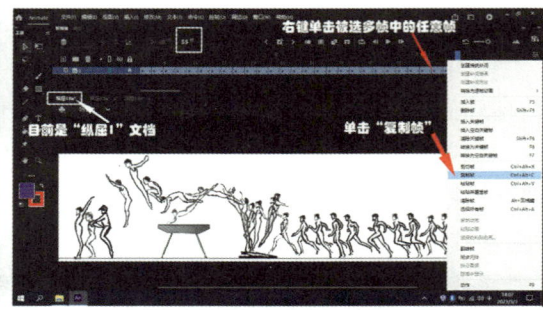

图 3-28 复选多帧　　　　　　　　　图 3-29 复制帧

切换到"纵屈2"文档中，单击该图层的第1帧后用鼠标右键单击"粘贴帧"，粘贴多帧后出现复制过来的内容，如图3-30和图3-31所示。

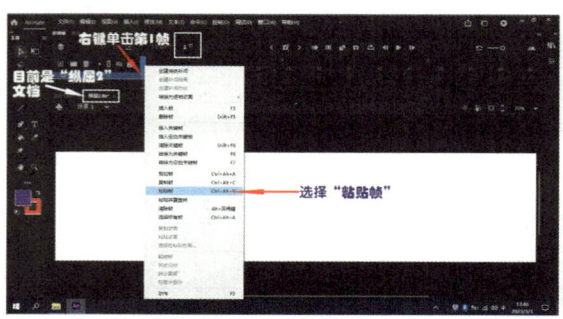

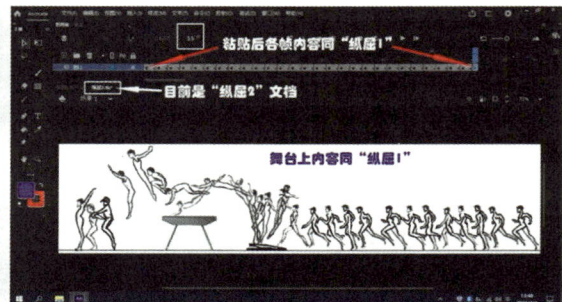

图 3-30 粘贴帧　　　　　　　　　图 3-31 粘贴多帧后的效果

### 5. 移动帧

将光标放在所选帧上面呈现被选状态，拖动选中的帧移到目标位置后释放鼠标。也可选中需要操作的帧并用鼠标右键单击在弹出的快捷菜单中选择"剪切帧"命令，然后在目标位置再用鼠标右键单击在弹出的快捷菜单中选择"粘贴帧"命令。

### 6. 翻转帧

在时间轴上将需要翻转的帧复选上，用鼠标右键单击在弹出的快捷菜单中选择"翻转帧"命令即可，如图3-32所示。使用翻转帧功能可以使选定的一组帧按照顺序翻转，原来的最后一帧变为第1帧，原来的第1帧变为最后一帧，翻转后的播放效果与原动画顺序相反。

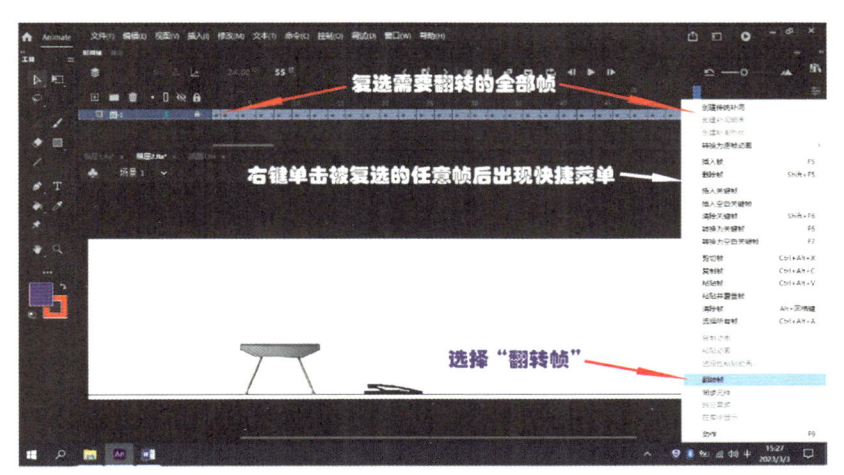

图 3-32　翻转帧路径

### 7. 设置帧频

选择"修改"→"文档"命令，在"文档设置"面板的"帧频"处输入需要的帧频数值24，如图3-33所示。还可以选择"窗口"→"属性"命令，打开"属性"面板的"文档设置"，在"FPS"处输入数值24，如图3-34所示。

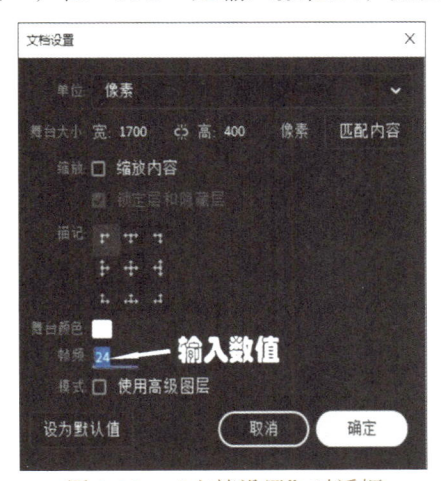

图 3-33　"文档设置"对话框　　　　图 3-34　"属性"面板

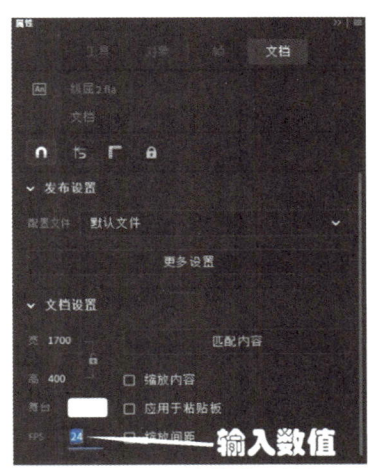

## 3.3　图层简述

图层类似书页层层叠加。可以把它理解为是重叠在一起的多张透明胶片，通过在不同的图层中编辑不同的元件再将它们叠加，就可以获得变化多样层次丰富的动画效果。在Animate 2022中，每一个图层都是独立的，有自己的时间轴和帧，还可以锁闭或隐蔽。在同一帧位置中绘制或编辑其他图层的对象时，使用"锁闭或隐蔽"，该图层对象不会受其他图层的干扰。

图层简述

### 3.3.1 图层的类型

**1. 普通层**

每次新建文档，系统默认的图层为普通层。在图层条上显示 ▇ "普通图层"图标。

**2. 遮罩层**

在"图层_1"中创建一个"传统补间动画"，单击"图层_1"选择"遮罩层"，此时"图层_1"上方会出现遮罩层，图标为 ▇。该图层的下一层便被默认为被遮障层。

**3. 引导层**

在"图层_1"中创建一个传统补间动画，单击"图层_1"选择"添加运动引导层"，此时"图层_1"上方会出现引导层，图标为 ▇。在它下面图层中的对象将被引导。

以上各图层位于"时间轴"面板的左下方，如图3-35所示。

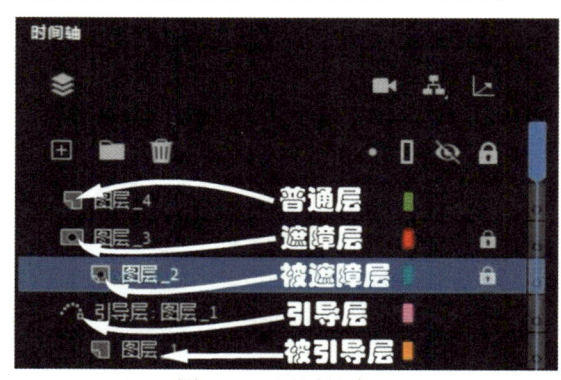

图 3-35　图层的类型

### 3.3.2 图层的模式

**1. 当前图层**

即为当前操作的图层，所有新对象或导入的场景将放在这一图层上，当前图层为选中时显示"蓝色"状态。

**2. 隐蔽图层**

要集中处理舞台中的某一部分，可以将多余的图层内容隐藏，单击需要隐藏图层名称栏中的 ▇ 图标，该图层上的内容便被隐藏起来。

**3. 锁闭图层**

将需要显示但不需要被修改的图层锁闭起来。单击 ▇ 图标即可锁闭该图层中的内容。

## 3.3.3 图层和文件夹

### 1. 新建图层

（1）单击要增加一级图层下的新图层，先选中一级图层下的二级图层，再单击 ■ 按钮即可在选中图层上方插入一个新图层。

（2）选择"插入"→"时间轴"→"图层"命令可在选中图层上方插入一个新图层。

（3）光标放在需要创建图层位置的下面一个图层上，单击鼠标右键在弹出的快捷菜单中选择"插入图层"命令。

### 2. 新建文件夹

单击 ■ ■ 图标，可将若干个图层放置在一个文件夹中，该文件夹是用来放置同类图层文件的。关闭文件夹后，"时间轴"中只呈现一个文件夹图层，这样缩小了版面便于操作。

（1）单击需要创建图层文件夹位置下面的一个图层，单击 ■ "新建文件夹"按钮，即可在该图层上面插入一个图层文件夹。

（2）单击需要创建图层文件夹位置下面的一个图层，选择"插入"→"时间轴"→"图层文件夹"命令。

（3）单击需要创建图层文件夹下的一个图层，在菜单栏中选择"插入文件夹"命令。

## 3.3.4 图层编辑

### 1. 单选或复选

（1）单选图层。单击"时间轴"中的1个图层名称即可选中图层。

（2）复选连续图层。按住【Shift】键依次单击"开始层"和"结束层"图层的名称，即可完成选择操作。

（3）复选非连续图层。按住【Ctrl】键依次单击时间轴中的非连续的多层名称，即可完成选择操作。

### 2. 查找

如果需要查找舞台中的某个对象在哪一图层中时，那么先解锁"时间轴"中的所有图层，然后单击舞台中需要查找的对象，"时间轴"中深蓝色的图层即是要查找的图层。

### 3. 删除

（1）选中图层后，单击"时间轴"中的 ■ 按钮，即可删除。

（2）拖动"时间轴"中需要删除的图层到 ■ 按钮上。

（3）用鼠标右键单击需要删除的图层，在弹出的快捷菜单中选择"删除"命令。

### 4. 复制和拷贝

（1）选中需要操作的图层，用鼠标右键单击该图层，然后在弹出的快捷菜单中选择"复制图层"命令，或选择"编辑"→"时间轴"→"直接复制图层"命令，都可以在选中图层的上方创建一个含有"复制"后缀的同名图层。

（2）如果要把一个文档中的某个图层复制到另一个文档中，则先用鼠标右键单击该图层然后在弹出的快捷菜单中选择"拷贝图层"命令；鼠标右键单击目标图层，在弹出的窗口中选择"粘贴图层"命令，即可在另一图层上方创建一个与复制图层相同的图层。

提示：复制图层是直接在本文档中用"复制图层"或"直接复制图层"命令完成。拷贝图层是可以在一个或另一个文档中用"拷贝图层"或"粘贴图层"命令完成。

### 5. 重命名

创建的新图层会以"图层+编号"的式样（默认）为该图层命名。但这种"编号"在图层较多时使用不方便。用户可以根据自己的需要对图层重新命名，方法如下：

（1）双击"时间轴"中的图层，出现文本框后输入重命名。

（2）鼠标右键单击图层，在弹出的快捷菜单中选择"属性"命令，在"名称"文本框中输入重命名，单击"确定"按钮即可。

（3）在"时间轴"中选择图层，通过选择"修改"→"时间轴"→"图层属性"命令，在"名称"文本框中输入重命名后单击"确定"按钮。

### 6. 调整顺序

在舞台上出现重叠、遮挡时，默认为上一层遮挡下一层。如果需要调整图形的上下顺序，则按住需要移动的图层不放，直接拖动到调整的位置即可。在拖动过程中会出现左边一个小圆点的黑色横线，帮助识别拖动的位置。

## 3.4 基础动画

### 3.4.1 逐帧动画

逐帧动画

图像在每一帧中都有变化（在连续的关键帧中创建每一帧的内容）的动画，是最常见的动画形式，它与电影播放模式相似，适合表演很细腻的动画。

提示：本书使用的逐帧动画示例，所选的模板和素材均是提前设计好的，供读者参考。

示例：逐帧动画

**第1步：** 创建文档。

导入"动画模版（主）"文档，选择菜单栏中的"文件"→"另存为"命令，重命名"逐帧动画"。

**第2步**：绘制"圆点"。

解锁"2演员夹"→"角色1"→"图层_1"图层，在第1帧绘制1个圆点，设置属性：宽30、高30、填充色（红），将其转换为元件，然后拖动到(15,1)处，如图3-36所示。

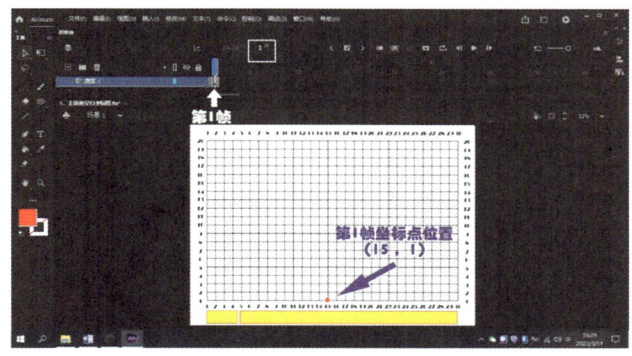

图3-36　绘制"圆点"

**第3步**：创建动画。

（1）复选"图层_1"图层的第2至10帧，然后转换为关键帧。从第2至10帧的舞台上把"圆点"依次向上移动一个坐标点位，即红点从第2帧（纵坐标1号点位）逐帧向上移动到第10帧（纵坐标10点位的位置），如图3-37所示。

（2）复选第1至9帧后"复制帧"，再鼠标右键单击第11帧后"粘贴帧"；复选第10至19帧后"翻转帧"，形成"红点"逐帧向下移动的效果，如图3-38所示。

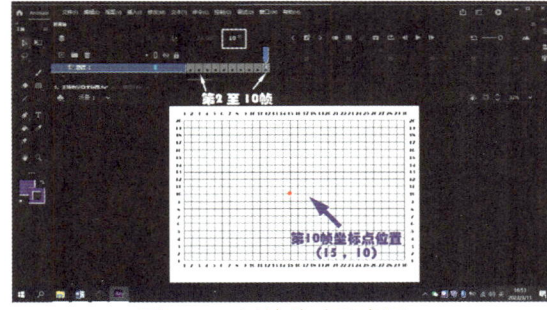

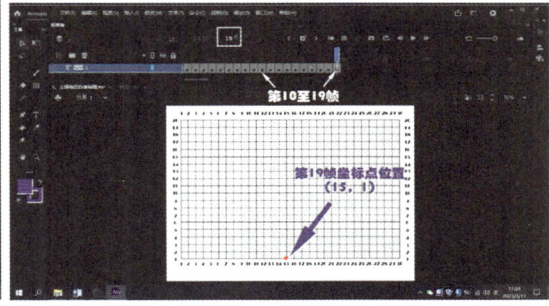

图3-37　逐帧移动示意图　　　　　　图3-38　第19帧时红点位置

（3）单击第1帧后按【Enter】键或单击播放键测试一遍动画，成功后保存并关闭文档。

提示：如果逐帧单击"关键帧"，舞台上会出现"每一帧上的红点位置不同"的演示。

## 3.4.2　传统补间动画

传统补间动画（也称：中间帧动画，渐变动画），此动画只需要建立开始帧和结束帧的画面，中间部分由软件自动生成（直线位置移动、大小变化、色彩变化、旋转等）补间效果。

> 示例1：位移动画

**第1步**：创建文档。

导入"动画模版（主）"文档，选择"文件"→"另存为"命令，保存"位移传统补间动画"。

**第2步**：绘制"圆点"。

解锁"2演员夹"→"图层_1"图层，在第1帧上绘制圆点，设置属性：宽30、高30、填充色（红），将"红点"转换为元件，拖动到(1,10)处，锁闭图层，如图3-39所示。

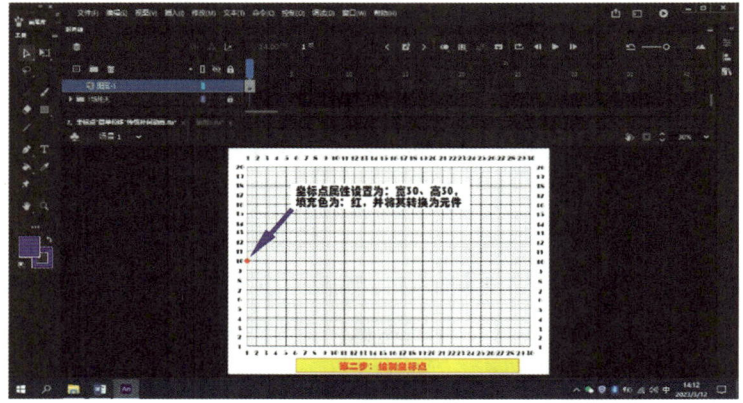

位移动画

图 3-39　绘制"圆点"

**第3步**：创建动画。

（1）选择"1场地夹"图层的第30帧，然后插入关键帧。单击"2演员夹"→"图层_1"图层的第1帧，然后"创建传统补间"动画，图层会自动创建至第24帧，如图3-40所示。

提示："时间轴"图层的第2至24帧呈现出"虚线+浅蓝色或紫色"背景，如图3-41所示。后续示例的"创建传统补间"动画均会"自动创建到第24帧"，不再进行文字描述。

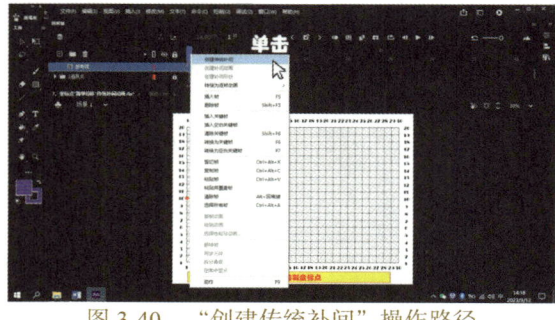

图 3-40　"创建传统补间"操作路径 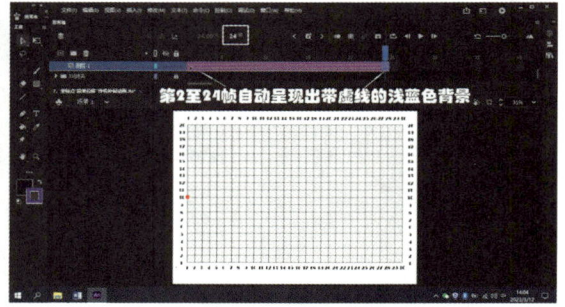　　　图 3-41　创建后第2至24帧显示状态

（2）鼠标右键单击第30帧插入关键帧，即出现黑色实心小点，虚线变成带箭头的实线，表明创建成功，如图3-42所示。

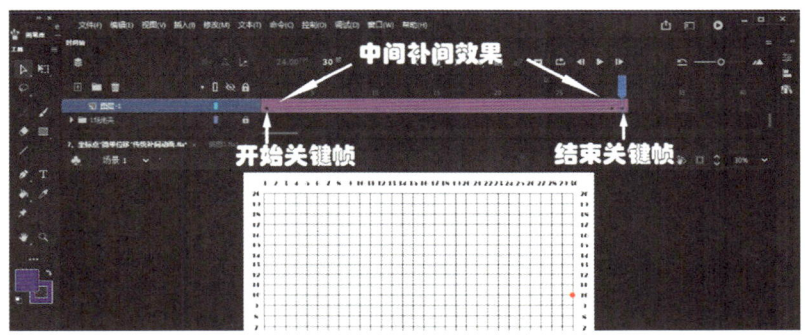

图 3-42 完整补间动画结构

（3）解锁"2演员夹"→"图层_1"图层，将舞台上的圆点拖动到(30,10)处，"位移补间"动画完成，单击第1帧后按【Enter】键或单击播放键测试一遍动画，成功后保存并关闭文档。

示例2：大小变化动画

第1步：创建文档。

导入"动画模版（主）"文档（方法同前），重命名为"大小变化传统补间动画"。

大小变化动画

第2步：绘制圆点。

解锁"2演员夹"→"图层_1"图层，在第1帧上绘制圆点，设置属性：宽30、高30、填充色（红），将"红点"转换为元件，拖动到(15.5,10.5)处。锁闭图层并保存文档，如图3-43所示。

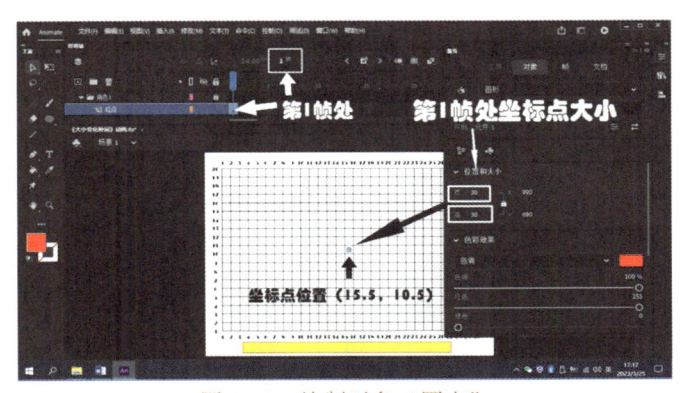

图 3-43 绘制对象"圆点"

第3步：创建动画。

（1）单击"1场地夹"图层的第30帧并插入关键帧。

（2）单击"2演员夹"中"图层_1"图层的第1帧，单击鼠标右键创建传统补间。

（3）单击"2演员夹"→"图层_1"图层的第30帧并插入关键帧。

（4）单击"2演员夹"→"图层_1"图层的第30帧舞台上的圆点，在单击"属性"面板和"对象"后，修改圆点（也称：坐标点）的大小（宽200、高200），当带箭头呈现为"实线"说明动画创建成功，如图3-44所示。

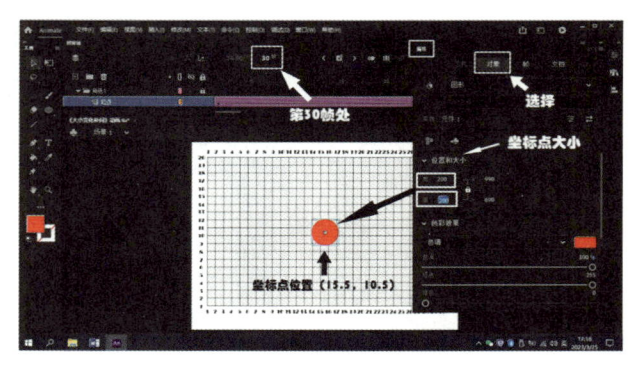

图 3-44　设置属性路径

**第4步：** 保存文档。

单击第1帧后按【Enter】键或单击播放键测试一遍动画，成功后保存并关闭文档。

旋转动画

**示例3：旋转动画**

**第1步：** 创建文档。

方法同上，重命名为"旋转传统补间动画"。

**第2步：** 创建点位图。

（1）绘制圆形"参考线"。解锁"3杂项夹"→"参考夹"，在第1帧绘制空心圆（参照线），设置属性：宽660、高660、位置(660,360)、大小（1）、笔触色（蓝），然后锁闭文件夹。

（2）创建"圆形点位图"。解锁"2演员夹"→"图层_1"图层，在第1帧绘制圆点，设置属性：宽30、高30、填充色（红），将其转换为元件。

（3）复制36个圆点并间隔均匀地排列在参照线上，将最上面两个红点改成蓝色。如图3-45所示。框选全部36个圆点后转换为元件，锁闭"2演员夹"。在"参考线"图层的第1帧处将"参照线"删除。

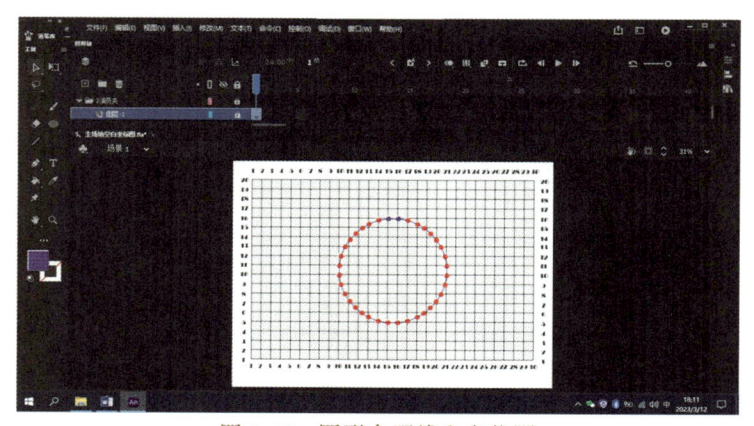

图 3-45　圆形参照线和点位图

第3步：创建动画。

（1）鼠标右键单击"1场地夹"第30帧并插入关键帧。

（2）鼠标右键单击"2演员夹"→"图层_1"图层第1帧并创建传统补间，鼠标右键单击第30帧后插入关键帧。如图3-46所示。

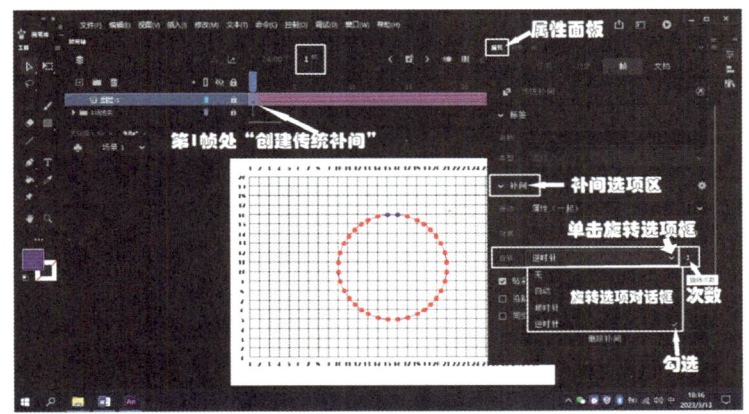

图 3-46　创建传统补间路径

（3）单击"2演员夹"第1帧，单击"属性"面板中的"补间"选项区，打开"旋转"对话框，然后勾选"逆时针"（或顺时针），根据设计需要，修改旋转次数（默认为1次，1次360°）。

第4步：保存文档。

单击第1帧后按【Enter】键或单击播放键测试一遍动画，成功后保存并关闭文档。

## 3.4.2　形状补间动画

形状补间动画是两个不同形状或颜色的对象（即：元素）在动画之间进行变化一种表现形式。

提示：制作该类动画，其对象只能是矢量图形。如果对象是图形元件、位图和文字等，则需要将其分离后才能制作。

示例："红字"变"蓝字"动画

第1步：创建文档。

打开"动画模板（主）"文档，选择"文件"→"另存为"命令，保存"红变蓝形状补间动画"文档。

红变蓝动画

第2步：创建"红"字。

解锁"2演员夹"→"角色1"→"图层_1"图层，在第1帧单击 T 工具，输入"红"字。选择"修改"→"分离"命令，然后设置属性：字符（华文琥珀）、宽600、高600、填充色

（红）、位置(690,380)，如图3-47所示。

**第3步**：增加时间帧。

复选"图层_1"图层和"1场地夹"到第30帧，鼠标右键单击30帧并插入关键帧。然后删除"图层_1"图层的第30帧处的"红"字。

**第4步**：创建"蓝"字。

在"图层_1"的第30帧单击T工具，输入"蓝"字。选择"修改"→"分离"，设置属性：字符（华文琥珀）、宽600、高600、填充色（蓝）、位置(690,380)，如图3-48所示。

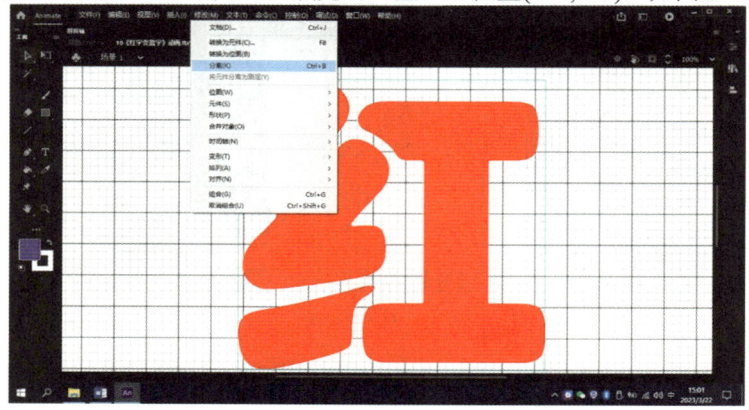

图 3-47　创建"红"并"分离"

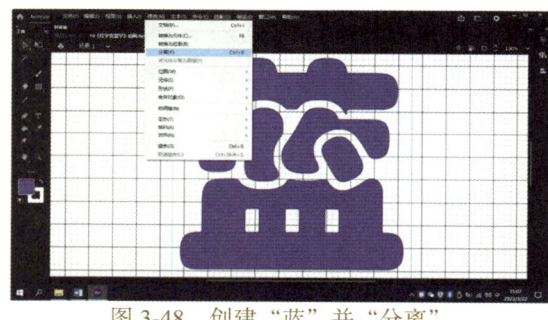

图 3-48　创建"蓝"并"分离"　　　　图 3-49　动画创建成功背景

**第5步**：创建动画。

鼠标右键单击"图层_1"第1帧处创建补间形状（图层呈现棕色背景并被一个箭头贯穿），如图3-49所示。鼠标右键单击第30帧处创建补间形状。

**第6步**：保存文档。

单击第1帧后按【Enter】键或单击播放键测试一遍动画，成功后保存并关闭文档。

### 3.4.3　传统引导层动画

要创建按照"设计路线运行"的动画就需要添加"运动引导层"，在时间轴上以 图标表示。它主要用于引导图层中的"对象"沿引导层中的路径移动。创建方法是单击"被引导"的图层条，在弹出的快捷菜单中选择"添加传统运动引导层"命令，在被引导的图层上方就创建了一个"传统运动引导层"。

提示：在引导层中只能绘制一条引导线。一个图层中如果有多个对象要运动，就只有把它们组合成一个"完整的"整体，才能被引导。如果多个对象需要单独被引导，就要建同等数量的图层。

示例1：单层单线动画

**第1步**：创建文档和圆点。

打开"动画模版（主）"文档，选择"文件"→"另存为"命令，保存"单层单线引导层"动画。

单层单线动画

**第2步**：绘制圆点。

解锁"2演员夹"→"角色1"→"图层_1"图层并在第1帧绘制一个圆点。设置属性：宽30、高30、位置(120,1260)、填充色（红），选择"修改"→"转换为元件"命令，在"图层_1"的第1帧创建传统补间，如图3-50所示。

**第3步**：增加时间帧。

复选"图层_1"和"1场地夹"图层的第30帧处并插入关键帧，然后将第30帧处舞台上的圆点拖动到设计的(30,1)坐标点位上，如图3-51所示。

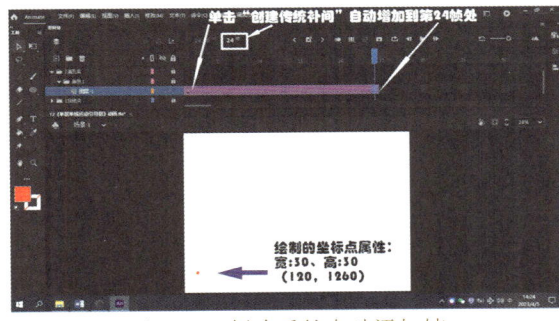

图 3-50　创建后的自动添加帧　　　　　图 3-51　增加帧，安置圆点

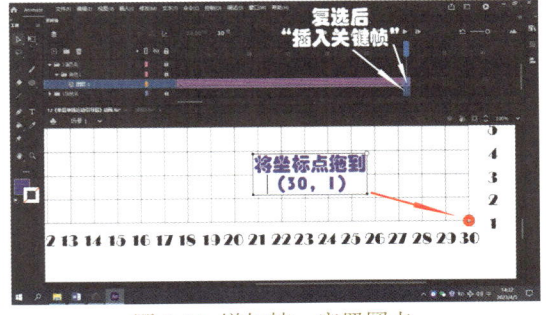

**第4步**：添加引导层。

单击"图层_1"图层并添加"传统运动引导层"，在该图层上面出现 引导层：图层_1 图标，即为添加成功，如图3-52和图3-53所示。

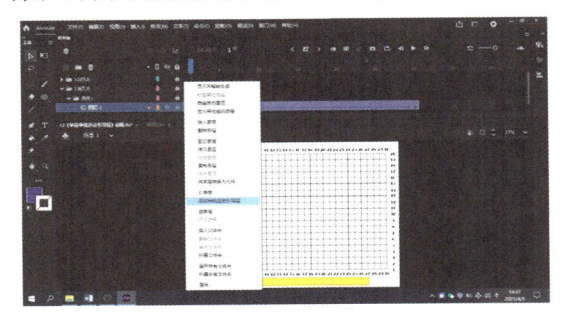

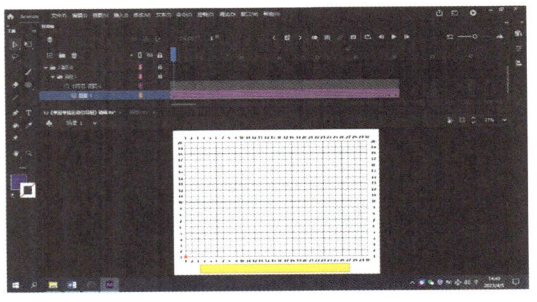

图 3-52 添加路径　　　　　　　　图 3-53 添加成功状态

**第5步：** 绘制引导线。

在舞台中绘制一条水平横线（横坐标1～30），光标触击横线中心按鼠标左键不放，向上顶到设计(15.5,20)后放开，形成一条弧形引导线，在该层第30帧处插入关键帧，"单图层运动引导层"动画创建成功，如图3-54所示。

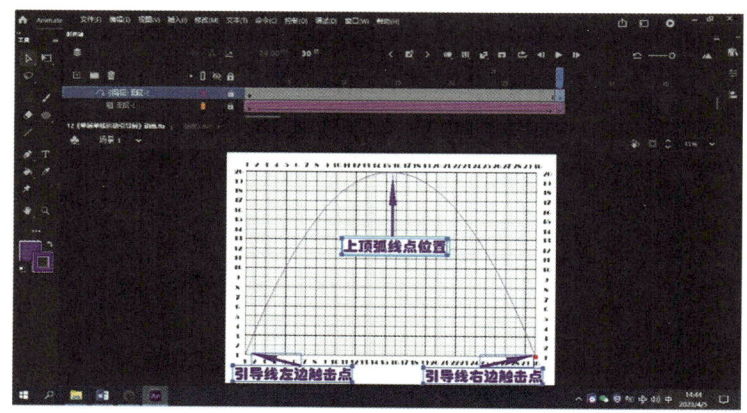

图 3-54 引导线路径

**第6步：** 保存文档。

单击第1帧后按【Enter】键或单击播放键测试一遍动画，成功后保存并关闭文档。

**示例2：多层单线引导层动画**

**第1步：** 创建文档。

导入"动画模版（主）"，选择"文件"→"另存为"命令，重命名"多层单线引导层动画"。

多层单线

**第2步：** 绘制"参考引导线"。

（1）第一条"参考线"。解锁"3杂项夹"→"参考夹"→"参考线"图层，在第1帧绘制一条横线，左端点：(1,1)，右端点：(30,1)。设置线属性：大小(0.1)、笔触色（蓝）。光标触击横线中间按鼠标左键不放，向上推到(15.5,20)坐标号位置，完成弧形"参考引导线"。

（2）第二条"参考线"。在同图层位置绘制一条横线，左端点：(1,1)，右端点：(29.5,1)。设置线属性同上。用顶推的方法检查并确保两条线的左侧端点连接上（但右侧不能相连），锁闭"参考线"图层，参考线效果如图3-55所示。

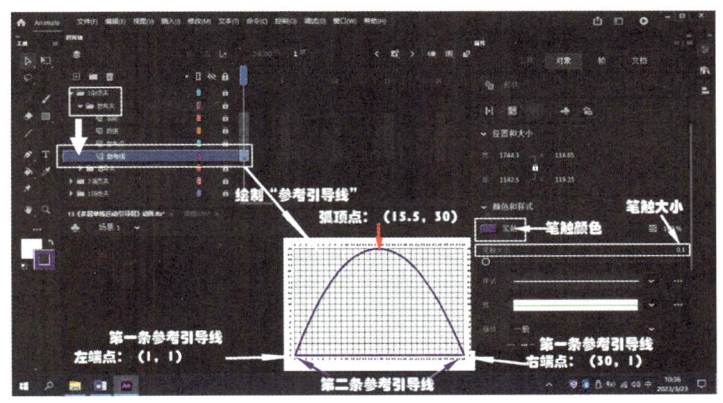

图 3-55 绘制"参考引导线"

**第3步**：绘制"圆点"。

（1）解锁"2演员夹"→"角色1"→"红点"图层，在第1帧处绘制第1个圆点。设置属性：宽30、高30、填充色（红）、位置(1,1)、选择"修改"→"转换为元件"命令。

（2）按【Alt】键不动，光标按住红点向左拖动，复制30个红点（左右间隔半个坐标位），如图3-56所示。

**第4步**：添加引导层。

单击"图层_1"图层，在弹出的快捷菜单中选择"添加传统运动引导层"命令。此时30颗红点全在该图层，如图3-57所示。

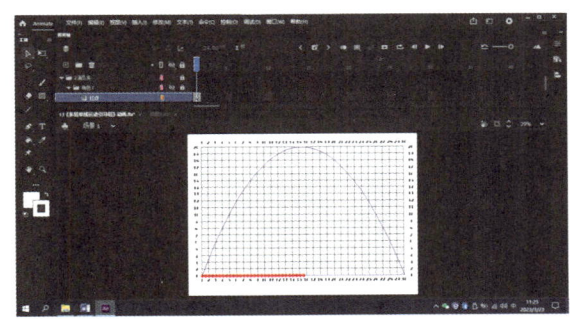

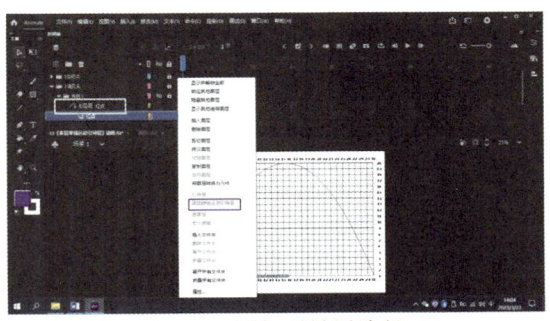

图 3-56 创建圆点　　　　图 3-57 添加引导层路径

**第5步**：创建动画。

（1）单击"图层_1"图层的第1帧（全部红点被选中），选择"修改"→"时间轴"→"分散到图层"命令，如图3-58所示。

（2）单击"图层_1"图层的第1帧，选择"创建传统补间"命令。30个图层全部自动创建到第24帧，如图3-59所示。

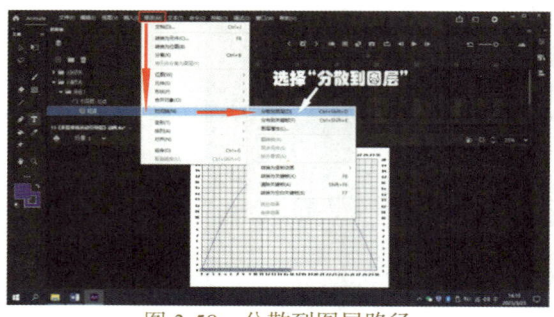

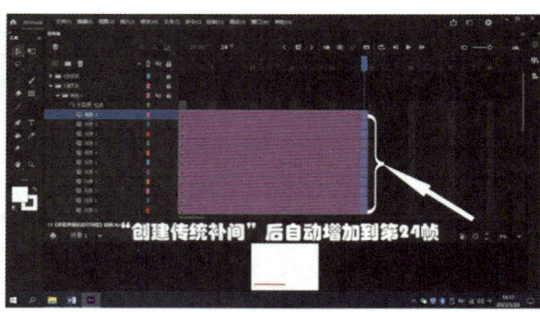

图 3-58　分散到图层路径　　　　　　　图 3-59　添加后的自动创建

**第6步**：增加"时间帧"。

复选"3杂项夹""2演员夹""1场地夹"的第50帧，单击鼠标右键"插入关键帧"，插入关键帧前后界面如图3-60和图3-61所示。

图 3-60　插入前界面　　　　　　　图 3-61　插入后界面

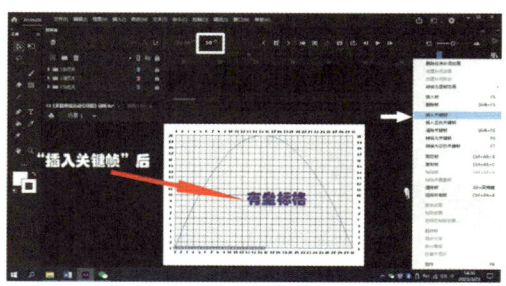

**第7步**：制作红点点位。

保持"2演员夹"全部图层在解锁状态，在第50帧处把舞台中的红点依次拖动到设计的结束位置，如图3-62所示。

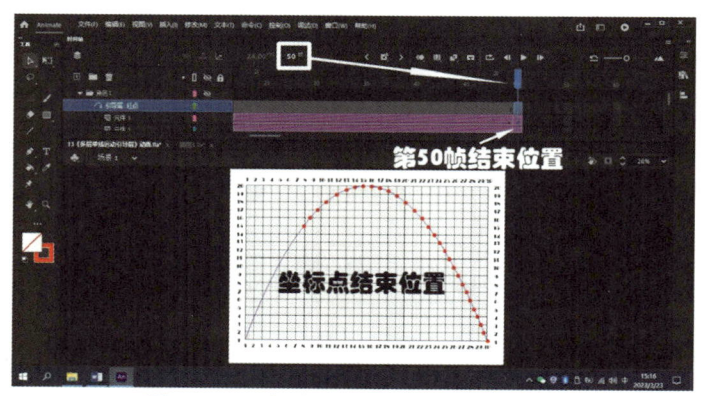

图 3-62　坐标点（红色圆点）结束位置

**第8步**：复制并粘贴"引导线"。

（1）单击"3杂项夹"→"参考夹"→"参考线"图层的第1帧并复制帧，将其图层隐蔽和锁闭。

（2）单击"2演员夹"→"角色1"→"引导层：红点"图层的第1帧并粘贴帧，该图层从第1至49帧的时间轴背景变为浅灰色，如图3-63所示。

（3）光标移到第49帧上点按，将其拖动到第50帧，引导线构建成功，锁闭"2演员夹"，如图3-64所示。

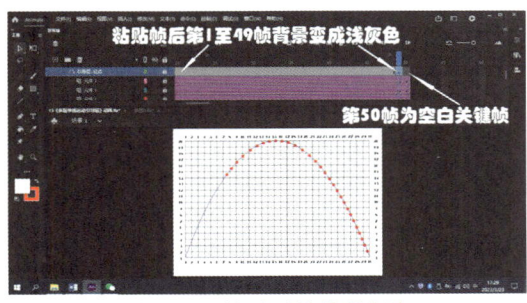

图 3-63　粘贴后的背景颜色　　　　　图 3-64　拖动引导线图层

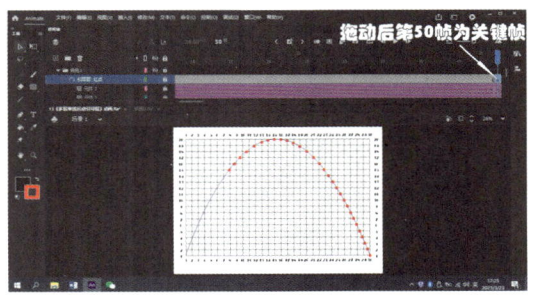

**第9步：** 保存文档。

单击第1帧后按【Enter】键或单击播放键测试一遍动画，成功后再将"参考引导线"删除，最后保存并关闭文档。

多层多线

**示例3：多层多线动画**

**第1步：** 创建文档并新建图层。

打开"动画模版（主）"，选择"文件"→"另存为"命令，保存"多层多线引导层"动画。打开"2演员夹"→"角色1"，分别单击 ▢ 按钮和 ⊞ 按钮各1次，命名为"角色2""蓝点"，然后将"蓝点"拖到"角色2"中。如图3-65所示。

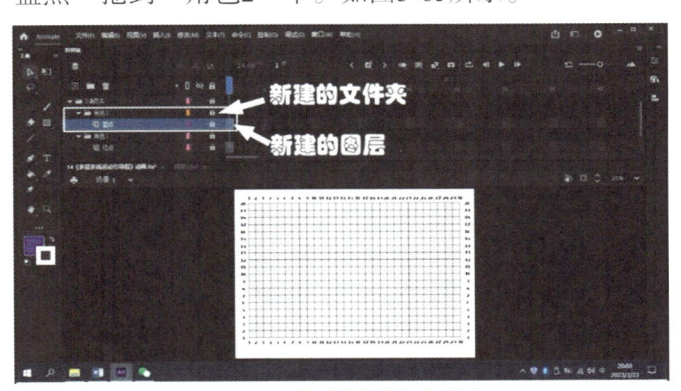

图 3-65　新建图层和文件夹

**第2步：** 绘制"引导线"。

（1）绘制左线。解锁"3杂项夹"→"参考夹"→"参考线"图层，在第1帧绘制一条斜线，左端点：(1,1)，右端点：(15,20)；光标触击斜线中点(8,10.5)，按住鼠标左键向上推到(5,15)坐标点位上，形成弧形"参考引导线"。再绘制一条左端点：(1,1)，右端点：(15,1)的横线；设置线属性：大小（0.1）、笔触色（蓝）。

（2）构建右线。用选择"复制"→"粘贴到当前位置"→"水平翻转"命令的方式，在"参考点"图层中完成右侧"参考引导线"，然后将其拖动到设计的位置；最后锁闭图层，如图3-66所示。

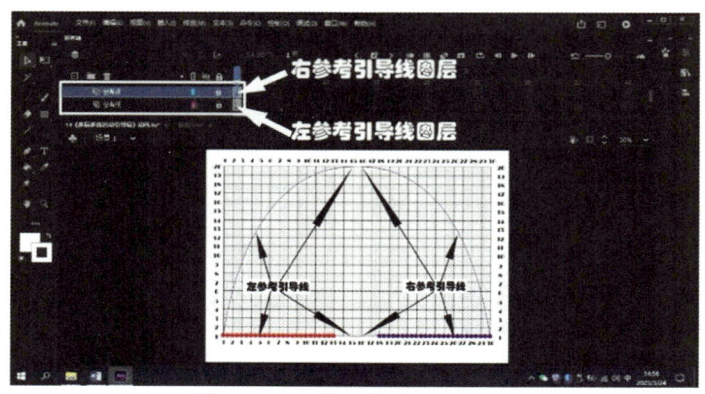

图 3-66　左右"参考引导线"

第3步：绘制"圆点"。

（1）绘制"红色"圆点。解锁"2演员夹"→"角色1"→"图层_1"图层，在第1帧绘制第1个坐标点，设置属性：宽30、高30、填充色（红）、位置(1,1)。选择"修改"→"转换为元件"命令；采用快捷复制并粘贴的方式，从左向右创建25个红点（左右间隔半个）坐标位，如图3-67所示。

（2）绘制"蓝色"圆点。复制"角色1"→"图层_1"图层的25个红点，粘贴到"角色2"→"蓝点"图层的第1帧处，将其拖动到右侧设计的位置。修改属性：填充色（蓝），其他不变，如图3-68所示。

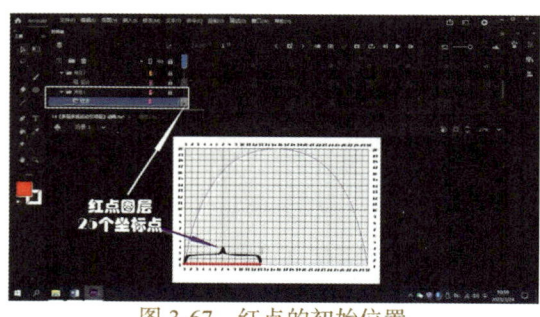

图 3-67　红点的初始位置　　　　　　图 3-68　蓝点位置

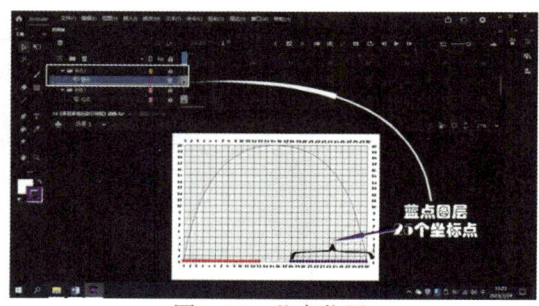

第4步：创建动画。

（1）选择"角色1"→"红点"→"添加传统运动引导层"→"分散到图层"→"创建传统补间"命令，方法同示例2。

（2）选择"角色2"→"蓝点"→"添加传统运动引导层"→"分散到图层"→"创建传统补间"命令，方法同上，如图3-69和图3-70所示。

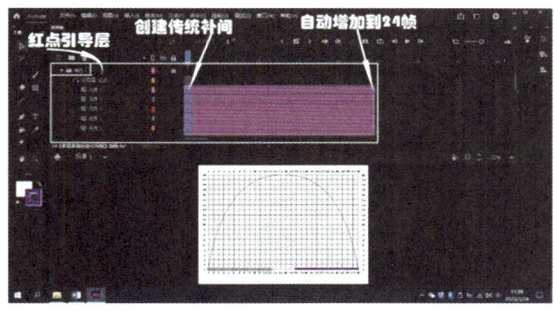

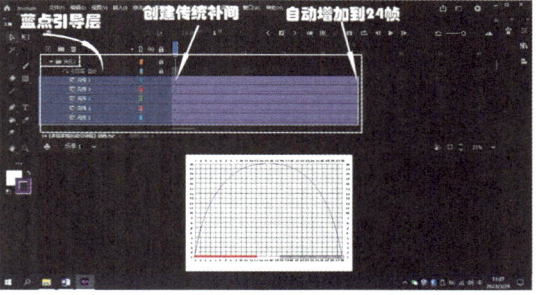

图 3-69　"红点"层路径　　　　　　图 3-70　"蓝点"层路径

**第5步**：增加时间帧。

复选"3杂项夹""2演员夹""1场地夹"所有图层的第50帧，单击鼠标右键"插入关键帧"。解锁"2演员夹"在第50帧处按设计要求依次拖动到结束位置，锁闭"2演员夹"，如图3-71所示。

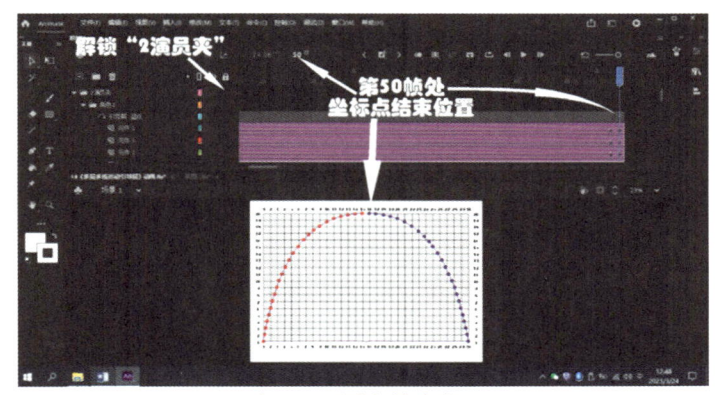

图 3-71　圆点结束位置

**第6步**：构建引导线。

（1）左侧引导线。单击"3杂项夹"→"参考夹"→"参考线"图层的第1帧并复制帧，然后隐蔽图层并锁闭。单击"2演员夹"→"角色1"→"引导层红点"图层的第1帧并粘贴帧，该图层从第1至49帧的时间轴背景变为浅灰色。按住第49帧，再将其拖动到第50帧处，引导线构建成功。锁闭"参考线"图层，如图3-71所示。

（2）右侧引导线。单击"3杂项夹"→"参考夹"→"参考点"图层的第1帧并复制帧，隐蔽图层并锁闭。单击"2演员夹"→"角色2"→"引导层蓝点"图层的第1帧并粘贴帧，该图层从第1至49帧的时间轴背景变为浅灰色。按住第49帧将其拖动至第50帧，引导线构建成功。最后锁闭"参考点"图层，如图3-73所示。

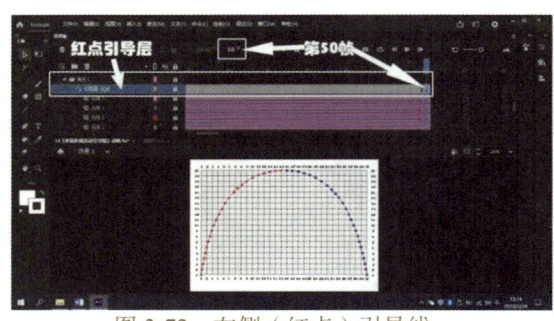

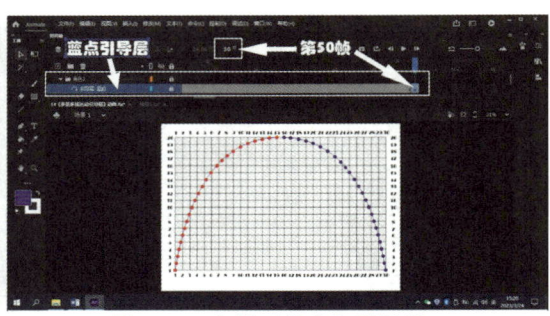

图 3-72　左侧（红点）引导线　　　　图 3-73　右侧"蓝点"引导线

**第7步**：保存文档。

单击第1帧后按【Enter】键或单击播放键测试一遍动画，成功后删除两条"参考引导线"，保存并关闭文档。

## 3.5　音乐节奏谱动画

完整的团体操队形动画，需要将配套的音乐导入其中，以显示创作的队形或图案在主歌、副歌、间奏部分是否有变换或变化等。在Animate 2022中，可以导入MP3、WAV，以及AIFF等多种格式的声音素材，声音导入到文档后，会自动保存到"库"面板中。

**示例**：制作"音乐-Sense Wiseness"音乐动画

**第1步**：新建文档。打开"音动模板（主）"文档，选择"文件"→"另存为"命令，保存"音乐-Sense Wiseness"节奏谱动画。

音乐节奏谱动画

**第2步**：导入文件。

（1）解锁"4音乐夹"→"音频文件"图层，在第30帧处插入关键帧。

（2）选择"文件"→"导入"→"导入到舞台"命令，如图3-74所示。

（3）在打开的"导入到舞台"对话框中选择准备导入的音频文件，单击"打开"按钮，如图3-75所示。

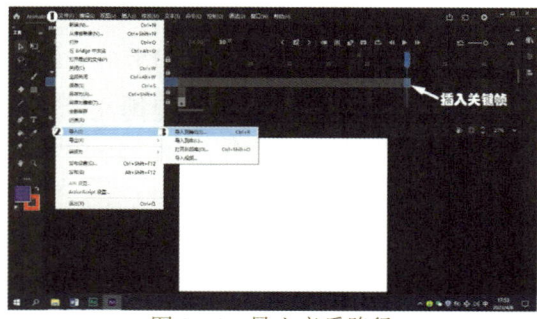

图 3-74　导入音乐路径　　　　图 3-75　选择音频文件

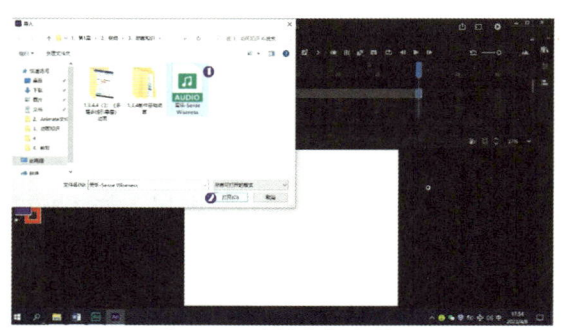

（4）将"时间轴滚动条"向右拖动到极限，在第570帧处插入关键帧，鼠标左键在该关键帧处按住不放，向右反复拖动（每次当时间滚动条不能动时就在临近处插入关键帧）直至第2100帧，然后单击插入的关键帧做清除关键帧处理，乐谱波纹贯穿第30至2100帧，如图3-76所示。

图 3-76 "音频文件"添加后的波形

**第3步：** 制作"音乐节奏谱"。

（1）解锁"4音乐夹"→"节拍数字"图层并单击第1帧。

（2）单击"时间轴"图层，在"节拍底框"中输入文字，把事先编辑好的"音乐节奏谱"复制并粘贴到舞台。

（3）单击 图标（任意变形），将"音乐节奏"拖动到"底框"做对应的调整和属性修改，如图3-77所示。

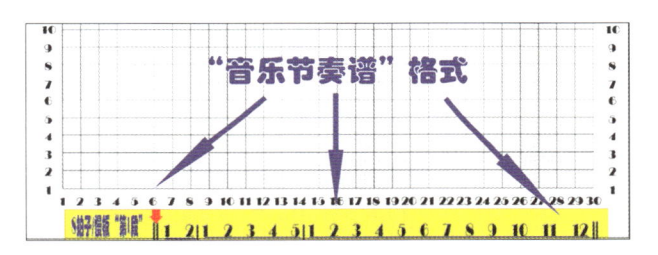

图 3-77 修改"音乐节奏谱"

**第4步：** 增加时间帧。

（1）复选"4音乐夹""3道具夹""2演员夹"和"场地夹"全部图层的第2100帧并插入关键帧，完成全部图层帧的增加。

（2）解锁"4音乐夹"→"节拍点位"图层，单击第30帧并插入空白关键帧（播放音乐的开始点）。

（3）不停按【Enter】键播放音乐，在每一个8拍开始的"第1拍"的稍左处依次插入空白关键帧，作为标记。完成后锁闭图层，如图3-78所示。

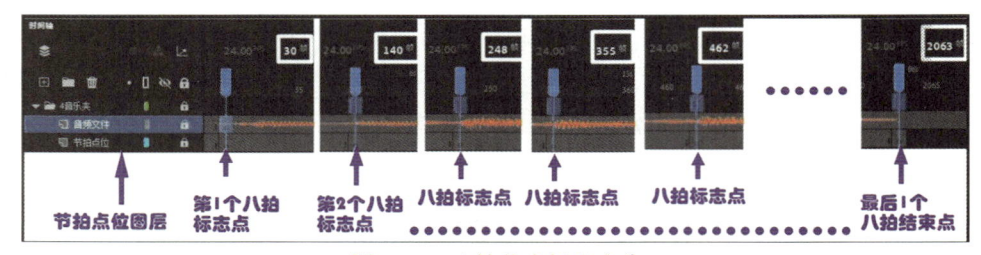

图 3-78　八拍节奏标志点位

**第5步：** 制作"箭头"动画。

（1）解锁"4音乐夹"→"箭头"图层并在第30帧处插入关键帧。

（2）拖动红色箭头（或用键盘上的←→方向键）到相应的节拍数字上均插入关键帧，完成全部"箭头"移动，然后锁闭图层，如图3-79所示。

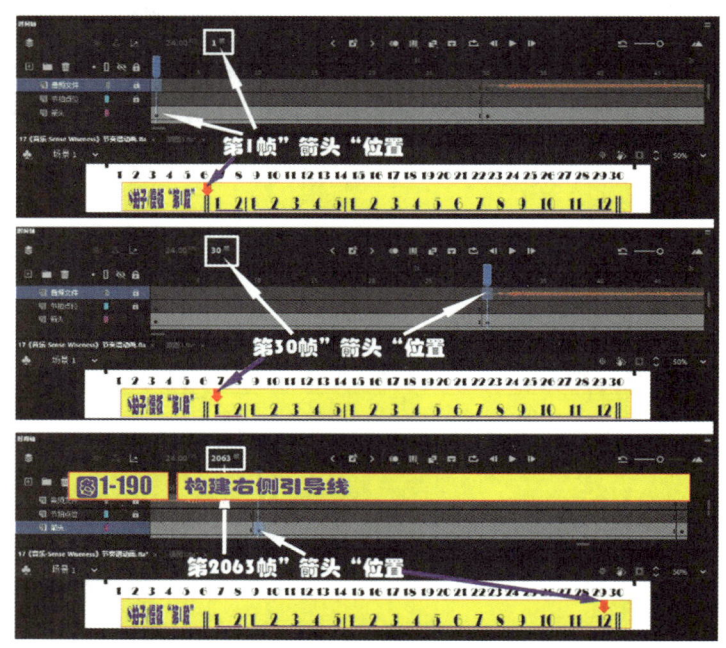

图 3-79　"箭头"随节拍移动图示

**第6步：** 保存文档。

单击第1帧后按【Enter】键或单击播放键测试一遍音乐（如果有错则进行修改），成功后保存并关闭文档。

# 第4章 团体操队形坐标点位图

## 4.1 空白坐标图

"空白坐标图"是团体操动画设计最基础的工作，有"主场地空白坐标图"和"田径场空白坐标图"两种。每一种空白坐标图都需要创建"场地模版"文档，然后在该文档中绘制空白坐标图。

### 4.1.1 主场地空白坐标图

"主场地"是进行团体操表演的主要区域，该区域是指标准田径场地中的"足球场区域"，广场上适合大中型团体操表演的"空旷场地"。

示例1：创建"主场地模板"

**第1步**：新建文档。

启动 Adobe Animate，选择"文件"→"新建"→"新建文档"命令中的"角色动画"对话框；设置场地数据：宽1980、高1440；单击"创建"按钮。

主场地模板

**第2步**：新建"工作区"。

单击 "工作区"按钮，选择"传统"模式，设置相关数据：宽1980、高1440、颜色（白）、FPS帧速率（24）。

**第3步**：设置网格。

选择"视图"→"网格"命令，打开"编辑网格"对话框，在其中设置网格大小：宽5px、高5px。勾选"紧贴网格"和"总是紧贴"复选框，如图4-1和图4-2所示。

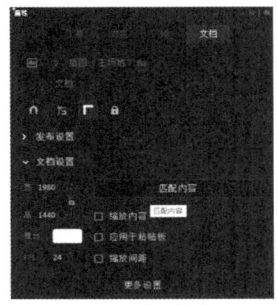

图 4-1 文档设置 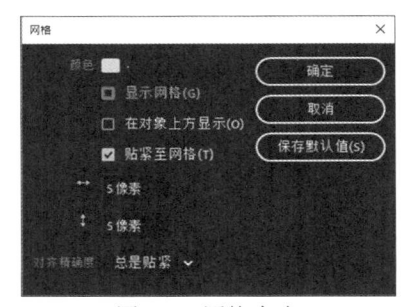　　　　　　　　图 4-2 网格大小

第4步：新建文件夹和图层。

（1）在"时间轴"图层中连续单击5次"文件夹"（即：新建5个文件夹），双击"新建文件夹"按钮，分别命名为"1场地夹""2演员夹""3道具夹""4数据夹""5名称夹"，如图4-3所示。

（2）单击文件夹（蓝色表示被选上的文件夹）左侧的 ➕ 按钮，即可创建所属文件夹的"图层"（具体方法见第1章），完成后单击 🔒 图标关闭，如图4-4所示。

① 在"1场地夹"中新建立7个"图层"备用，分别命名为"坐标号""纵2-4""横2-4""纵3""横3""纵1""横1"。

② 在"2演员夹"中暂时新建1个"图层"备用。

③ 在"3道具夹"中暂时新建1个"图层"备用。

④ 在"4数据夹"中暂时建立2个"图层"备用，分别命名"数据""参考线"。

⑤ 在"5名称夹"中建立4个"图层"备用，分别命名"名称框""名称字""序框""序号"。

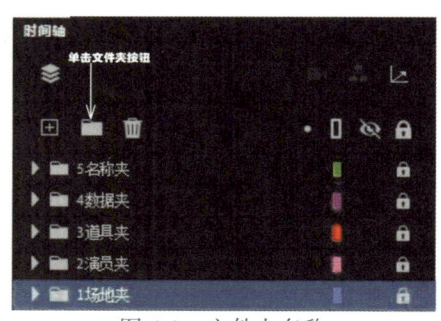

图4-3　文件夹名称

图4-4　文件夹和图层显示

第5步：保存文档。

选择"文件"→"另存为"命令，文档命名为"主场地模板"。

示例2：创建"主场地空白坐标图"（备注：3个视频）

第1步：绘制坐标线。

（1）将"主场地模板"另存为"主场地空白坐标图"。

（2）绘制"横"坐标线。

① 解锁"图层区"→"1场地夹"→"横1"图层，单击图层时间轴中的第1帧。单击 ✏ 工具，同时按【Shift】键和鼠标键在舞台（或场地）中绘制一条水平横

纵横坐标线

线，单击 ▶ 工具，选择该横线，设置第1条横线属性：宽1740、高0、位置(120,1260)、颜色（黑）、大小（0.1），其他默认。

② 复制并粘贴20条横坐标线；单击 ▶ 工具，到舞台单击任意1条横线，单击 属性 图标设置属性：宽1740、高0、位置(120,120)。

③ 排列横线。单击 ▶ 工具框选所有横线。选择"菜单栏"→"修改"→"对齐"→"按高度均匀分布"命令，每条横线按间距60px自动进行分布，锁闭"横1"图层后单击 👁 图标隐蔽该图层，效果如图4-5所示。

（3）绘制"纵"坐标线。

① 单击 ▶ 工具，解锁"图层区"→"1场地夹"→"纵1"图层并单击第1帧，单击 / 工具，按住【Shift】键和鼠标键绘制1条纵线；单击 ▶ 工具，单击纵线，再单击 属性 图标设置数据：宽0、高1140、位置(120,120)、颜色（黑）、大小（0.1），其他默认。

② 复制并粘贴全部纵线，单击 ▶ 工具后单击任意另一条纵线，设置数据：宽0、高1140、位置(1860,120)。

③ 框选30条纵线，选择"修改"→"对齐"→"按宽度均匀分布"命令，使每条纵坐标线自动分布。锁闭"纵1"图层，解锁"横1"图层，单击 👁 图标显示纵横坐标图，效果如图4-6所示。

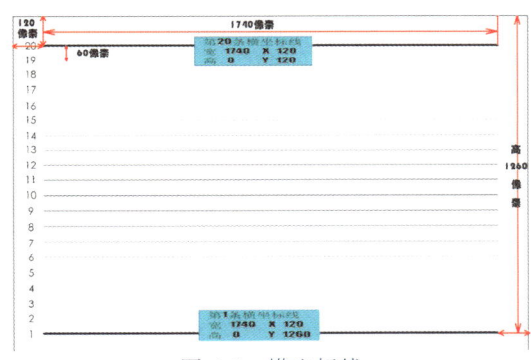

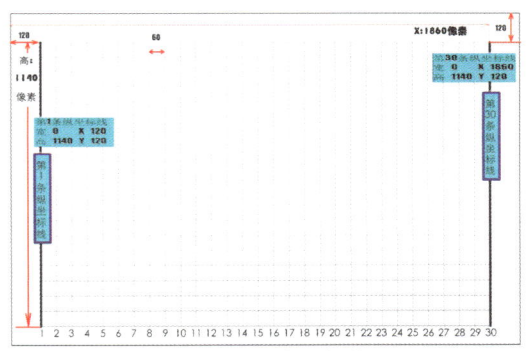

图 4-5　横坐标线　　　　　　　图 4-6　基本坐标格

**第2步：** 绘制"坐标号""名称框""序框"。

（1）选择"1场地夹"→"坐标号"图层，单击 T 工具分别绘制"坐标号"（1，2，3，…，30），单击 属性 图标设置属性：填充色、笔触色和大小。横坐标号（从右向左），纵坐标号（从前向后）排列在场地的边缘上，锁闭图层。

坐标号和底框

（2）选择"5名称夹"→"名称框"→"序框"图层，用 ▢ 工具绘制矩形框，单击 属性 图标设置属性：填充色、笔触色和大小，锁闭图层，如图4-7所示。

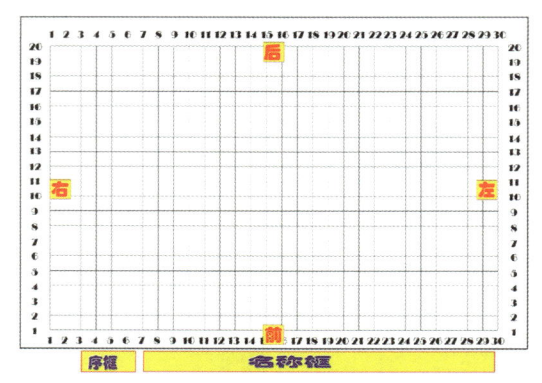

图 4-7 演员方向和序号框

提示：团体操场地的方向在对"教练和演员"进行培训时是以"演员的面向"来确定的。但在本书的撰写中"左右方向"仍然按照传统的"左西右东"（镜面）来进行描述，目的是避免给读者或学习动画的设计者造成"方向"的混乱。

第3步：创建"9宫格"。

（1）制作"横3线"。

① 解锁"1场地夹"→"横1"图层，全选横线复制后锁闭图层。解锁"横坐标3"图层并单击第1帧，将全部横线粘贴到该图层中。

② 选择"视图"→"网格"→"显示网格"和"放大800倍"命令，将粘贴的全部横线向下拖动到坐标格内1/3处（4网格处）。再粘贴一次，将其拖动到2/3处（8网格处）。

③ 全选"横3线"，单击 属性 图标设置属性：颜色（浅灰）。把前场多出的两条线删除后锁闭图层。

（2）制作"纵3线"。

① 解锁"1场地夹"→"纵1"图层，全选纵线复制后锁闭"纵1"图层。解锁"纵3"图层后单击第1帧，单击鼠标右键选择"粘贴到当前位置"命令，将全部纵线粘贴到该图层中。

② 选择"视图"→"网格"→"显示网格"和"放大800倍"命令；将全部纵线向左拖动到坐标格内1/3处（4网格处），再粘贴一次，然后拖动到2/3处（8网格处）。

③ 全选"纵3线"，单击 属性 图标设置属性：颜色（浅灰），删除多出的两条线后锁闭图层，单击 图标隐蔽"横3""纵3"图层。

第4步：创建"16宫格"。

（1）制作"横2-4线"。

① 解锁"1场地夹"→"横1"图层，全选横线复制后锁闭图层。解锁"横2-4"图层并单击第1帧，再单击鼠标右键在弹出的快捷菜单中选择"粘贴到当前位置"命令。

② 选择"视图"→"网格"→"显示网格"和"放大800倍"命令，将全部横线向左拖动到坐标格内第3网格处。再粘贴二次拖动到第6网格处和第9网格处。全选"横2-4线"

单击 ⚙属性 图标设置属性：颜色（浅灰）；删掉多出的两条线后锁闭图层。

（2）制作"纵2-4线"。

① 解锁"1场地夹"→"纵1"图层，全选纵线并复制，锁闭图层。解锁"纵2-4"图层后单击第1帧，单击鼠标右键在弹出的快捷菜单中选择"粘贴到当前位置"命令。

② 选择"视图"→"网格"→"显示网格"和"放大800倍"命令。

③ 将粘贴的全部纵线向左拖动到坐标格内第3网格处。再粘贴二次拖动到第6和第9网格处。全选"纵2-4线"，单击 ⚙属性 图标设置属性：颜色（浅灰）；删除多出的两条线并锁闭图层。

> 提示：场地中的"纵、横坐标格"（也称：基本坐标格或坐标格）一般用于排列散点队形的站位。在"坐标格"中的"9宫格"是排列3个人的"参考点"位，图层的命名为"横3"或"纵3"。"16宫格"是排列2或4人的"参考点"位，图层的命名为"横2-4"或"纵2-4"。

## 4.1.2　创建"田径场+主场地空白坐标图"

团体操的"主体内容"一般在"田径场"中的"足球场"中进行表演，但由于一些综合性的大型或超大型团体操常包含一些"陪衬内容"，会涉及"跑道""投掷区"等区域，因此需要创建"田径场+主场地空白坐标图"，这样可以将"主场地"（绿色区域）和田径场（橙色区域）所涉及的"表演内容"在"坐标图"上全部展示出来，如图4-8所示。

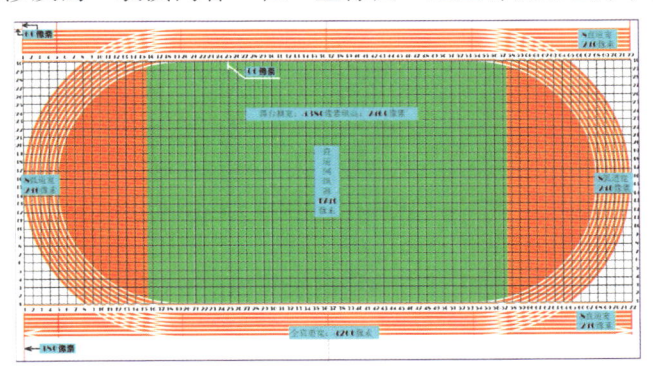

图4-8　"田+主空白坐标图"

创建以上"田+主空白坐标图"（简称）前，需要先制作"田+主模板"文档，然后再在该文档的基础上绘制对应的空白坐标。

示例1：创建"田+主模版"

**第1步**：创建文档。

复制并粘贴"主场地模板"并重命名"田+主模版"，打开"田+主模版"重设属性：宽4380、高2460、颜色（白）、FPS（帧速率）：24帧/秒，其他默认。

田+主模板

**第2步：** 新建文件夹。

扩大"时间轴"面板显示各图层，单击"1场地夹"→"坐标号"图层，双击 📁 按钮即出现新的文件夹，重命名为"跑道夹""主场地夹"；按住【Shift】键，连续选择"横1""纵1""横3""横2-4""纵3""纵2-4""坐标号"图层，将其拖动到"主场地夹"中，如图4-9、图4-10和图4-11所示。

**第3步：** 新建图层。

（1）在"主场地夹"单击 ➕ 按钮10次，将新建图层依次重命名为"直道""弧道""橙填充""绿填充""横中线""纵中线""直弧界""足球边""弧切线""坐标框"。

（2）按【Shift】键连续选择以上新建的所有图层，将其拖动到"跑道夹"，再将"坐标号"图层拖动到"跑道夹"，单击 🔒 图标闭锁所有图层，选择"文件"→"保存"命令即可，如图4-11所示。

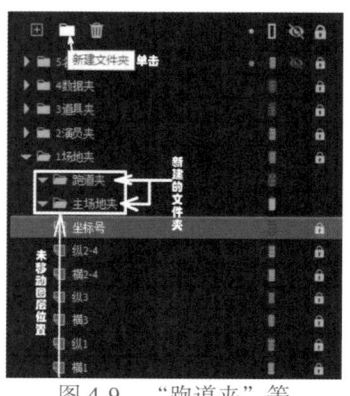

图 4-9　"跑道夹"等　　　图 4-10　移动后位置　　　图 4-11　图层归类

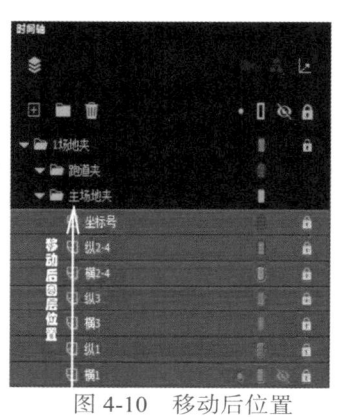

> **示例2：创建"田+主空白坐标图"（备注：3个视频）**

**第1步：** 创建文档。

双击"田+主模板"，将其重命名为"田+主空白坐标图"。

**第2步：** 绘制"直道线"，前后直道线绘制效果如图4-12所示。

（1）后场线"直道线"。

① 单击 ▶ 工具后单击 时间轴 ，解锁"1场地夹"→"跑道夹"→"直道"图层，单击该图层的第1帧，单击 ✏ 工具后，按【Shift】键和鼠标左键在舞台上绘制一条水平横线。

② 单击 ▶ 工具后单击所绘制的横线，设置属性：宽4260、高0、位置(60,60)、颜色（黑）、大小（0.1），其他默认。

③ 用复制并粘贴的方法完成9条直道线，单击 ▶ 工具后，单击最下面的1条直线，设置属性：宽4260、高0、位置(60,300)。

④ 框选全部直线，选择"修改"→"对齐"→"按高度均匀分布"命令，所有直线自动分布，最后将9条线组合，形成8条跑道。

## 第4章 团体操队形坐标点位图

（2）前场线"直道线"：复制以上组合好的8条跑道"粘贴到当前位置"，向下拖离原跑道以后，单击 属性 图标后修改数据：宽4260、高240、位置(60,2040)，锁闭图层并保存。

**第3步：** 绘制"横中线""纵中线""直弧交界线"（直弧线）"弧切线""足球场底边线"，多线绘制效果，如图4-13所示。

（1）横中线。解锁"图层区"→"1场地夹"→"跑道夹"→"横中线"图层，单击时间轴第1帧；单击 工具后，按【Shift】键和鼠标左键绘制1条水平线；单击横线并设置属性：宽4380、高0、位置(0,1170)、颜色（红）、大小（0.1），完成后锁闭图层并保存。

（2）纵中线。解锁"图层区"→"1场地夹"→"跑道夹"→"纵中线"图层并单击第1帧；单击 工具后，按【Shift】键和鼠标左键绘制1条垂直线。单击垂线并设置属性：宽0、高2460、位置(2190,0)、颜色（红）、大小（0.1），完成后锁闭图层并保存。

（3）足球底边线。在"足球线"中进行（方法同上），设置属性：颜色（红）、大小（0.1）。

（4）直弧交界线。在"直弧界"中进行（方法同上），设置属性：颜色（红）、大小（0.1），右界线位置：宽0、高2460、位置(1170,0)。左界线位置：宽0、高2460、位置(3210,0)；完成后锁闭图层并保存。

（5）弧切线。在"弧切线"中进行（方法同上），设置属性：颜色（红）、大小（0.1）。右弧切线位置：宽0、高2460、位置(60,0)。左弧切线位置：宽0、高2460、位置(4320,0)，完成后右足球底边线位置：宽0、高2460、位置(930,0)，左足球底边线位置：宽0、高2460、位置(3450,0)，完成后锁闭图层并保存。最终效果，如图4-13所示。

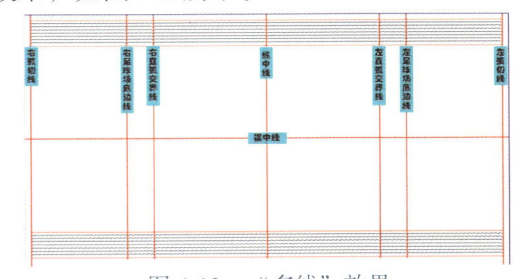

图 4-12 直道线　　　　　图 4-13 "多线"效果

**第4步：** 绘制"弧道"。

（1）弧道（圆）。

① 解锁"1场地夹"→"跑道夹""弧道"图层，单击本图层时间轴第1帧。

② 单击 ● → → （不选钮），颜色（黑），按【Shift】键和鼠标左键绘制1个任意大小的空心圆，单击 工具后单击该圆设置属性：宽2220、高2220、位置(60,60)、颜色（黑）、大小（0.1）。

跑道线

③ 依次复制并粘贴第8～1个空心圆，设置相关数据后锁闭图层并保存，如图4-14所示。

第8圆：宽高各2160、横纵坐标各90。　　第7圆：宽高各2100、横纵坐标各120。

第6圆：宽高各2040、横纵坐标各150。　　第5圆：宽高各1980、横纵坐标各180。

第4圆：宽高各1920、横纵坐标各210。　　第3圆：宽高各1860、横纵坐标各240。
第2圆：宽高各1800、横纵坐标各270。　　第1圆：宽高各1740、横纵坐标各300。

提示：以上9个弧道圆均要处于分离状态。

（2）弧道线。

① 解锁"直弧界"图层，单击▶工具后按钮"复制"左直弧交界线后锁闭图层。

② 解锁"弧道"图层后单击第1帧，将左直弧交界线粘贴到当前位置，按【Shift】键依次单击左侧9条弧道线（连选）并组合，设置属性：横坐标3210，即自动形成"右弧道"。

③ 删除粘贴的左直弧界线，组合左侧的9条弧道线，锁闭图层并保存，如图4-15所示。

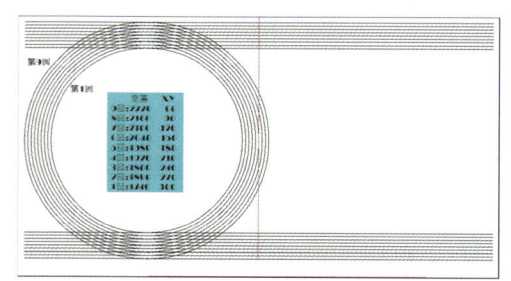

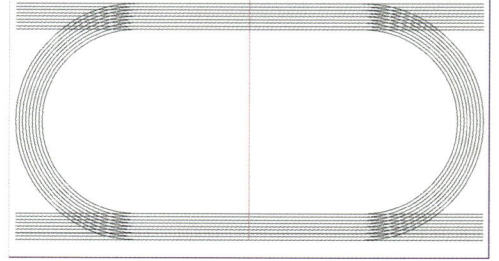

图4-14　弧道"圆"　　　　　　　　　　图4-15　左右弧道

**第5步**：绘制全场"坐标格"。

（1）横坐标线。

① 解锁"图层区"→"1场地夹"→"主场地夹"→"横1"图层并单击时间轴第1帧，单击✎工具后按住【Shift】键和鼠标左键绘制1条水平横线，设置线条属性：宽4260、高0、位置(60,300)、颜色（黑）、大小（0.1），其他默认。

坐标格

② 复制并粘贴横坐标线共30条，单击▶工具后单击另1条横坐标线并设置属性：宽4260、高0、位置(60,2040)；全选所有横坐标线，执行"修改"→"对齐"→"按高度均匀分布"命令则自动进行分布，锁闭图层并保存，如图4-16所示。

（2）纵坐标线。

① 解锁"图层区"→"1场地夹"→"主场地夹"→"纵1"图层并单击第1帧，单击✎工具后按住【Shift】键和鼠标左键绘制1条垂直纵线；单击▶工具后单击该纵线并设置属性：宽0、高1740、位置(60,300)、颜色（黑）、大小（0.1），其他默认。

② 复制并粘贴共72条纵线，单击另1条纵坐标线后设置属性：宽0、高1740、位置(4320,300)。

③ 单击▶工具后全选纵线，执行"修改"→"对齐"→"按宽度均匀分布"命令，72条纵坐标线自动分布，锁闭图层并保存，如图4-17所示。

图 4-16　横坐标线

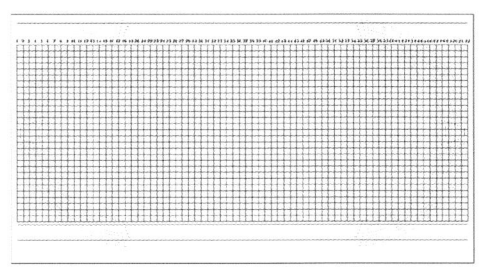

图 4-17　纵坐标线

**第6步：** 坐标号底框。

（1）解锁"图层区"→"1场地夹"→"跑道夹"→"坐标框"图层并单击第1帧，选择■工具后在舞台上画一个矩形。

（2）单击▶工具后光标移至矩形中央填充部分，按【Delete】键将填充部分删除后组合外框。

（3）设置属性：宽1860，高1260，颜色（白）、位置(1260,540)、大小（120），锁闭图层并保存，如图4-18所示。

**第7步：** 坐标号。

（1）解锁"1场地夹"→"跑道夹"→"坐标号"图层并单击第1帧，单击T工具后设置属性：大小(40)、字体Broadway、颜色（黑），其他默认，在舞台上的文本框中输入"1"。

（2）复制并粘贴"1～30"个横坐标号，将其放在对应的位置上；全选坐标号，选择"对齐"→"垂直中对齐"→"水平平均间隔"命令，横坐标号自动对齐。

（3）复制并粘贴"1～20"置于两侧作为纵坐标号；选择"对齐"→"水平中齐"→"垂直平均间隔"命令，纵坐标号自动对齐，锁闭图层并保存，如图4-19所示。

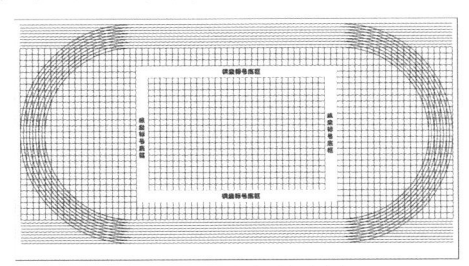

图 4-18　坐标号底框

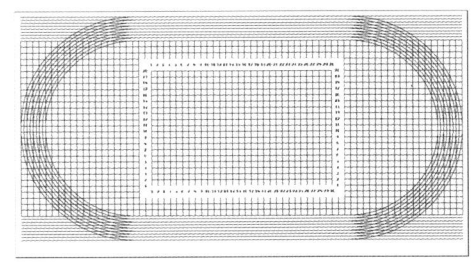

图 4-19　坐标号

**第8步：** 序号底框、名称底框。

解锁"图层区"→"1场地夹"→"跑道夹"→"序框"→"名称框"图层并单击第1帧。单击■工具后到场地下方，按住鼠标左键拖出一个矩形。单击▶工具后设置属性，完成后锁闭图层并保存，如图4-20所示。

（1）序号底框。宽500、高130、位置(200,2300)、大小（5）、笔触色（红）、填充色（黄）。

（2）名称底框。宽3400、高130、位置(750,2300)、大小（5）、笔触色（红）、填充色（黄）。

**第9步**：颜色填充。

（1）构建框架线条。解锁"足球边""直道""弧道""纵1"和"横1"图层，复制"左右足球底边线""前后场内直道线""左右内弧道线"和"坐标号底框外边纵横坐标线"后锁闭这些图层，如图4-21所示。

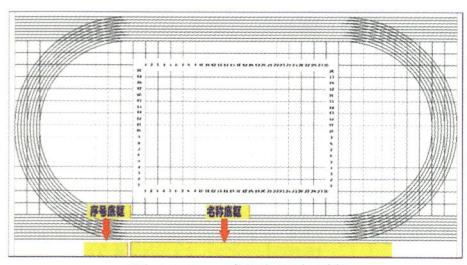

图 4-20 序号底框等

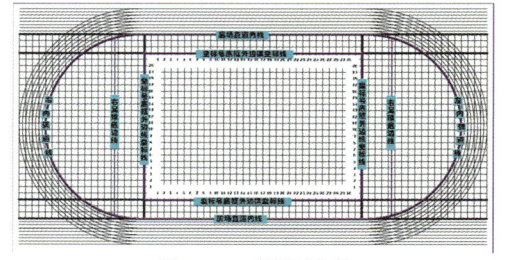

图 4-21 框架线条

解锁"绿填充"图层并单击第1帧，将所有复制的线条粘贴到当前位置，单击多余的线条并删除，留下填充框线条，如图4-22所示。

（2）填充"绿色"。单击 工具后再单击"绿色填充区域"中任意一处进行填充，按【Ctrl+G】组合键将绿填充色进行组合，锁闭图层并保存，如图4-23所示。

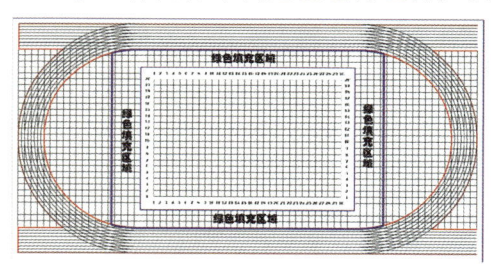

图 4-22 填充框架

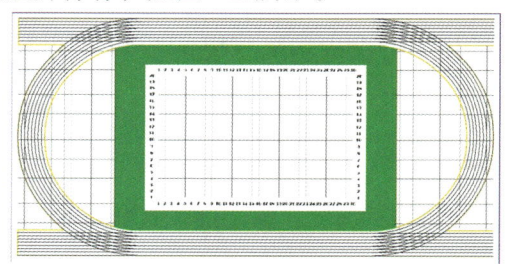

图 4-23 绿色填充效果

**第10步**：填充"橙色"。

（1）构建框架线条。

① 解锁"直道""弧道""弧切线""足球线"图层，复制"前后场直道内外线、左右内外弧道线、左右足球底边线、左右弧切线"后，锁闭各图层。

② 解锁"橙填充"图层并单击第1帧，将以上复制的所有线条粘贴到当前位置，单击多余的线条并删除，留下填充框架线条，如图4-24所示。

③ 单击 工具后选择橙色，单击"橙色底填充区域"任意一处进行填充，如图4-25所示。

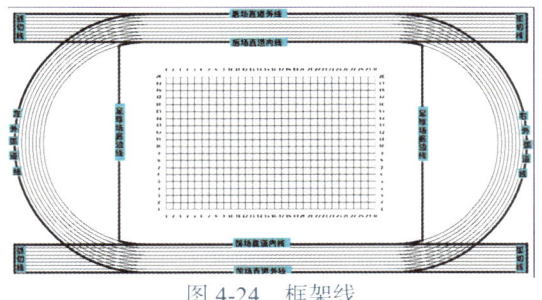

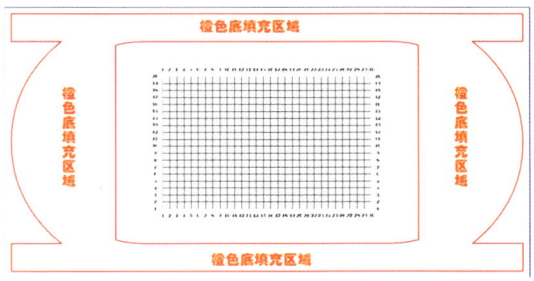

图 4-24　框架线　　　　　　　图 4-25　填充区域

④ 解锁并全选"1场地夹"→"跑道夹"→"弧道"和"直道"图层的全部线条，重设线条属性：颜色（白），最后锁闭图层并保存，如图4-26所示。

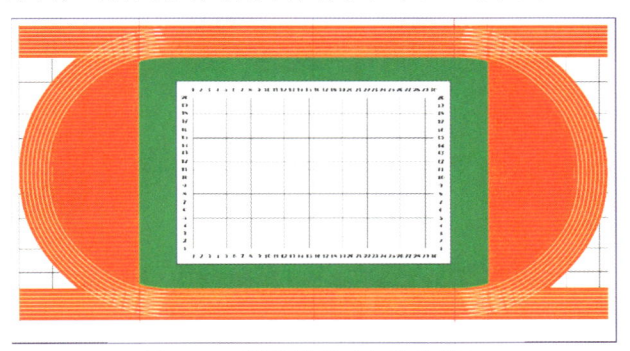

图 4-26　橙色填充（白色跑道）

**第11步**：绘制宫格"横纵坐标"线。

1. 横坐标线

（1）9宫格"横3线"。

① 选择"缩放"→"符合窗口大小"命令，打开"1场地夹"图层，单击 👁 图标隐蔽"跑道夹"图层。

② 打开"主场地夹"解锁"横1"图层单击第1帧，按【Ctrl+C】组合键进行全复制（30条横坐标线），再锁闭图层。

③ 解锁"横3"图层单击第1帧。选择"视图"→"网格"→"显示网格"命令后关闭"时间轴"面板，在"缩放"工具中放大200%比例。

④ 单击 ✋ 图标后拖动右侧下方"滚动条"，将坐标线拖到第1条横线和第1条纵线交叉格处，选择"粘贴到当前位"命令后，将横坐标线移动到坐标格1/3处；再粘贴1次移动到2/3处；最后删除多余的2条横线，单击 👁 图标将"横3线"隐蔽并锁闭图层。

（2）16宫格"横2-4线"。

解锁"横2-4"图层单击第1帧，再单击鼠标右键，选择"粘贴到当前位"命令，再将粘贴的横坐标线移动到坐标格1/4处。再粘贴2次，分别移动到2/4和3/4处，删除前场多余的3条横线，单击"横2-4"图层中的 👁 图标，最后锁闭图层。

## 2. 纵坐标线

（1）9宫格"纵3线"。

① 解锁"纵1"图层并单击第1帧，复制全部72条纵坐标线后锁闭图层。

② 解锁"纵3"图层并单击第1帧，单击鼠标右键选择"粘贴到当前位"命令，将纵线移到坐标格1/3处；再粘贴1次移动到2/3处；删除场地侧边多的2条纵线，单击 图标将纵3线隐蔽，锁闭图层。

（2）16宫格"纵2-4"。

解锁"纵2-4"图并单击第1帧，单击鼠标右键选择"粘贴到当前位"命令，将纵坐标线移动到坐标格1/4处；再粘贴2次，分别移动到2/4和3/4处，删除多余的3条纵线。

（3）设置宫格线"属性"。

解锁和全选"横3""横2-4""纵3""纵2-4"图层的第1帧，修改属性：颜色（浅灰）。单击 图标隐蔽不需要的图层，锁闭全部图层并保存，如图4-27和图4-28所示。

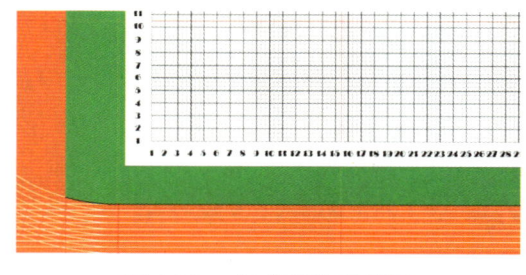

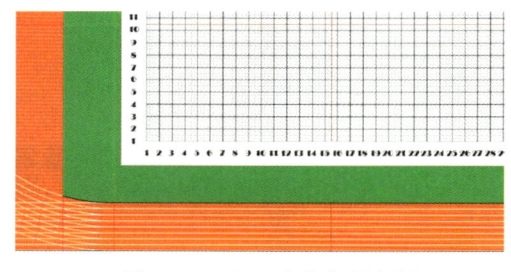

图4-27　"9宫格"局部图　　　　图4-28　"16宫格"局部图

（4）隐蔽多余的线条。

解锁"主场地夹"，单击 工具后框选多余的坐标线，设置属性：颜色（白），单击 图标隐蔽"横中线""纵中线""足球线""弧切线""直弧界""横3""纵3"图层，最后锁闭图层并保存。

## 4.2　团体操队形点位图

队形图案是由成百上千身穿不同颜色、不同款式的服装、手持各种道具的演员组合或排列在一起而构成的人体图形，在设计图上表现出来的就是"坐标点点位置图"的图形。

### 4.2.1　散点类队形

"散点类队形"是指演员均匀地（前后左右等距）在场地上的站位。一般间隔距离在2～2.5米之间。最常见的基础队形包括：菱形散点、圆形散点、方形散点等队形，如图4-29、图4-30、图4-31和图4-32所示。

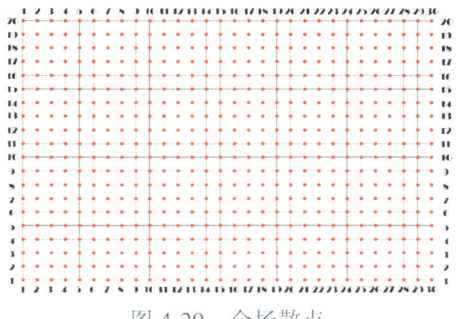

图 4-29　全场散点

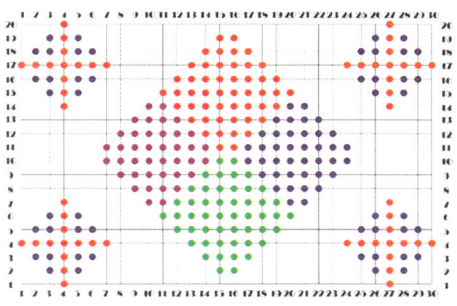

图 4-30　菱形散点

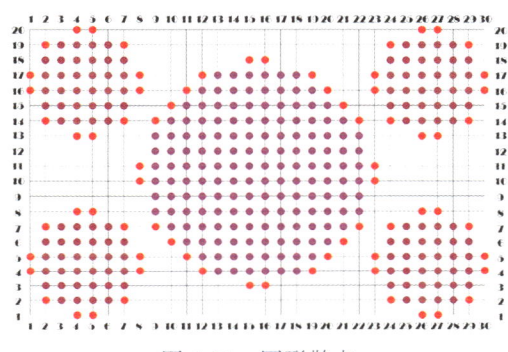

图 4-31　圆形散点

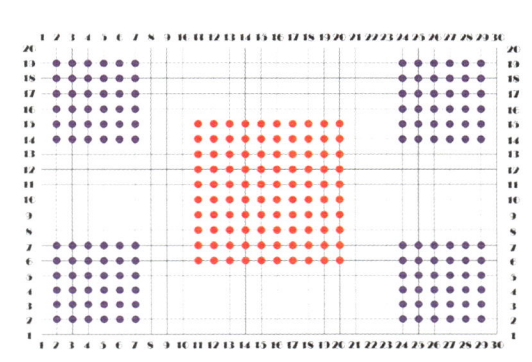

图 4-32　方形散点

示例1：构建"全场散点队形"点位图

**第1步：** 创建文档。

双击"主场地空白图纸"，选择"文件"→"另存为"命令，保存"散点类队形"文档。在"2演员夹"把"图层_1"重命名为"蓝点演员"，单击图标锁闭图层，再单击该图层的第1帧，图层变为浅蓝色，如图4-33所示。

全场散点

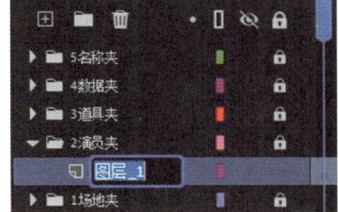

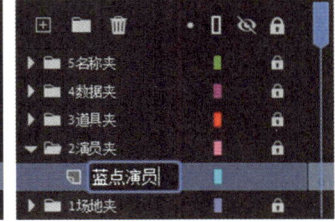

图 4-33　图层命名路径

**第2步：** 绘制"蓝点"并设置属性。

（1）单击 ▶ 工具，单击 ⬤ 工具后单击 ▱，在色板中单击"蓝色"，按住【Shift】键同时拖动鼠标，即可在舞台上绘制一个任意大小的圆点（蓝点）。

（2）设置属性：宽15、高15，单击"修改"按钮，选择"转换为元件"命令，在打开的对话框中的"名称"文本框中输入"蓝点"，在"类型"中选择"图形"，其他设置为默认设置，单击"确定"按钮，如图4-34和图4-35所示。

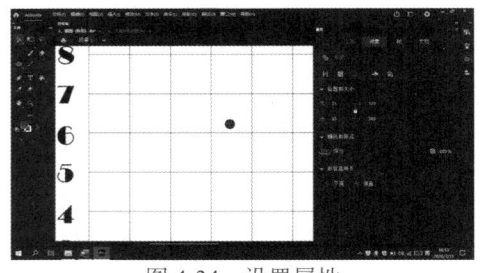

图4-34　设置属性

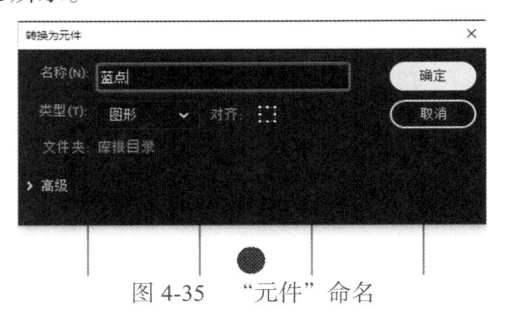

图4-35　"元件"命名

（3）"蓝点"位置。选择"视图"→"网格"→"编辑网格"→"紧贴至网格"命令，在"缩放数字框"选择"放大舞台200%"命令，按住"蓝点"将其拖动到(1,1)的交叉位置上，如图4-36所示。

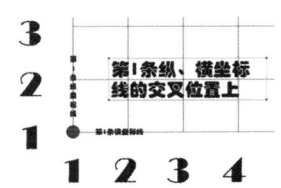

图4-36　蓝点位置图

第3步：制作"横排"散点。

（1）单击"蓝点演员"图层的第1帧，按【Ctrl+C】组合键复制"蓝点"；用鼠标右键单击在弹出的快捷菜单中选择"粘贴到当前位置"命令，按键盘上的"→"键（方向键），调整"蓝点"位置，按此方法共创建30颗蓝点，把最后一颗"蓝点"移动到横坐标"30号"的位置上，如图4-37所示。

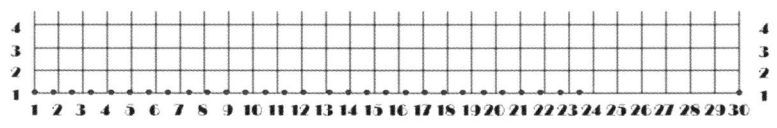

图4-37　散点排位（从左到右）

（2）单击"蓝点演员"图层的第1帧，全选30颗"蓝点"；选择"修改"→"对齐"→"按宽度均匀分布"命令，30颗"蓝点"自动按横向均匀分布，如图4-38所示。

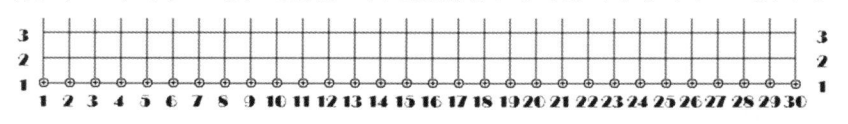

图4-38　横向分布的"蓝点"

（3）按【Ctrl+G】组合键，30颗"蓝点"组合成一体，组合成功有浅蓝色边框，如图4-39所示。

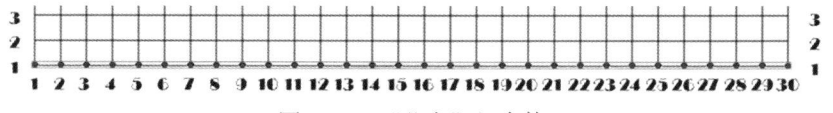

图4-39　"蓝点"组合体

第4步：制作"全场散点队形"。

（1）按【Ctrl+C】组合键复制"蓝点组合体"，单击鼠标右键单击在弹出的快捷菜单中选择"粘贴到当前位置"命令，按键盘上的"↑"键移动粘贴的"蓝点"组合体，用此方法创建"20排"蓝点组合体，将最后1排组合体移动到纵坐标"20号"的位置上，如图4-40所示。

（2）单击"蓝点演员"图层的第1帧，全选20排蓝点组合体，选择"修改"→"对齐"→"按高度均匀分布"命令，"蓝点"组合体自动纵向均匀分布，如图4-41所示。

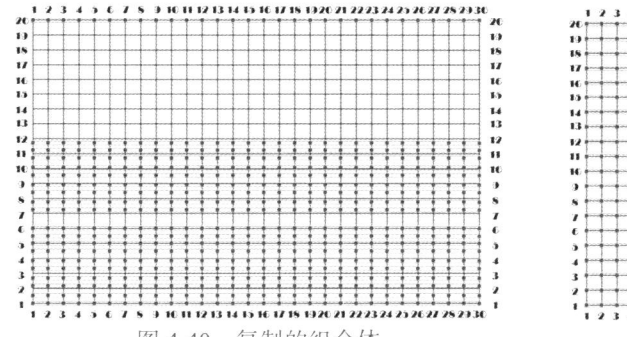

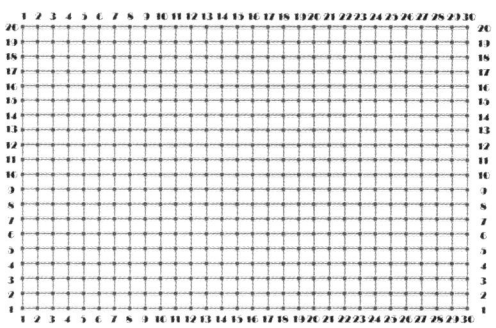

图 4-40　复制的组合体　　　　　　　　　图 4-41　纵向分布的组合体

（3）全选"20排"蓝点组合体，按【Shift+Ctrl+G】组合键，取消30颗"蓝点"组合，"全场散点队形"构建成功，最后锁闭图层。

**第5步**：编序命名。

解锁"5名称夹"→"序号"图层，单击 T 工具后设置（字体、颜色、字号）等属性，在舞台上的"序号底框"和"名称框"中输入对应的文字，完成后锁闭图层并保存，如图4-42所示。

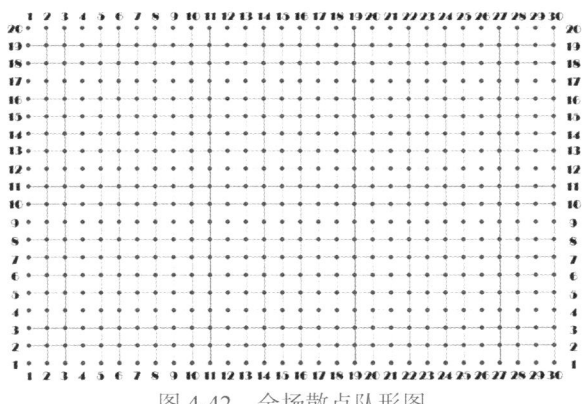

图 4-42　全场散点队形图

菱形散点

**示例2**：构建"菱形散点"队形

**第1步**：创建文档。

解锁"散点类队形图"的"2演员夹"→"蓝点演员"图层，单击 ⊞ 按钮新建图层，重命名为"红点演员"，如图4-43所示。

**第2步**：增加时间帧。

复选"场地夹"各图层的第2帧处插入关键帧，如图4-44所示。

图 4-43 新建图层　　　　　　　　图 4-44 选择"插入关键帧"

第3步：绘制菱形外框线。

解锁"4数据夹"→"参考线"图层，单击 ✏ 工具后设置属性：颜色（黑）、大小（0.1），其他默认。在本图层第2帧上绘制菱形外框线，单击 🔒 图标锁闭图层，如图4-45所示。

第4步：制作"散点菱形"队形。

（1）解锁"蓝点演员"图层，按【Shift】键和鼠标左键，连续单击菱形线中的"蓝点"，被选"蓝点"呈现的形状（圆点中心有"+"），如图4-46所示，按【Ctrl+X】组合键锁闭图层。

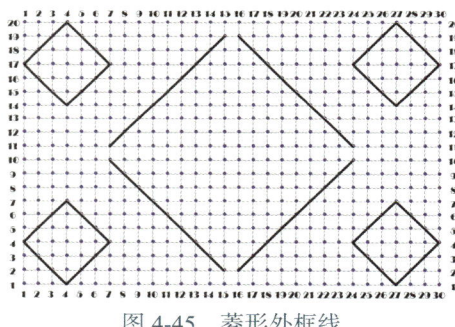

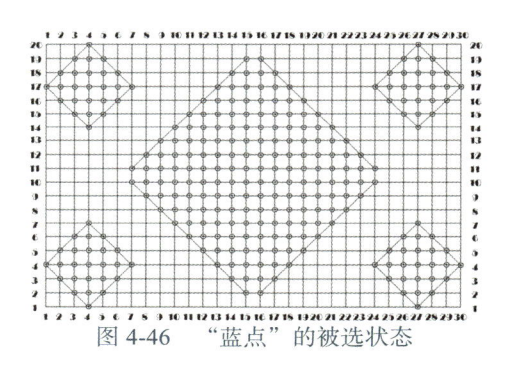

图 4-45 菱形外框线　　　　　　　　图 4-46 "蓝点"的被选状态

（2）解锁"红点演员"图层，用鼠标右键单击在弹出的快捷菜单中选择"粘贴到当前位置"命令，再次单击该图层的第2帧后单击舞台上任意选择1颗"蓝点"，设置属性：颜色（大红），最后删除菱形外框线，红色菱形散点队形创建完成。

第5步：编序和命名。

打开"5名称夹"编写序号并重命名，锁闭所有图层并保存，如图4-47所示。

图 4-47　底框序号和重命名

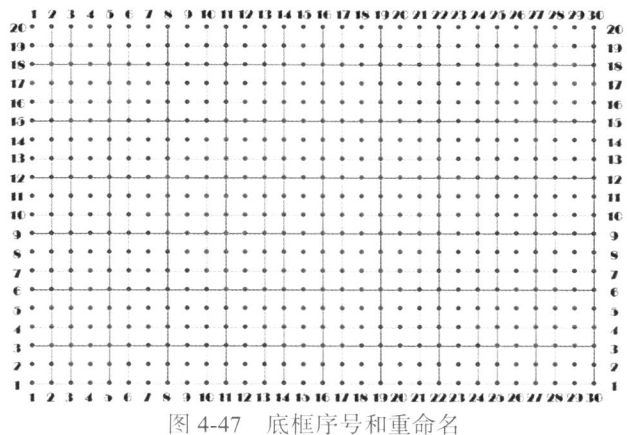

提示：文字字体、坐标点和底框颜色等，根据演员的具体情况或设计者的喜好自由选择。

## 4.2.2　直线类队形

以直线上某一点为基准，均匀排列和密集靠拢形成的队形称"直线队形"。直线类队形包括：横队、纵队和斜排。通常有以下三种点位图的站位形式。

（1）在一个方格内排列2个点（演员）的"2点组合直线队形"。

（2）在一个方格内排列3个点的"3点组合直线队形"。

（3）在一个方格内排列4个点的"4点组合直线队形"。

示例1：构建"全场横队队形"

**第1步**：准备工作。

复制"主场地空白图纸"重命名为"直线类队形图"，打开该文档单击时间轴后备用；再打开"散点类队形图"文档备用。

横队队形

**第2步**：制作"2点排列的横队"。

（1）复制帧和粘贴帧。

① 打开"散点类队形图"，在"2演员夹"→"蓝点演员"中鼠标右键单击第1帧并鼠标左键单击"复制帧"，如图4-48所示。

② 打开"直线类队形图"，在"2演员夹"双击"图层_1"重命名为"蓝点演员"，鼠标右键单击第1帧，鼠标左键单击"粘贴帧"，如图4-49所示。单击"缩放比例框"，打开"符合窗口大小"对话框。

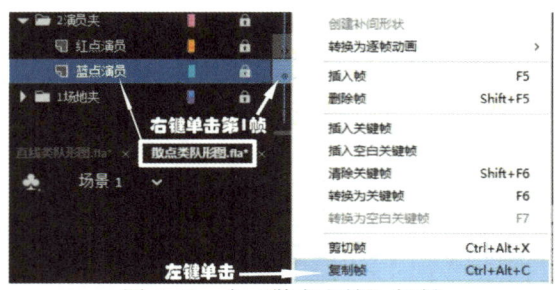

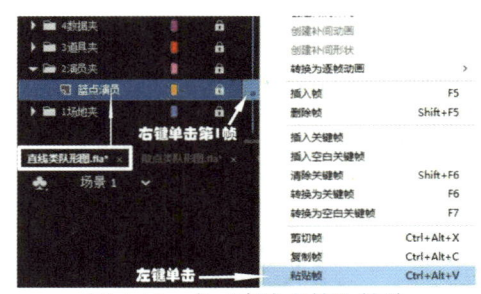

图 4-48　在"散点文档"复制　　　　　　图 4-49　在"直线文档"粘贴

（2）显示宫格线。单击 ▷ 工具后打开"1场地夹"中的"横2-4"和"纵2-4"图层，单击 👁 图标隐蔽"横3""纵3"图层，舞台上显示"16宫格"浅灰色线条；解锁"蓝点演员"图层，关闭时间轴扩大舞台版面，如图4-50所示。

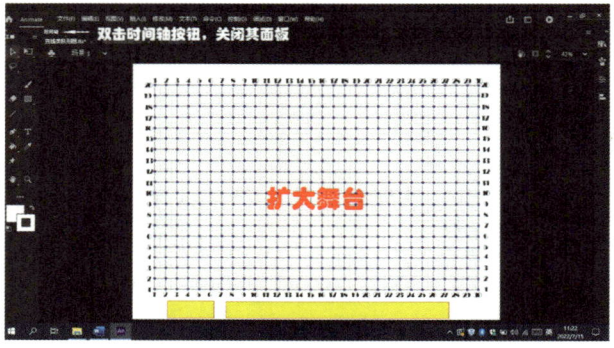

图 4-50　舞台扩大后的状态

（3）移动"蓝点"。按【Shift】键并框选双数横排蓝点（放大舞台200%）；选择任意一颗被选上的"蓝点"，将它们整体拖动到前排右边的1/2处。"全场2点排列组合横队"构建成功，如图4-51和图4-52所示。

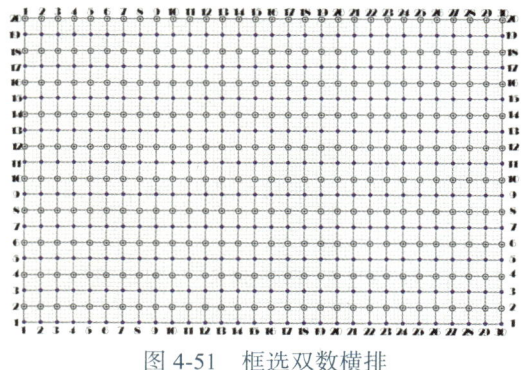

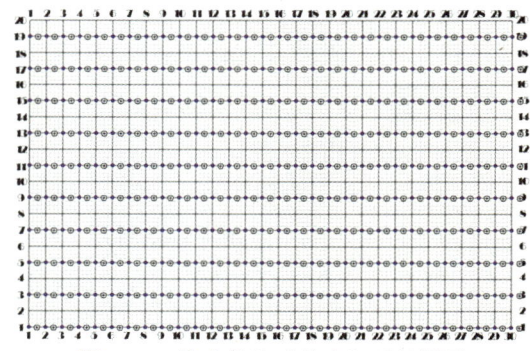

图 4-51　框选双数横排　　　　　　图 4-52　拖动备选"蓝点"后的图示

（4）编序+命名。单击"时间轴""5名称夹""序号"和"名称字"并解锁，单击 T 工具后在对应图层的底框处输入"序号或名称"，在单击 ▷ 工具后将字符移动到准确位置，锁闭全部图层并保存，如图4-53所示。

# 第4章 团体操队形坐标点位图

**第3步：** 制作"4点排列的横队"。

（1）增加时间帧。在"直线类队形图"中打开"5名称夹"和"1场地夹"。单击"5名称夹"中"序号"图层的第2帧，按【Shift】键再单击"1场地夹"中"横1图层"的第2帧（此时"5名称夹"和"1场地夹"所有图层被全选），鼠标右键单击在弹出的快捷菜单中选择"插入关键帧"命令，关闭"5名称夹"和"1场地夹"，如图4-54所示。

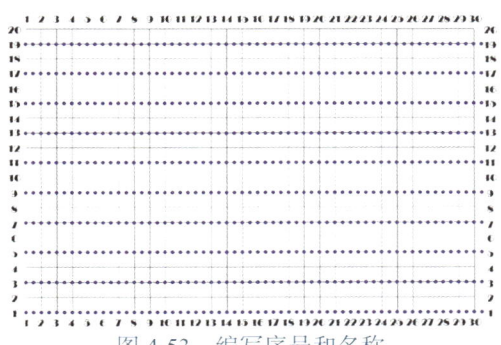

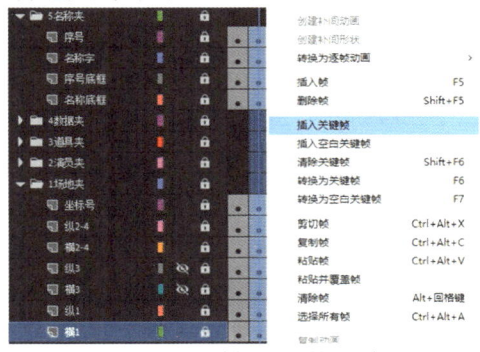

图 4-53 编写序号和名称　　图 4-54 插入关键"后的图层显示

（2）移动"蓝点"。

① 解锁"2演员夹"→"蓝点演员"图层并扩大舞台；按【Shift】键的同时框选第3、7、11、15、19横排（需要移动的"蓝点"），如图4-55所示。

② 光标移到任意1颗被选中的"蓝点"上，单击鼠标左键，将全部被选的"蓝点"拖到前排1/4和3/4的位置（相当于是交错着插入前排，形成紧密连接的一大排），形成"4点排列"的队形图；回到"符合窗口大小"后，单击舞台上任意"蓝点"，被选状态即消失。

（3）编序命名。将该图进行编序和命名，锁闭全部图层并保存，如图4-56所示。

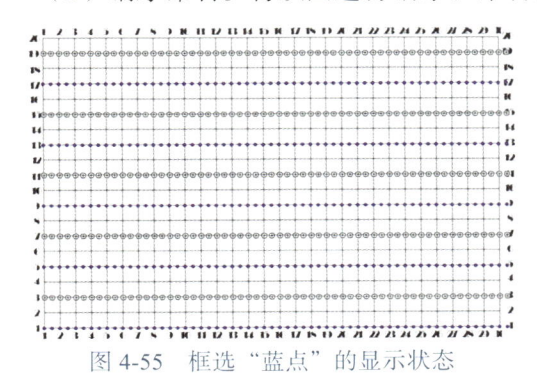

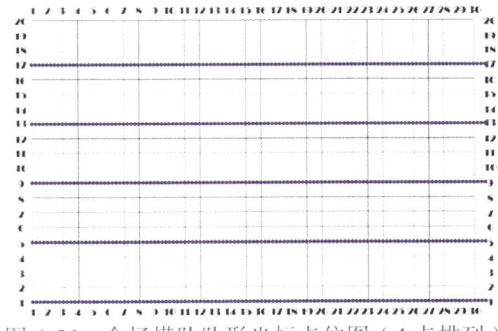

图 4-55 框选"蓝点"的显示状态　　图 4-56 全场横队队形坐标点位图（4点排列）

**示例2：** 构建"全场纵队队形"

**第1步：** 启动并插入关键帧。

打开"直线类队形图"和"散点类队形图"文件，切换到"直线类队形图"。在全部图层的第3帧中插入关键帧。此时舞台坐标图显示全场横队队形

纵队队形

坐标点位图（4点排列）。

**第2步**：制作"2点排列的纵队"。

（1）复制并粘贴帧。

① 切换到"散点类队形图"，单击"蓝点演员"图层的第1帧，单击鼠标右键在弹出的快捷菜单中选择"复制帧"。

② 切换到"直线类队形图"，单击"2演员夹"的第3帧，单击鼠标右键在弹出的快捷菜单中选择"粘贴帧"命令。

（2）移动"蓝点"和命名。

① 显示"横2-4"和"纵2-4"的"16宫格"，扩大舞台版面。按【Shift】键的同时连续框选第2、4、6……30路纵队散点，如图 4-57所示。

② 选择"缩放比例框"命令放大200%显示，选择任意一颗被选"蓝点"，将全部蓝点拖到右路纵队后的1/2处；完成后在舞台任意一处选择"符合窗口大小"命令。

③ 将该图编序和命名（方法同前），锁闭全部图层并保存，如图4-58所示。

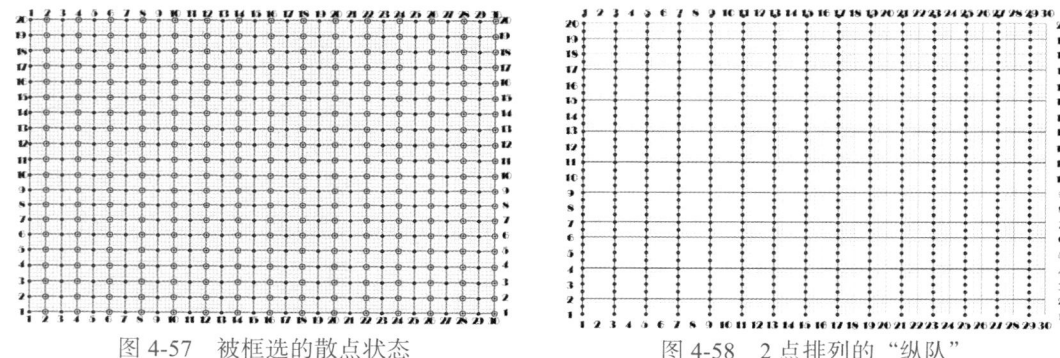

图 4-57 被框选的散点状态　　图 4-58 2点排列的"纵队"

**第3步**：制作"3点排列的纵队"。

（1）增加时间帧。切换到"直线类队形图"，打开"1场地夹"和"5名称夹"，按【Shift】键单击"5名称夹""1场地夹"的第4帧处插入关键帧。

（2）复制与粘贴帧。在"散点类队形图"中打开"2演员夹"→"蓝点演员"图层，单击第1帧并复制帧。单击"蓝点演员"图层的第4帧并粘贴帧。

（3）显示宫格线。单击"1场地夹"中的"横2-4"和"纵2-4"图层的 图标隐蔽图层，单击"横3"和"纵3"图层的 图标解除隐蔽，舞台上显示"9宫格"，关闭"1场地夹"和"5名称夹"。

（4）移动"蓝点"。

关闭时间轴扩大舞台，按【Shift】键后框选第1、4、7、10、13、16、19、22、25、28纵路的"蓝点"，选择其中任意1颗蓝点，可将它们全部拖到2、5、8、11、14、17、20、23、26、29（中间）路纵队散点的1/3处，如图4-59和图4-60所示。

图 4-59 被框选的纵队"蓝点"　　　　　　图 4-60 移动后的"蓝点"纵队

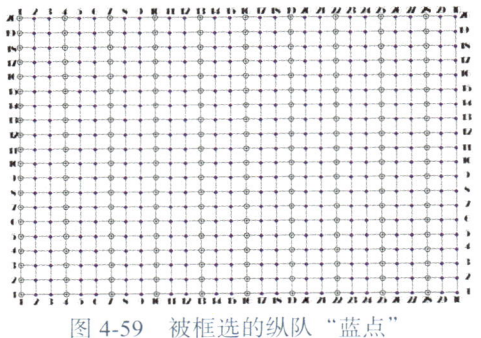

（5）移动+编序命名。

① 放大舞台200%。按【Shift】键后框选第3、6、9、12、15、18、21、24、27、30路纵队的"蓝点"，将它们全部拖动到2、5、8、11、14、17、20、23、26、29路纵队蓝色散点的2/3处，形成"3点纵队"。

② 将该图层编序，锁闭全部图层并保存，如图4-61和图4-62所示。

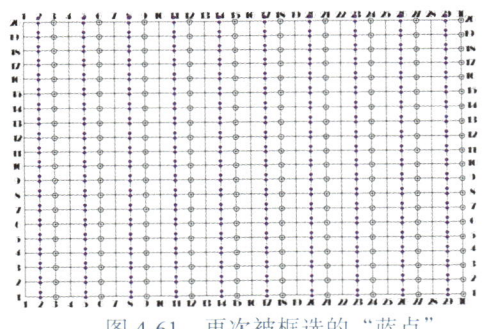

图 4-61 再次被框选的"蓝点"　　　　　　图 4-62 完整队形和序名

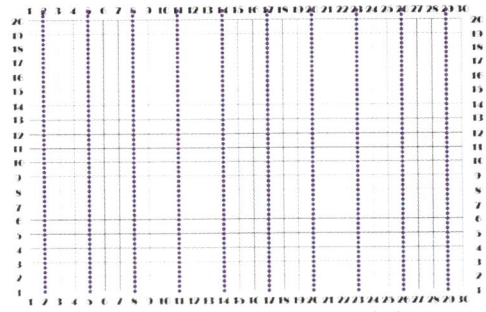

示例3：构建"全场斜排队形"（备注：2个视频）

**第1步：**启动文档并插入关键帧。

打开"直线类队形图"和"散点类队形图"文件，切换到"直线类队形图"界面。在全部图层的第5帧中插入关键帧，此时舞台坐标图显示全场纵队（3点排列）队形。

2~3点排列-斜排

**第2步：**制作"2点排列的斜排"。

（1）复制帧和粘贴帧。

① 转到"散点类队形图"，单击"2演员夹"→"蓝点演员"图层的第1帧后复制帧。

② 切换到"直线类队形图"，单击"2演员夹"图层的第5帧后选择"粘贴帧"命令，此时"散点队形"替换了"纵队队形"，锁闭该图层。

（2）显示宫格线。单击"横3"和"纵3"图层的 👁 图标隐藏图层，解锁"1场地夹"中的"横2-4"和"纵2-4"图层的 👁 图标解除隐藏，坐标格内将显示"16宫格"。关闭"1场地夹"和"5名称夹"。

（3）绘制斜线。打开"4数据夹"单击"参考线"图层的第5帧。选择 ╱ 工具后绘制"2点排列斜线",如图4-63所示。

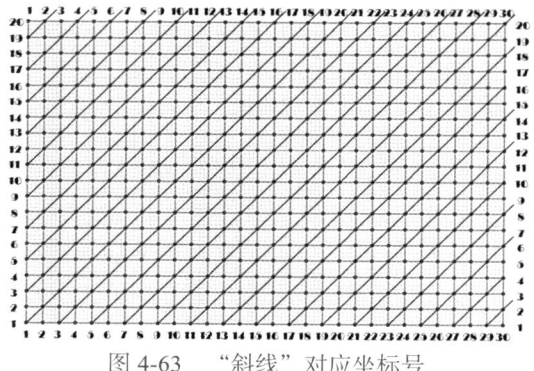

图 4-63　"斜线"对应坐标号

（4）移动"蓝点"并命名。

① 放大舞台200%,按【Shift】键的同时连续单击不在斜线上的所有蓝点,将被的选蓝点拖到斜排1/2处,形成"2点排列的斜排",如图4-64所示。

② 删除"参考线"图层中绘制的斜线,进行编序和命名,最后锁闭全部图层并保存,如图4-65所示。

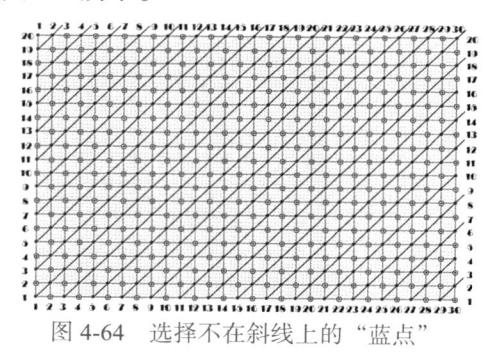

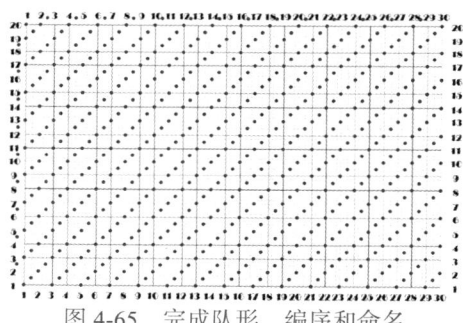

图 4-64　选择不在斜线上的"蓝点"　　　　图 4-65　完成队形、编序和命名

**第3步:** 制作"3点排列的斜排"。

（1）增加时间帧。在"直线类队形图"全部图层的第6帧中插入关键帧。此时舞台呈现的是全场斜排队形坐标点位图（2点排列）。

（2）复制帧和粘贴帧。打开"散点类队形图",单击"蓝点演员"的第1帧后复制帧。到"直线类队形图"打开"2演员夹"单击第6帧后粘贴帧。此时"全场散点"的蓝点替换了"全场斜排队形坐标点位图（2点排列）"蓝点。

（3）显示宫格线。单击 ▶ 工具后单击并关闭"横2-4"和"纵2-4"图层的 ◉ 图标,关闭"1场地夹"和"5名称夹",到"1场地夹"中解锁"横3"和"纵3"图层的 ◉ 图标,舞台坐标格内显示"9宫格"。

（4）绘制斜线。解锁"4数据夹"→"参考线"图层并单击第6帧,在舞台上单击 ╱ 工具后绘制斜线,更名为"3点排列组合斜线",如图4-66所示。

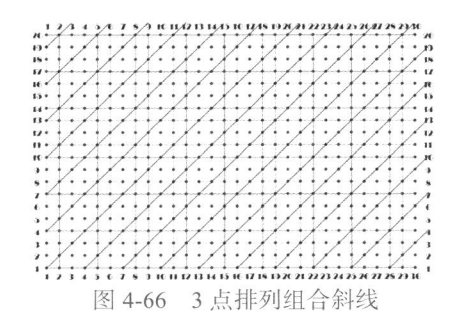

图 4-66 3点排列组合斜线 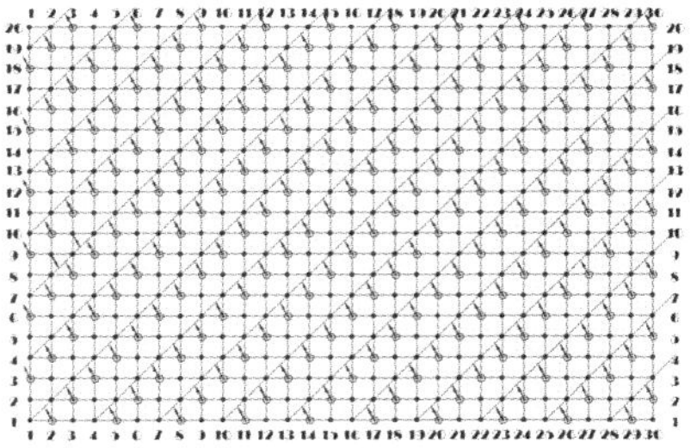　　　　　图 4-67 第 1 次被选"蓝点"和拖动方向

（5）移动"蓝点"。把被选的"蓝点"斜拖动到"箭头"所示处（坐标格的左侧2/3），如图4-67所示。选择未选过的"蓝点"，把它们拖动到斜线的1/3处，如图4-68和图4-69所示。

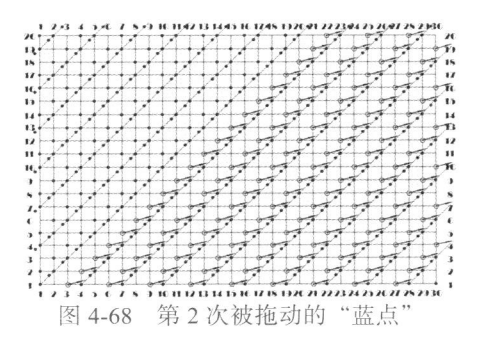

图 4-68 第 2 次被拖动的"蓝点" 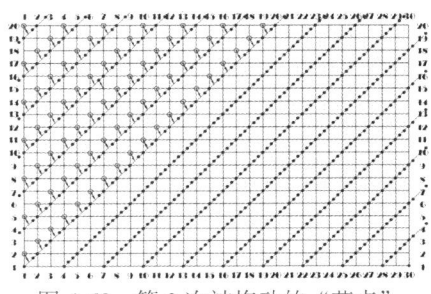　　　　　图 4-69 第 3 次被拖动的"蓝点"

（6）将该图编序和命名（方法同前），锁闭全部图层并保存，如图4-70所示。

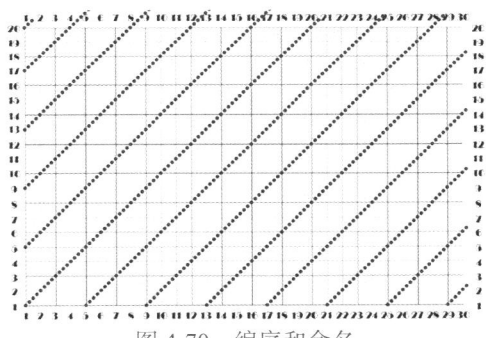

图 4-70 编序和命名

**第4步：** 制作"4点排列的斜排"。

（1）增加时间帧。在"直线类队形图"全部图层的第7帧中插入关键帧，此时舞台呈现的是全场斜排队形坐标点位图（3点排列）。

（2）复制并粘贴帧。

① 转到"散点类队形图"，单击"蓝点演员"图层的第1帧后选择复制帧。

② 换到"直线类队形图"单击"2演员夹"→"蓝点演员"图层的第7帧，在对话框中选择"粘贴帧"命令。此时"全场散点"蓝点替换了"全场斜排队形坐标点位图（3点排列）"

4点排列-斜排

蓝点。

（3）显示宫格线。单击 ▶ 工具后到"1场地夹"单击"横3"和"纵3"图层的 👁 图标隐蔽其图层，再单击"横2-4"和"纵2-4"图层的 👁 图标显示图层，舞台上显示"16宫格"的浅灰色线条。关闭"1场地夹"和"5名称夹"。

（4）绘制斜线。解锁"4数据夹"→"参考线"图层并选择第7帧，在舞台上绘制"全场4点排列斜线"，如图4-71所示。

（5）移动坐标点。

第1~3次移动：选择需要移动的"蓝点"并按照箭头方向，分别拖动到方格斜线的1/4处、2/4处和3/4处，如图4-72、图4-73和图4-74所示。

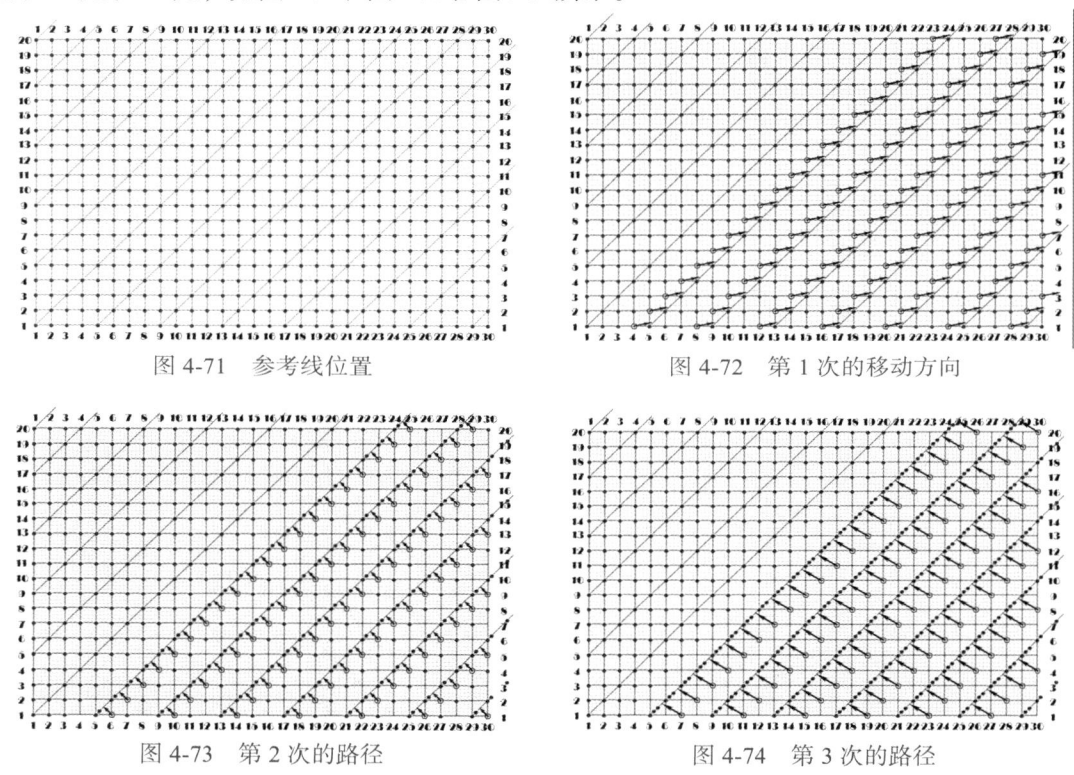

图 4-71　参考线位置　　　　　　　　图 4-72　第 1 次的移动方向

图 4-73　第 2 次的路径　　　　　　　图 4-74　第 3 次的路径

第4~6次移动：选择需要移动的坐标点并按照箭头方向依次拖动到方格斜线的1/4处、2/4处、3/4处，如图4-75、图4-76和图4-77所示。

第7~9次移动：选择需要移动的坐标点并按照箭头方向，分别拖动到方格斜线的3/4处、2/4处和1/4处，如图 4-78、图4-79和图4-80所示。

第10次移动：选择和移动场地外的"蓝点"到适当位置，如图4-81所示。

（6）编序+命名。

修改序号为和名称"全场斜排队形坐标点位图（4点排列）"，如图4-82所示。

第4章
团体操队形坐标点位图

图 4-75　第 4 次的路径

图 4-76　第 5 次的路径

图 4-77　第 6 次的路径

图 4-78　第 7 次的路径

图 4-79　第 8 次的路径

图 4-80　第 9 次的路径

图 4-81　第 10 次的路径

图 4-82　编序+命名

### 4.2.3 构建"带角类队形坐标点位图"

**示例1：构建"全场实心矩形"队形**

**第1步：**创建文档。

复制并粘贴"主场地空白图纸"，重命名为"带角队形图"并启动该文档。

**第2步：**绘制"圆点"。

把"2演员夹"→"图层_1"图层重命名为"红点演员"，在该图层中任意位置绘制"圆点"，宽高各为15像素，颜色（红），绘制方法同前。

**第3步：**制作"心矩形队形"（2点对位排列）。

（1）显示宫格线。单击"1场地夹"的"横2-4"和"纵2-4"图层的 ◉ 图标隐蔽键，隐蔽"横3""纵3"图层，舞台显示"16宫格"坐标。

（2）完成矩形。在"红点演员"图层用复制并粘贴的方法创建第1个矩形，用同样方法创建其他矩形，最后保存并关闭图层，如图4-83所示。

（3）标注数据。解锁"4数据夹"→"数据"图层。单击 ■ 工具并关闭笔触，设置填充色，根据需要绘制底框。单击 T 工具后设置属性（字符、大小、填充色彩、笔触）后编写数据和文字，如图4-84所示。

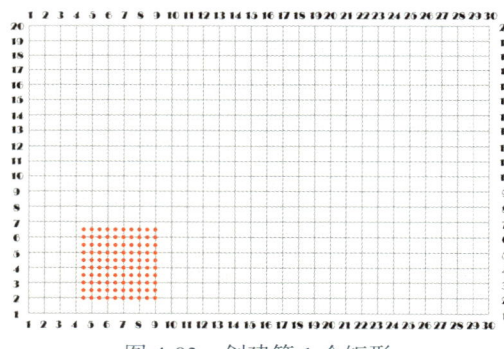

图 4-83　创建第 1 个矩形　　　　图 4-84　创建其他矩形

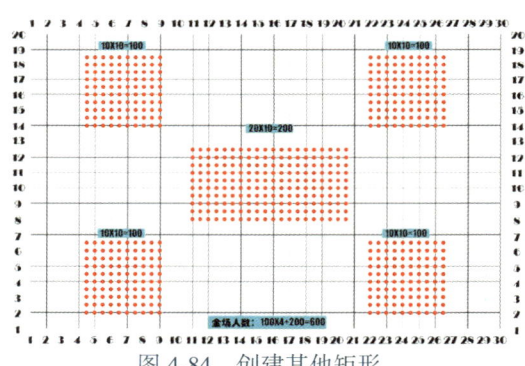

**示例2：构建"全场空心矩形"队形图**

**第1步：**增加时间帧。

在"带角队形图"全部图层的第2帧中插入关键帧；删除"数据"中"红点演员"图层内容，显示"16宫格线"（方法同前）。

**第2步：**创建矩形点位。

在"红点演员"图层的第1帧中复制1个红点，然后在"红点演员"图层的第2帧中，按照设计的位置和数量，复制并粘贴"红点"排列组成第1个矩形，用同样方法创建其他矩形。

**第3步：**绘制和标注。

解锁"4数据夹"→"数据"图层，单击 ● 工具并关闭笔触，设置填充色、大小（50），绘制圆形底框；单击 T 工具后设置属性（字符、大小、填充色彩、笔触）后撰写数据和名称，如图4-85所示。

提示："空心矩形类"也有"3点排列，4点排列或多层"等创编方法，如图4-86既是多层空心矩形队形示例。

图 4-85　单层空心矩形　　　　图 4-86　多层空心矩形

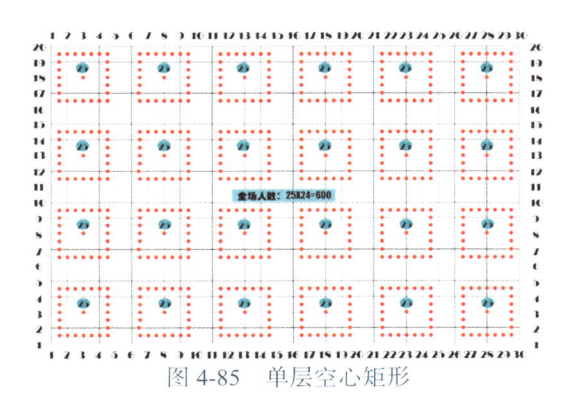

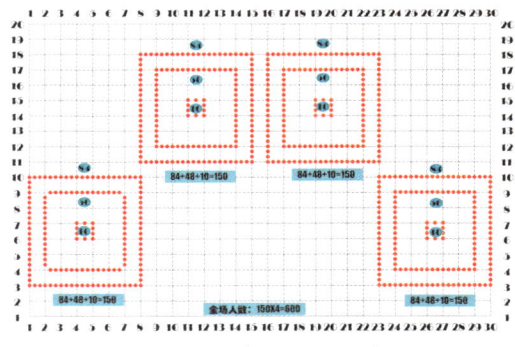

**示例3：构建"全场实心三角形队形"**

**第1步：** 新建文档。

打开"带角队形图"→"2演员夹"→"红点演员"图层，单击"图层区"中的 + 按钮新建图层，即在"红点演员"上方增加了"图层_2"，双击"图层_2"重命名为"蓝点演员"。舞台显示"9宫格"。

实心三角形

**第2步：** 增加时间帧。

单击"1场地夹"→"5名称夹"的第3帧并插入关键帧。单击"2演员夹"→"3道具夹"→"4数据夹"的第3帧并插入空白关键帧。

**第3步：** 绘制"圆点"。

单击"蓝点演员"图层的第3帧，在舞台任意位置绘制"圆点"，设置属性：宽15、高15、颜色（蓝）。

**第4步：** 制作"实心三角形队形"（2点、对位排列）。

（1）创建三角形：在"蓝点演员"图层，先绘制一个"圆点"，然后采用复制粘贴的方法，创建第1个大三角形，如图4-87所示。然后在本图层用复制粘贴的方法创建其他三角形，保存后关闭图层。

（2）绘制和标注。解锁"4数据夹"→"数据"图层。单击 ● 工具后设置属性：颜色（浅蓝），笔触 ■，字符、大小、填充色彩等。打开"5名称夹"→"序号"→"名称字"图层，在"序号"图层中底框处中输入序号和名称，如图4-88所示。

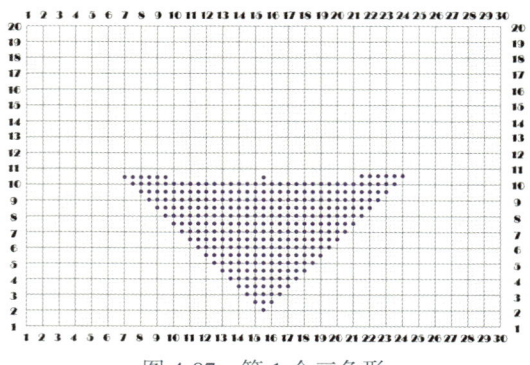

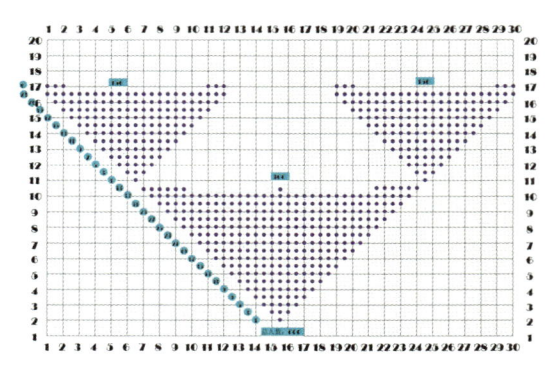

图 4-87　第 1 个三角形　　　　　　　　　图 4-88　其他三角形位置

**示例4：构建"全场空心三角形队形"**

**第1步**：启动文档。

（1）打开"带角队形图"，在"1场地夹"→"5名称夹"的第4帧处"插入关键帧"。

空心三角形

（2）在"2演员夹"→"3道具夹"→"4数据夹"的第4帧处插入空白关键帧，隐蔽"横2-4""纵2-4"图层，单击 👁 图标显示"横3"和"纵3"的图层为"9宫格线"。

**第2步**：创建三角形。

单击第2帧，在舞台上复制1颗"蓝点"，然后粘贴在第3帧上。按照设计需求复制并粘贴圆点排列组成第1个三角形，如图4-89所示。用复制并粘贴的方法制作其他三角形。

**第3步**：标注数据。

解锁"4数据夹"→"数据"图层，单击 ⬢ 工具并关闭笔触，设置属性：颜色（白）、大小（50），绘制圆形底框；单击 T 工具后设置属性：字符、填充色彩、大小、笔触等。根据设计需求撰写数据和命名，如图4-90所示。

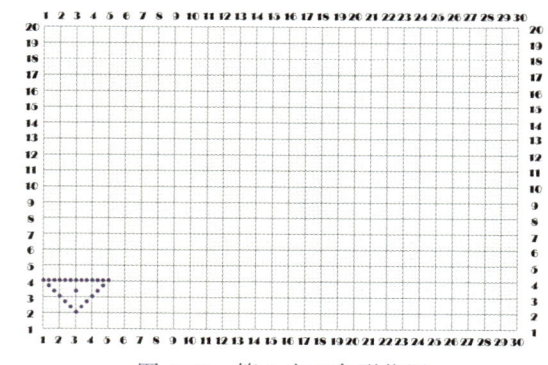

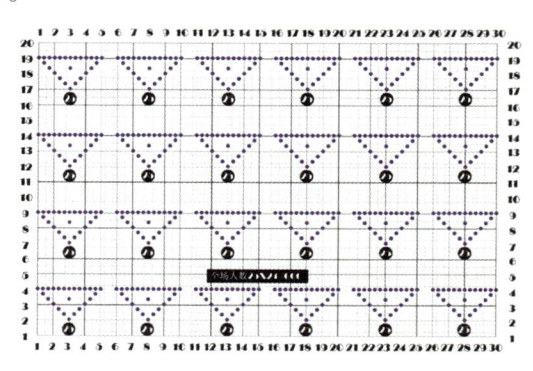

图 4-89　第 1 个三角形位置　　　　　　图 4-90　全场三角形和关心数据

第4章
团体操队形坐标点位图

**示例5：构建"全场实心菱形队形"**

**第1步**：创建文档。

打开"带角队形图"，单击"1场地夹"→"5名称夹"图层的第5帧并"插入关键帧"。单击"2演员夹"→"3道具夹"→"4数据夹"图层的第5帧并"插入空白关键帧"。

实心菱形

**第2步**：制作圆点。

解锁"红点演员"并在第1帧"复制"1颗红点，"粘贴"到第5帧的任意位置，舞台显示"16宫格线"（方法同前）。

**第3步**：制作"实心菱形队形"（2点对位排列）。

（1）创建"菱形"。在"红点"图层中采用复制并粘贴的方法创建"中央大菱形"，如图4-91所示。再用同样方法创建其余小菱形，保存后关闭图层。

（2）绘制框和标注。解锁"4数据夹"→"数据"图层，单击 ● 工具后设置属性：填充色(浅蓝)，笔触 ▢ ，根据需要的大小绘制底框。单击 T 工具后设置属性：字符、大小、填充色彩、笔触等。根据各项设计在底框处输入数据和文字，如图4-92所示。

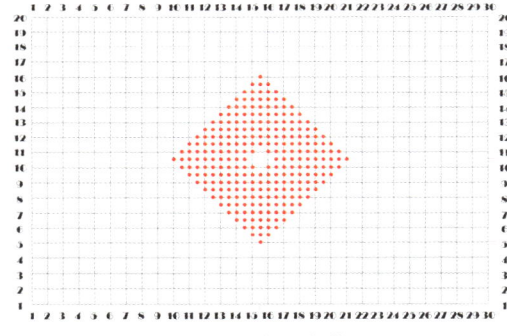

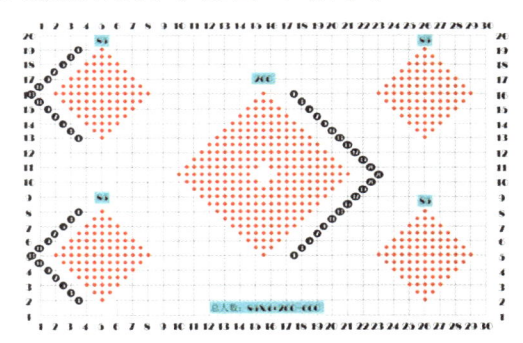

图 4-91　中央大菱形　　　　图 4-92　全场菱形和数据图

**示例6：构建"全场空心菱形队形图（4点排列）"**

**第1步**：启动文档。

打开"带角队形图"，单击"1场地夹"→"5名称夹"文件夹图层的第6帧并"插入关键帧"。单击"2演员夹"→"3道具夹"→"4数据夹"的第6帧并"插入空白关键帧"。

空心菱形

**第2步**：制作坐标点。

解锁"红点演员"图层并在第1帧中复制任意1颗红点，粘贴到本图层的第6帧中任意位置，显示"16宫格线"（方法同前）。

**第3步**：制作"空心菱形队形"（4点排列）。

（1）创建菱形。

① 根据第1个菱形的位置、数量等设计，在"红点演员"图层中复制并粘贴创建第1

**089**

个菱形。采用同样方法创建其余菱形，保存后锁闭图层，如图4-93所示。

② 绘制和标注：解锁"4数据夹"→"数据"图层。单击 ■ 工具后设置属性：颜色(浅蓝)，笔触 ■，绘制底框；单击 T 工具后设置属性：字符、大小、填充色彩、笔触等，在底框处输入数据和文字，如图4-94所示。

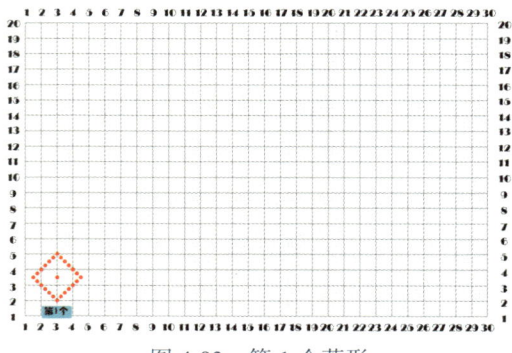

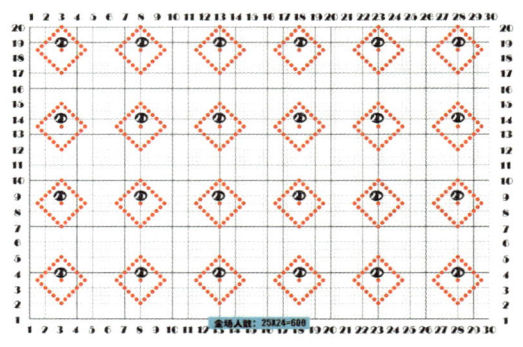

图 4-93　第 1 个菱形　　　　　　　图 4-94　全场菱形和标注

> 示例7：构建"实心五角星图形"

**第1步：** 启动文档。

打开"带角队形图"，单击"1场地夹"→"5名称夹"的第7帧并插入关键帧。在"2演员夹"→"3道具夹"的"4数据夹"的第7帧处插入空白关键帧，舞台设置"16宫格"（方法同前）。

**第2步：** 绘制轮廓线。

（1）解锁"4数据夹"→"参考线"图层，单击 ● 工具后设置属性：关闭填充 ■，颜色（黑）、笔触大小（1）。

（2）在属性选项中，通过"工具选项"→"式样"单击 ● 工具后设置"边数"为"5"，其他属性为默认。

（3）将光标移动到适当位置，分别绘制"小五角星、大五角星"（大小自定），如图4-95所示。按住鼠标左键拖动线条，进行位置调整（参考视频）。

**第3步：** 制作"实心五角星队形"（2点对位排列）。

（1）构建"五角星"。在"红点演员"图层用复制并粘贴的方法，在五角星轮廓线条内（每一方格的1/2处）构建"小五角星"和"大五角星"，如图4-96所示。

（2）完善全图和数据。本图五角星坐标点数量分别是小五角星一颗80个点，大五角星一颗280个点。完善相关数据后，保存文件，完整图形如图4-97所示。

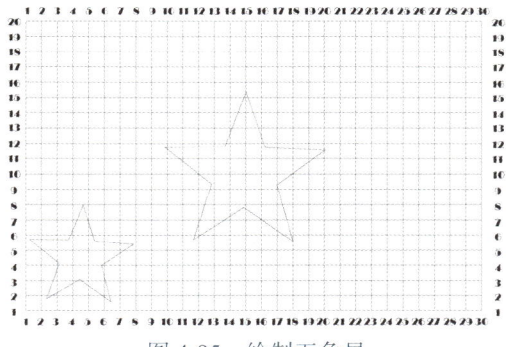

图 4-95 绘制五角星　　　　　图 4-96 调整线条的位置和大小

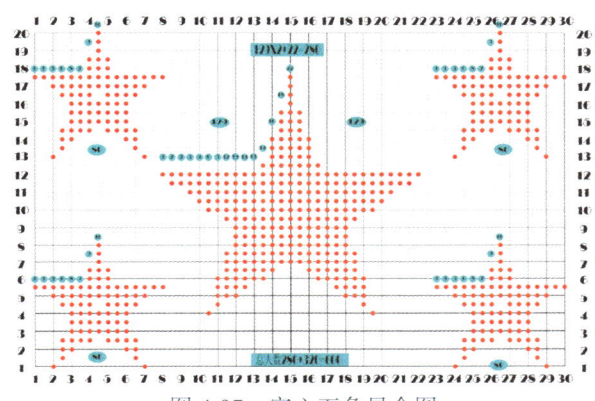

图 4-97 实心五角星全图

**示例8：构建"空心五角星图形"**

**第1步**：启动文档。打开"带角队形图"文档；单击"1场地夹"→"5名称夹"的第8帧并插入关键帧。在"2演员夹"→"3道具夹"→"4数据夹"的第8帧处插入空白关键帧。舞台显示"16宫格"。

空心五角星

**第2步**：绘制轮廓线。

（1）解锁"4数据夹"→"参考线"图层并单击第8帧，单击⬡工具后设置属性：填充▨、笔触（黑）、大小（1），在"工具选项"→"式样"中勾选"星形"复选框，在"边数"文本框中输入"5"，其他默认。

（2）绘制"空心五角星轮廓线"（大小自定）并调整，方法同前。

**第3步**：制作"空心五角星图形"（2点排列）。

在"红点演员"图层中采用复制并粘贴的方法制作全图队形点位的、绘制数据和命名（方法同前），如图4-98所示。

图 4-98 空心五角星

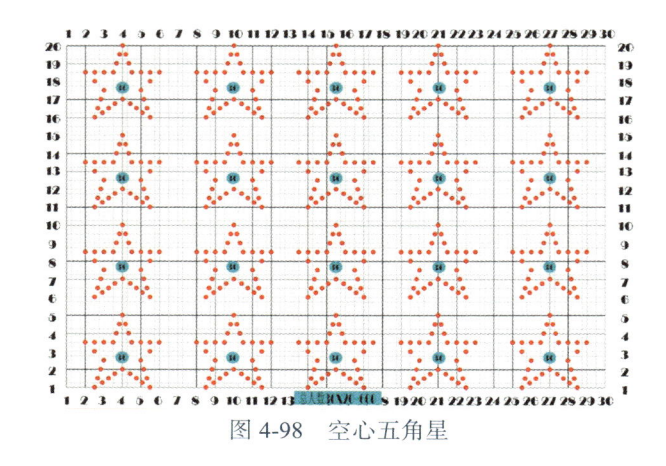

## 4.2.4 构建"圆弧类队形"点位图

圆弧类队形：是指团体操表演中圆润、平滑的弧线及封闭的呈圆形的曲线队形，包括单层圆、多层圆、实心圆、空心圆形（椭圆形），以及弧形和波浪线形等。

示例1：构建"全场空心圆（1/2排列）"队形图

第1步：创建文档。

（1）复制并粘贴"主场地空白图纸"后重命名"圆弧队形"并启动该文档。

空心圆 1/2

（2）解除"1场地夹"的"横2-4""纵2-4"图层的隐蔽，隐蔽"横3""纵3"图层，舞台显示"16宫格"坐标，最后单击"保存"按钮。

第2步：制作"全场空心圆"（1/2排列）。

（1）单击"4数据夹"的"参考线"，单击 ⊞ 按钮新建图层并名重命名为"参考线1""参考线2"。

（2）单击 ⬭ 工具后到"4数据夹"→"参考线"图层并单击第1帧、选择"属性"→"工具钮"命令后设置属性：填充 ⊘，笔触（黑）、大小（0.1）。

（3）绘制轮廓线和1/2分界线。

① 在左下位置绘制第1个"空心圆轮廓线"并设置：宽240、高240、位置(120,1020)。

② 单击 ╱ 工具后在第1个"轮廓线"上绘制1/2分界线，设置属性：颜色（黑），大小（5）。

③ 用复制并粘贴的方法完成第1排"轮廓线和1/2分界线"，如图4-99所示。

第3步：制作空心圆上的"圆点"。

（1）将"图层_1"重命名为"绿点演员"并单击第1帧，在舞台上绘制"圆点"；设置属性：颜色（浅绿）、笔触 ⊘、宽高各为15，将其转换为元件。

（2）复制后间隔均匀地粘贴15颗"绿点"在1/2半圆弧线上，如图4-100所示。

图 4-99　轮廓线和分界线　　　　　　　图 4-100　1/2 "圆点"

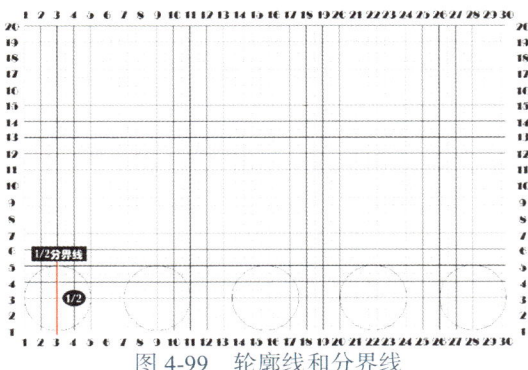

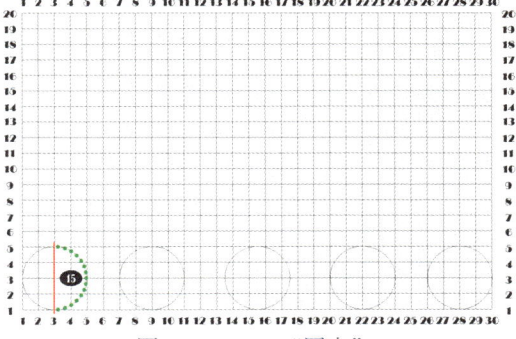

**第4步**：完成"空心圆"。

（1）框选做好的1/2"绿点"，复制并粘贴在图纸的任意位置。

（2）全选制作好的"绿点"，选择"修改"→"变形"→"水平翻转"命令，再整体拖动到半圆的另一侧上。

（3）用复制并粘贴的方法构建全场空心圆点位图，输入数据并命名，如图4-101所示。

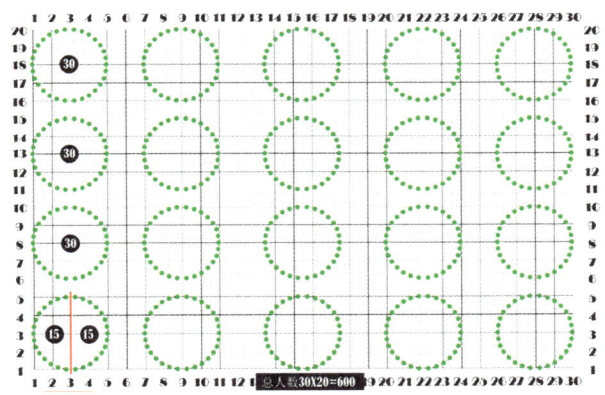

图 4-101　全场空心圆（1/2 排列）

**示例2：构建"全场空心圆（1/4排列）"队形图**

**第1步**：启动文档。

打开"圆弧队形""文档。在"1场地夹"→"5名称夹"图层的第2帧处"插入关键帧"。在"2演员夹"→"3道具夹"→"4数据夹"图层的第2帧处"插入空白关键帧"。场地坐标线"16宫格"。

空心圆 1/4

**第2步**：绘制轮廓线和分界线。

（1）单击 ⬤ 工具后设置属性：填充 ∅ 、颜色（黑）、大小（0.1）。

（2）解锁"4数据夹"→"参考线1"图层并单击第2帧，到舞台上绘制1个圆形"轮廓线"并设置：宽360、高360、位置(120,900)。

（3）解锁"参考线2"图层并单击第2帧，单击 ／ 工具后在"轮廓线"中绘制1/2"分界直线"。

（4）框选适当长度的分界线（此分界线长度要小于圆圈的直径），在垂线两头内侧未被选择的线段上，用鼠标箭头顶住线条中部，按住鼠标左键将其向左或向右顶弯成"弧形分界线段"，如图4-102所示。

（5）复制并粘贴该分界线，选择"修改"→"变形"→"顺时针旋转90°"命令，完成1/4分界线制作，如图4-103所示。

图 4-102　轮廓线和分界线

图 4-103　1/4 分界线

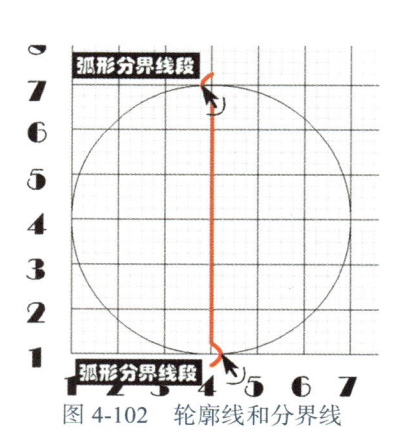

第3步：创建"圆点"。

（1）在"绿点演员"图层的第1帧中复制任意1颗绿点，粘贴到第2帧坐标图纸任意处。

（2）复制并粘贴15颗"绿点"在1/4圆上坐标号的对应位置(4,7)，如图4-104所示。

（3）在复制并粘贴形成1/2绿点后，选择"修改"→"变形"→"垂直翻转"和"水平翻转"等命令，形成第1个空心圆，如图4-105所示。

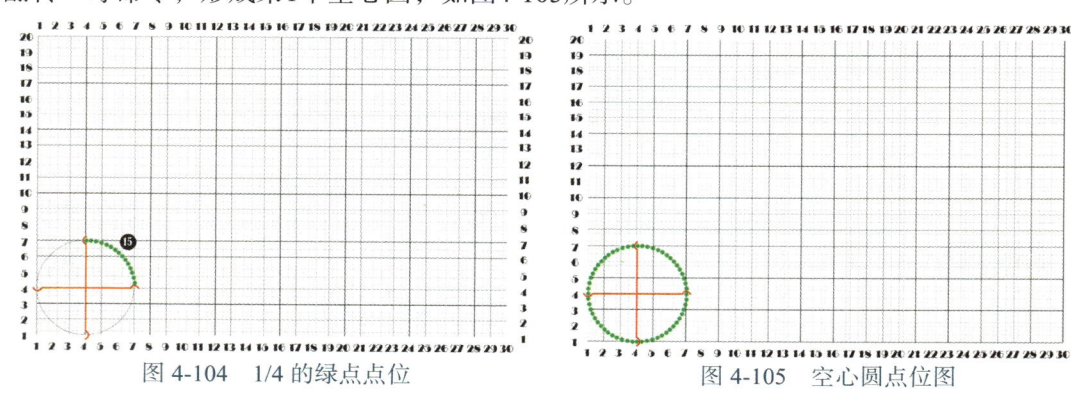

图 4-104　1/4 的绿点点位

图 4-105　空心圆点位图

（4）运用复制并粘贴命令创建全部空心圆，将其拖动到设计的位置并撰写数据和名称，如图4-106所示。

图 4-106 空心圆（1/4 排列）

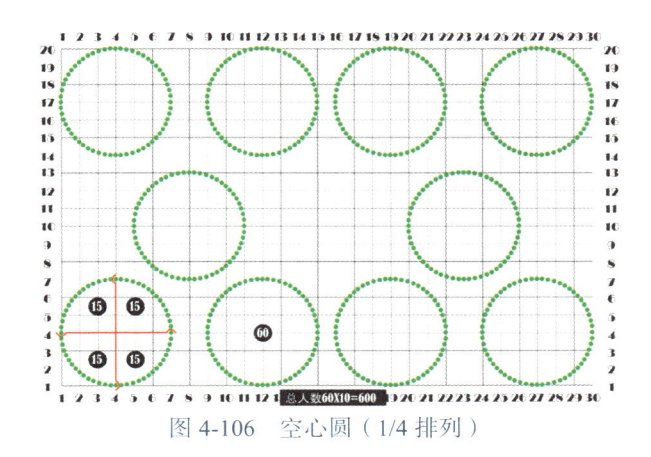

**示例3：构建"全场空心圆队形（1/8排列）"**

**第1步：** 启动文档。

打开"圆弧队形图"文档，在"1场地夹"→"5名称夹"的第3帧处插入关键帧。在"2演员夹"→"3道具夹"→"4数据夹"的第3帧处插入空白关键帧，舞台显示"16宫格"。

空心圆 1/8

**第2步：** 绘制轮廓线。

（1）单击 ⬤ 工具后解锁"4数据夹"→"参考线1"图层并单击第3帧，设置属性：填充 ◳ 、颜色（黑）、大小（0.1）。

（2）单击"参考线1"图层的第3帧，在舞台上绘制空心圆轮廓线，设置属性：宽540、高540、位置(120,720)，如图4-107所示。

（3）在"参考线2"图层的第3帧，设置分界线属性：高570、宽0、位置(390,705)，用 ▶ 将线条向内和外顶弯，形成1/2垂直分界线，如图4-108所示。

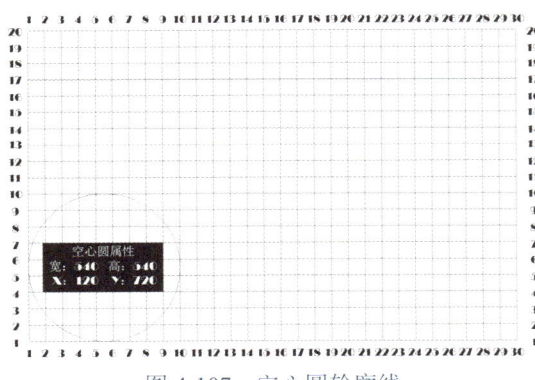

图 4-107 空心圆轮廓线　　　　图 4-108 垂直分界线

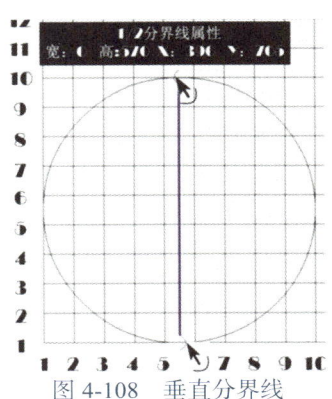

（4）制作其他分界线。

① 在"参考线2"图层的第3帧中，单击 ▶ 工具后框选"1/2分界线"，复制并粘贴"帧"后选择"修改"→"变形""顺时针旋转90°"命令，形成"1/4分界线"。

② 框选"1/4分界线"，复制并粘贴到当前位置，选择"修改"→"变形"→"缩放和

旋转"命令，保持缩放"100"，旋转"45°"形成"1/8分界线"，如图4-109所示。

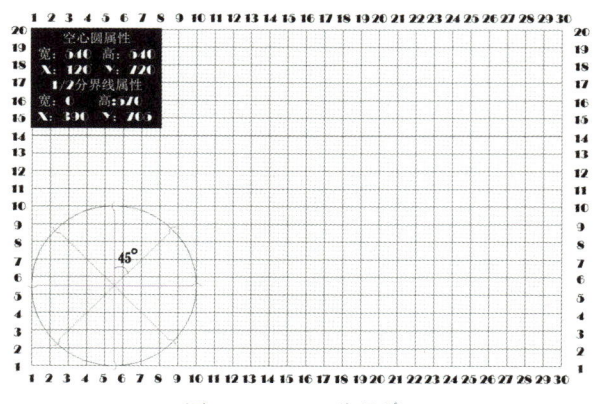

图 4-109　1/8 分界线

**第3步：** 创建"绿点"。

（1）在"绿点演员"图层的第2帧中，复制任意1颗坐标点，粘贴到第3帧坐标图纸任意一处。

（2）将其拖动到左下第1个空心圆轮廓线上的1/8起始处，"复制"并间隔均匀地"粘贴"15颗绿点到1/8圆弧上，如图4-110所示。

（3）将1/8的绿点复制粘贴后全选并组合，选择"修改"→"变形"的"缩放和选择"命令，缩放"100"，旋转"45°"，把它们整体拖动到1/4圆上，再取消【Shift+Ctrl+G】组合键，如图4-111所示。

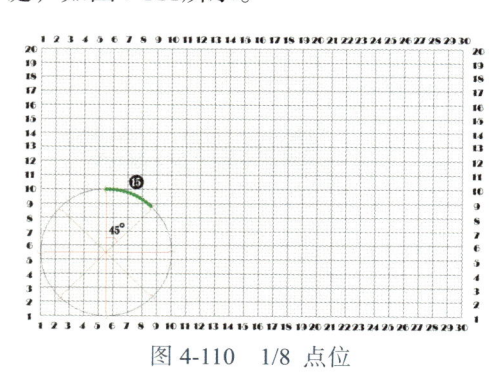

图 4-110　1/8 点位 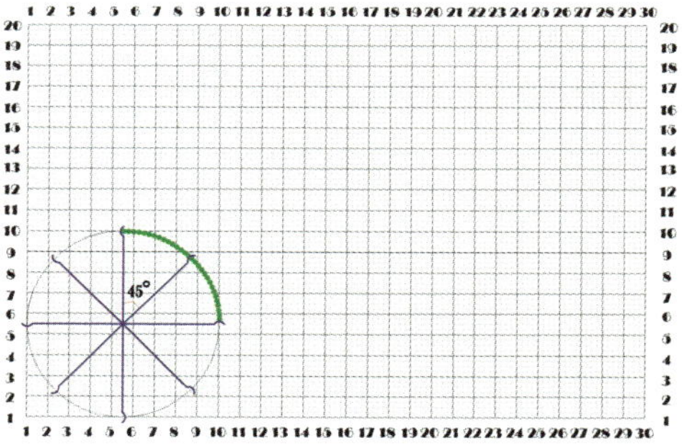　　　　　　图 4-111　1/4 点位

（4）将1/4圆点全选，再复制并粘贴并"垂直翻转"，拖动到1/2半圆上，形成半圆，如图4-112所示。

（5）将1/2圆点全选，再复制并粘贴并"水平翻转"，将左半圆纵向中线上的上下各1颗圆点删除，将右半圆拖动到右1/2半圆线上，如图4-113所示。

（6）在圆形线与横中线交叉位上左右两个坐标点空位，采用复制并粘贴的方法补上形成第1个完整的空心圆。

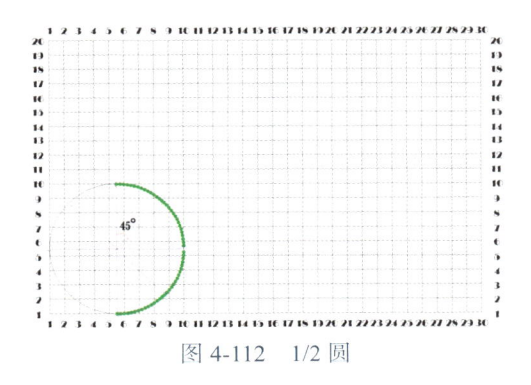

图 4-112　1/2 圆　　　　　　　　　　　图 4-113　完整的空心圆

第4步：制作全场空心圆。

使用复制并粘贴按设计位置制作全图，在"数据"图层中绘制底框，输入数据，如图4-114所示。

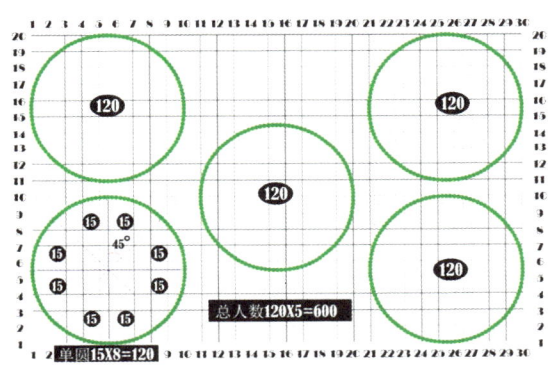

图 4-114　全场空心圆数据

示例4：构建"全场同心圆（1/16排列）"队形

第1步：启动文档。

双击"圆弧队形图"文档，在"1场地夹"→"5名称夹"的第4帧处"插入关键帧"。在"2演员夹"→"3道具夹"→"4数据夹"的第4帧处"插入空白关键帧"；舞台显示"16宫格"。

空心圆 1/16

第2步：绘制轮廓线。

（1）单击 ⬤ 工具后解锁"4数据夹"→"参考线1"图层并单击第4帧，设置参考线属性：填充 ▫、颜色（黑）、大小（0.1）。

（2）在"参考线1"图层第4帧，将光标"+"移到适当位置，按【Shift】键和鼠标左键在舞台上绘制第1个空心圆，设置圆的属性：宽1020、高1020、位置(480,180)。

（3）反复"复制"空心圆并"粘贴到当前位置"，形成4个同心圆，各空心圆数据，如图4-114所示。

第3步：绘制分界线，具体操作请详见视频。

（1）绘制1/2（180°）垂直分界线。

① 单击 ∕ 工具后在"4数据"图层的第4帧中，绘制1/2（180°）垂直分界线，设置属性颜色（黑）、大小（0.1）、宽0、高1140、位置(990,120)。

② 将垂线两头适当段框选上，鼠标移到上段未选择线条的中部将其向左和向右顶弯，然后按【Ctrl+G】组合键将线条组合，如图4-115所示。

（2）绘制其他分界线，如图4-116所示。

① 单击 ▷ 工具后框选1/2（180°）垂直分界线条，复制并粘贴到当前位置，选择"修改"→"变形"→"顺时针旋转90°"命令，形成1/4（90°）水平分界线。

② 单击 ▷ 工具后框选1/2和1/4分界线条，复制并粘贴到当前位置，选择"修改"→"变形"→"缩放和旋转"命令，设置"缩放"为"100"，旋转修改为45°形成1/8分界线。

③ 单击 ▷ 工具后框选1/2、1/4和1/8分界线条，复制并粘贴到当前位置，选择"修改"→"变形"→"缩放和旋转"命令，设置"缩放"为"100"，旋转修改为22.5°，形成"1/16分界线"。

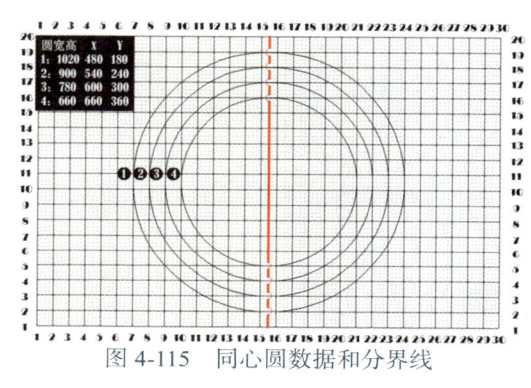

图 4-115　同心圆数据和分界线　　　　图 4-116　1/16同心圆分界线

**第4步：** 制作同心圆坐标点位图。

（1）创建1/16圆点点位图，如图4-117所示。

① 在"绿点演员"第3帧中任意1颗绿点并复制帧，"粘贴"到第4帧图层。将其拖动到第1个1/16同心圆轮廓线上，复制并间隔均匀地粘贴10颗绿点在1/16圆线上。

② 用上述相同的方法分别完成第2～4个1/16轮廓线上，绿点（9颗、8颗、7颗）的制作。将4个"1/16的绿点"框选后按【Ctrl+G】将其组合。

（2）制作其他圆弧点。

① 框选"4个1/6绿点"复制并粘贴，选择"修改"→"变形"→"缩放和旋转"→"缩放100""旋转22.5°"的命令，将旋绿点组合拖动到1/8圆轮廓线上，如图4-118所示。

② 框选"4个1/8绿点"后复制并粘贴，在"缩放和旋转"中设置"缩放"为"100"，旋转修改为45°，将其组合再拖动到1/4 圆轮廓线上，如图4-119所示。

③ 框选4个"1/4绿点"并复制并粘贴，在"缩放和旋转"中设置"缩放"为"100"和"垂直翻转"，将组合拖动到1/2圆轮廓线上，如图4-120所示。

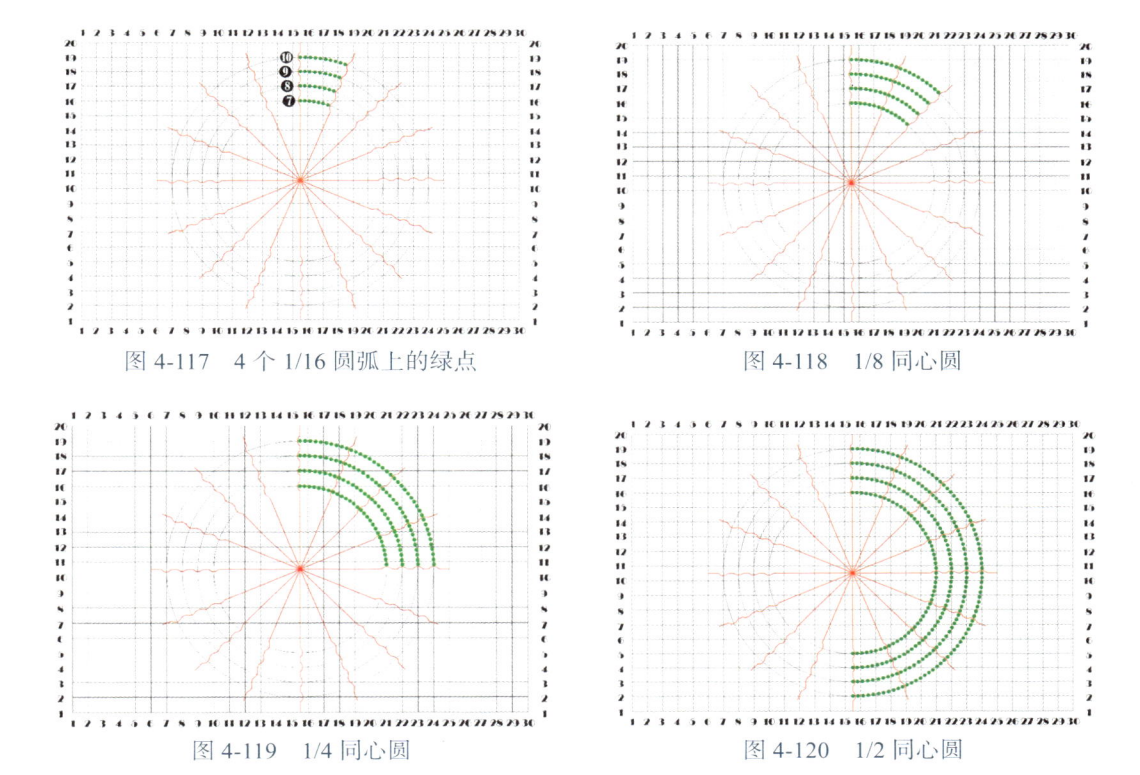

图 4-117　4 个 1/16 圆弧上的绿点

图 4-118　1/8 同心圆

图 4-119　1/4 同心圆

图 4-120　1/2 同心圆

（3）完成同心圆。

① 全选 1/2 圆上的绿点，再复制并粘贴并"水平翻转"，把右半圆纵向中线上的上下各 1 颗坐标点删除。把复制的半圆拖动到左 1/2 半圆线上进行排列。

② 在圆形线与横中线交叉位左右两个圆点空位，用复制并粘贴方法补上绿点形成完整的同心圆，在"数据"图层中绘制底框并输入数据和命名，如图 4-121 和图 4-122 所示。

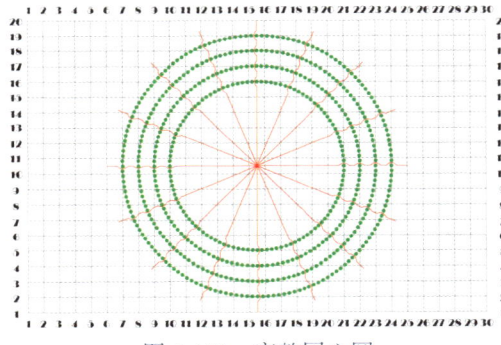

图 4-121　完整同心圆

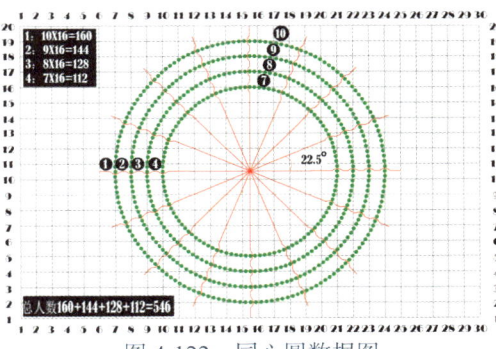

图 4-122　同心圆数据图

## Animate 2022 动画制作 团体操队形

**示例5：构建"全场弧形（1/2排列）"队形**

**第1步**：启动文档。

打开"圆弧队形图"文档，在"1场地夹"→"5名称夹"的第5帧"插入关键帧"。在"2演员夹"→"3道具夹"→"4数据夹"的第5帧"插入空白关键帧"。舞台设置"16宫格"。

弧形 1/2

**第2步**：绘制弧形线。

单击 ✏ 工具，解锁"4数据夹"→"参考线1"图层并单击第5帧，设置属性：颜色（黑）、大小（0.1）。在"参考线1"图层的第5帧中，绘制第两条斜线(3.5,3)和(9.5,4)。单击 ▷ 工具，分别顶住斜线的中段将其顶弯成半弧状，如图4-123和图4-124所示。

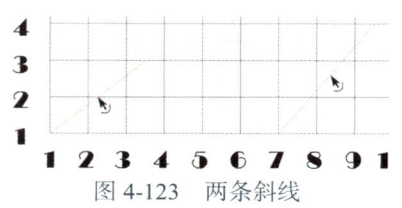

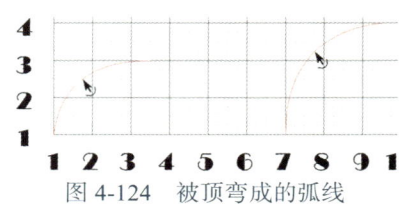

图 4-123　两条斜线　　　　　　图 4-124　被顶弯成的弧线

（4）对这两线进行框选、复制和粘贴操作，选择"变形"→"水平翻转"，再将两条弧线拖动到对应的半弧上组合成大小各异的圆弧线；锁闭该图层后关闭该文件夹，如图4-125和图4-126所示。

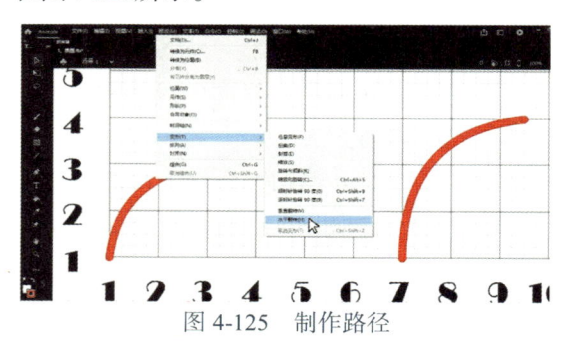

图 4-125　制作路径　　　　　　图 4-126　组合成的圆弧线

**第3步**：构建全场弧形。

（1）制作半弧形绿点。

① 解锁"2演员夹"→"绿点演员"图层，在该图层的第4帧中复制任意一颗绿色坐标点，粘贴到第5帧图层以后，将其拖动到坐标弧线处。

② 再使用相同方法复制并粘贴共24颗"绿点"到弧线上，形成半圆，如图4-127所示。

（2）构建全场弧形坐标点，编序命名。

用框选方法，选择大小两条完整的弧形坐标点进行复制并粘贴，形成全场弧形点位队形，在"数据"图层中绘制数据框，输入数据并为其命名，如图4-128所示。

# 第4章 团体操队形坐标点位图

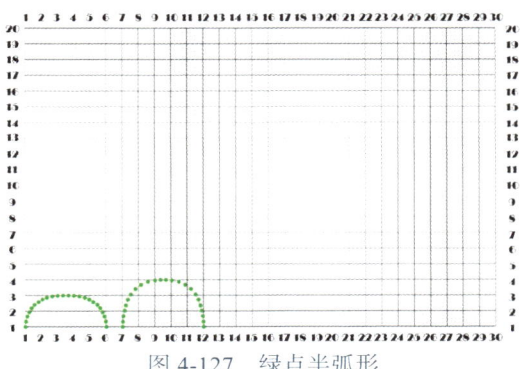

图 4-127 绿点半弧形

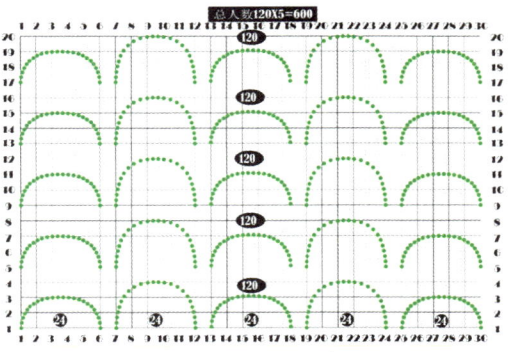

图 4-128 数据和命名

示例6：构建"波浪形（1/2排列）"队形

**第1步**：启动文档。

打开"圆弧队形图"文档，在"1场地夹"→"5名称夹"的第6帧处插入关键帧。再到"2演员夹"→"3道具夹"→"4数据夹"的第6帧处插入空白关键帧。

波浪形

**第2步**：创建波浪线。

（1）单击✏工具，解锁"4数据夹"→"参考线1"图层并单击第6帧，设置参考线属性：颜色（黑）、大小（0.1）。从坐标轴(1,6)处开始，拖动鼠标左键绘制第一条短直线到坐标位(5,6)；然后将其顶弯成短弧线，弧形顶坐标点(3,7)，如图4-129和图4-130所示。

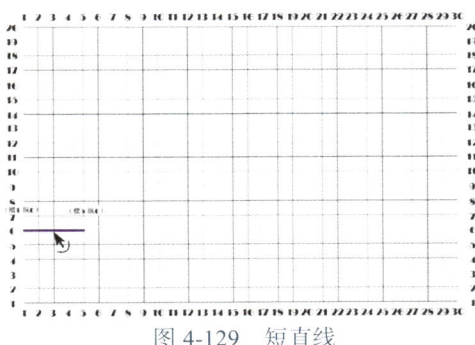

图 4-129 短直线

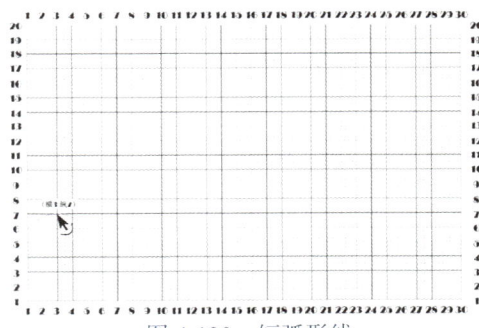

图 4-130 短弧形线

（2）选择半弧线复制并粘贴后水平翻转，拖动到对应的半弧上组成波浪线，如图4-131所示。

**第3步**：构建波浪坐标点，场地内坐标格设置为"16宫格"。

（1）创建第一条小弧形坐标点。

① 解锁"2演员夹"→"绿点演员"图层，在该图层的第5帧中复制"绿点"，粘贴到第6帧中。复制并粘贴16颗"绿点"到弧线上（每一方格均匀排列4颗）形成第1组波浪线，如图4-132所示。

图 4-131　小弧形　　　　　　　　　　图 4-132　波浪线

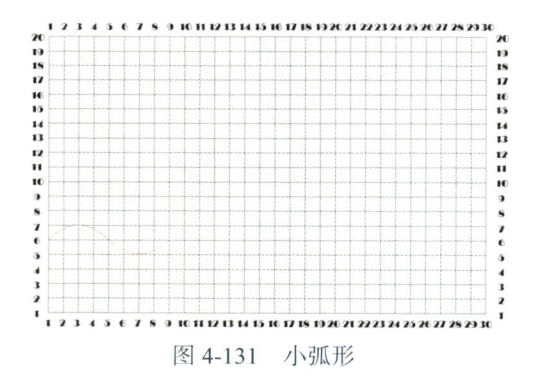

② 框选小弧线上的圆点复制并粘贴，"垂直翻转"后拖到对应的半弧上组合成波浪线，反复框选波浪线，反复复制并粘贴，如图4-133所示。

**第4步**：构建波浪队形图。

在"数据"图层中绘制底框、输入数据并命名，全场波浪队形图构建成功，如图4-134所示。

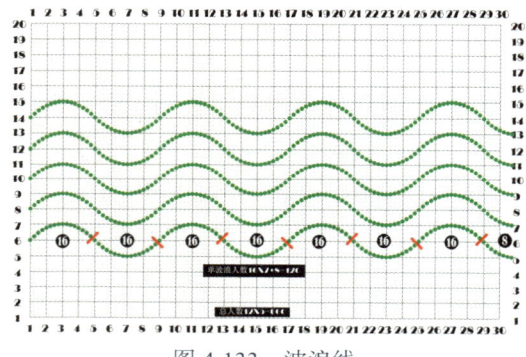

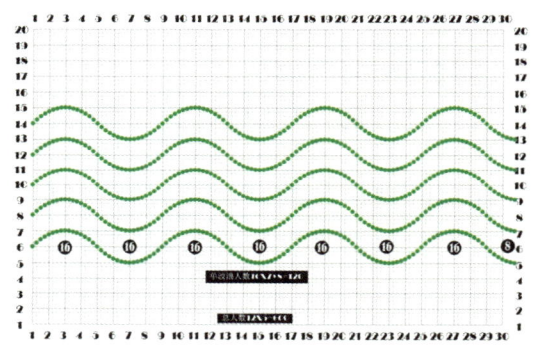

图 4-133　波浪线　　　　　　　　　　图 4-134　波浪队形图

## 4.2.5　构建"象征意义类队形"

象征意义类队形是：直观表达主题含义的队形形象。如排列组合成"花朵"形象的称为"花朵队形"，"火炬"形象的称为"火炬队形"，"欢迎"字样形象的称为"'欢迎'字样队形"等。除此之外还有徽记图案、植物图案、文字图案、数字图案、人物图案和综合性图案等。

**示例1：构建"花朵队形"**

**第1步**：创建文档。

复制并粘贴"主场地空白图纸"文档，重命名为"象征意义队形"。

打开新文档到"4数据夹"→"参考线"图层，双击 按钮新建图层，重命

花朵队形

名为"参考线1""参考线2""参考线3",舞台显示"16宫格"。

第2步：绘制花瓣和花心的"参考圆"如图4-135所示。

（1）打开"参考线1"并解锁，单击⬤工具后绘制"花瓣圆"，设置参考线属性：填充▱，颜色（蓝），大小（0.1）；宽900、高900、(540,240)。

（2）设置"花心圆"属性：填充▱，颜色（红），大小（0.1）。

① 第1个圆宽420、高420、(780,480)。

② 第2个圆宽300、高300、(840,540)。

③ 第3个圆宽180、高180、(900,600)，完成绘制后锁闭图层。

第3步：制作"1/10分界线"。

在"参考线2"图层中，绘制四圆的"垂直分界线"，设置属性：笔触（蓝）、大小（0.1）、宽0、高1140、位置(990,120)。用➤采用顶和拖拉的方法，将需要弯曲的线段制作成弧形（方法同前），如图4-136所示。

图 4-135　参考线和属性数据　　　　图 4-136　弧形分界和线段

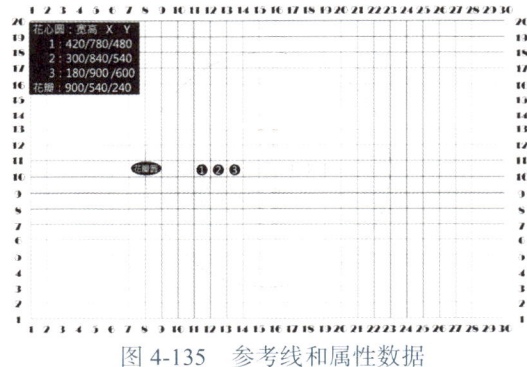

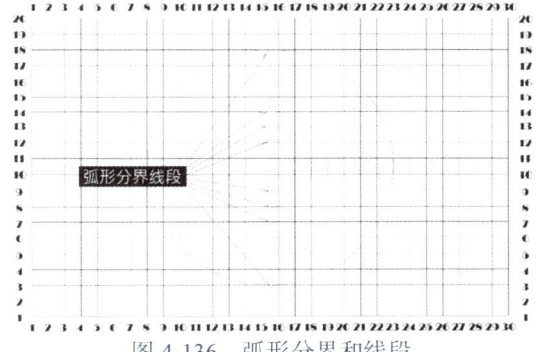

（3）完成"1/10分界线"。

① 框选第一条分界线，复制并"粘贴到当前位置"，再选择"修改"→"变形"命令，在打开的对话框中的"缩放和旋转"的"旋转"文本框中输入36°，单击"确定"按钮，形成斜分界线，如图4-137所示。

② 再次单击"粘贴到当前位置"，在"旋转"文本框中输入106°，单击"确定"按钮，出现106°斜分界线，如图4-138所示。

③ 按住【Shift】键全选36°和106°斜分界线，再按【Ctrl+C】复制组合键粘贴到当前位置，在"缩放和旋转"的"旋转"文本框中输入36°，单击"确定"按钮，完成四个圆的5条1/10分界线制作，最后锁闭图层，如图4-139所示。

第4步：制作花瓣轮廓线。

（1）绘制第1个"花瓣弧形线"。

在"参考线3"图层的舞台上绘制一条左端点：(13,14)，右端点：(15.5,18)的斜线。单击✎工具后设置属性：颜色（黑）、笔触0.1。用➤向上顶出半弧形线，框选该弧形线复制并粘贴后将其水平翻转，拖动拼接成第1瓣花瓣弧形线，如图4-140所示。

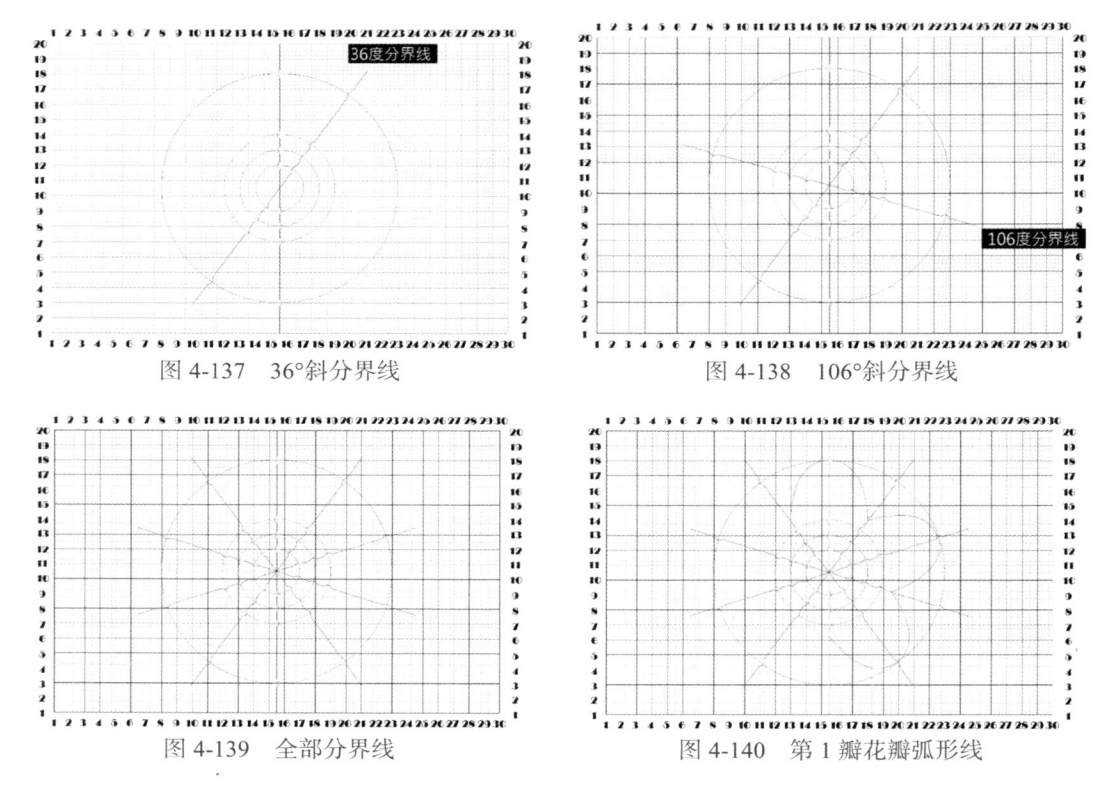

图 4-137　36°斜分界线　　　　　　　图 4-138　106°斜分界线

图 4-139　全部分界线　　　　　　　图 4-140　第 1 瓣花瓣弧形线

（2）制作其他"花瓣弧形线"。

① 框选第1瓣花瓣复制并粘贴，选择"修改"→"变形"→"缩放和旋转"→"旋转72°"命令，然后单击"确定"按钮，将其拖动并拼接为第2瓣花瓣。

② 再次粘贴第1瓣花瓣后"旋转144°"，单击"确定"按钮，将其拼接为第3瓣花瓣。如图4-141所示。

③ 先删除第1朵花瓣的左半部分，再框选舞台上所有花瓣的弧形线，复制粘贴后选择"修改"→"水平翻转"命令，将其拼接成完整的花朵弧形线，调整后锁上图层并关闭"4数据夹"，如图4-142所示。

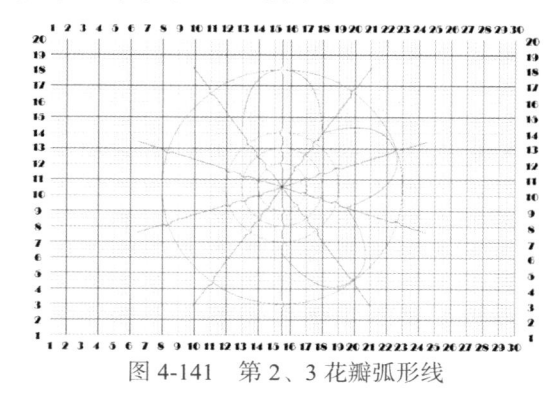

图 4-141　第 2、3 花瓣弧形线 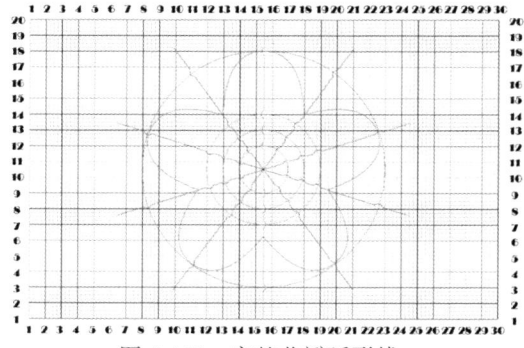　　　　图 4-142　完整花瓣弧形线

**第5步**：创建"花朵"点位图。

# 第4章 团体操队形坐标点位图

（1）打开"2演员夹"把"图层_1"图层更名为"红点演员"并解锁。绘制第一颗坐标点，设置属性：宽15、高15、颜色（红）、笔触▱，将其转换为元件。

（2）复制并粘贴21颗红点，将其拖动均匀排列在第1瓣花瓣右侧1/2的线上，第1颗位置在(13,14)处，第22颗位置在(15.5,18)处，如图4-143所示。

（3）制作其他花瓣的红点。

① 框选已做的红点，复制并粘贴再水平翻转，删除第22颗(15.5,18)的红点，将粘贴的红点拖动到右边，拼接成第1瓣花瓣，如图4-144所示。

图 4-143　第1瓣的1/2花瓣坐标点

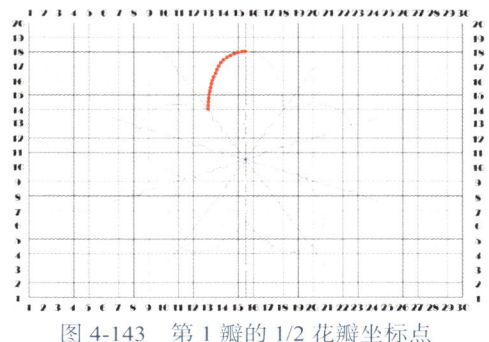

图 4-144　第1瓣花瓣形状

② 框选第1瓣花瓣，复制并粘贴后在"缩放和旋转"的"旋转"文本框中输入72°，单击"确定"按钮，将其拖动并拼接为第2瓣花瓣。

③ 再次粘贴第1瓣花瓣，旋转144°，单击"确定"按钮，拖动并拼接为第3瓣花瓣坐标点，如图4-145所示。

④ 框选第2、3个弧形坐标点(18,14)，复制并粘贴，删除(13,14)后选择"修改"→"水平翻转"命令，将其拖动到另一半位置上拼接为完整的5瓣花朵，最后锁闭图层，如图4-146所示。

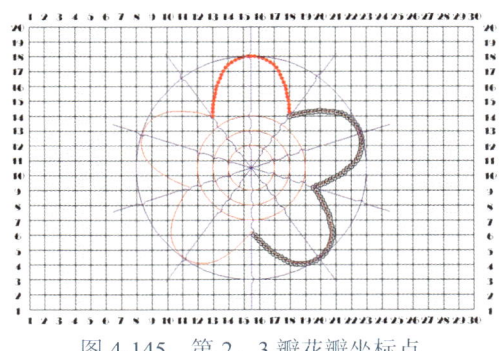

图 4-145　第2、3瓣花瓣坐标点

图 4-146　5瓣花朵

**第6步**：制作"花心"点位图。

（1）打开"2演员夹"新建"粉点演员"图层，在该图层中绘制第一颗圆点，设置属性：宽15、高15、颜色（粉）、笔触▱，将其转换为元件。

（2）用复制并粘贴的方法，将圆点均匀排列在3个花心圆的1/10参考线上。第1个花心圆8颗，第2个圆6颗，第3个圆4颗，如图4-147所示。

（3）框选3个圆弧形上的粉点，按【Ctrl+G】组合键将其组合，复制并粘贴后，选择"修改"→"变形"→"缩放和旋转"→"旋转36°"命令，在打开的对话框中单击"确定"按钮，将其拖动到相应的位置，拼接为各1/5的点位图，如图4-148所示。

图 4-147　1/10 花心点位图　　　　　图 4-148　1/5 花心点位图

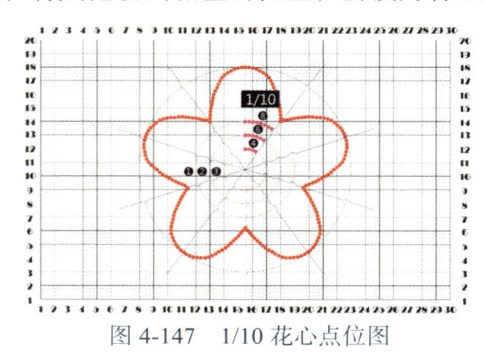

（4）制作其他粉红点点位。

① 框选1/5粉红点后复制并粘贴，选择"缩放和旋转"→"旋转72°"命令，单击"确定"按钮，将其拖动到相应的位置拼接为2/5坐标点，如图4-149所示。

② 框选2/5粉红点后复制并粘贴，选择"修改"→"变形"→"水平翻转"命令，将粘贴的圆点拖动到旁边并全选，按【Shift+Ctrl+G】组合键（取消组合），删除3个1/5圆上的第1个（粉点）。

③ 再次框选粘贴2/5的圆点后，将其拖动到相应的位置拼接为3圆各4/5花心点，如图4-150所示。

④ 全选3个圆的1/5花心点，复制并粘贴后垂直翻转，拼接为完整的花心。

⑤ 解锁"数据"图层绘制底框，输入数据和命名，锁闭所有的图层和文件夹，隐蔽"时间轴"面板保存文件，如图4-151和图4-152所示。

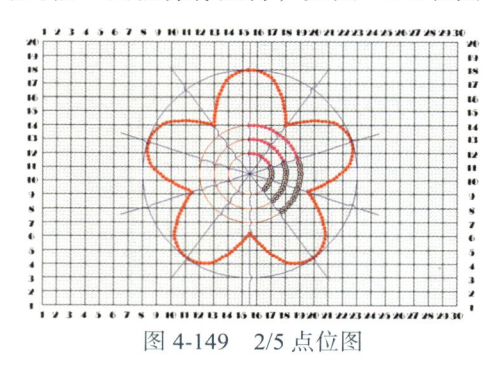

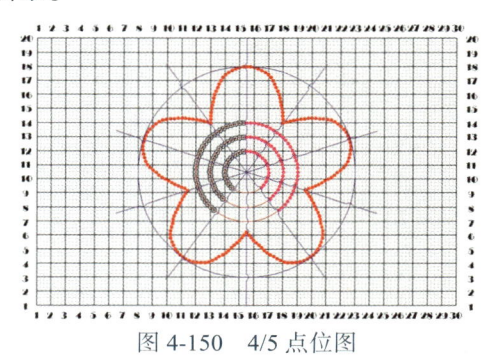

图 4-149　2/5 点位图　　　　　图 4-150　4/5 点位图

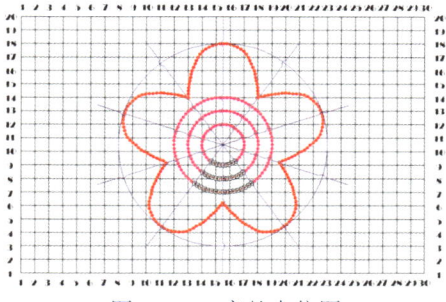

图 4-151　完整点位图　　　　　　图 4-152　编序命名

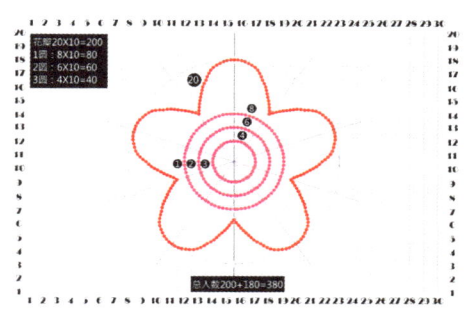

其他花朵队形展示如图4-153和图4-154所示。

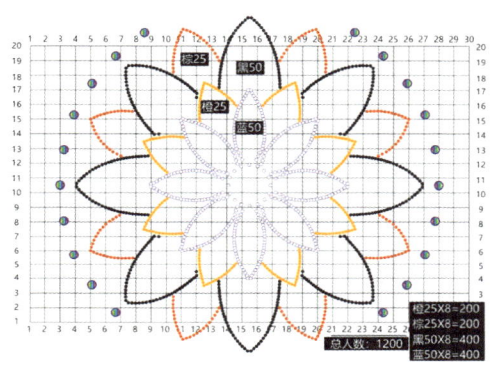

图 4-153　花朵队形展示 1　　　　图 4-154　花朵队形展示 2

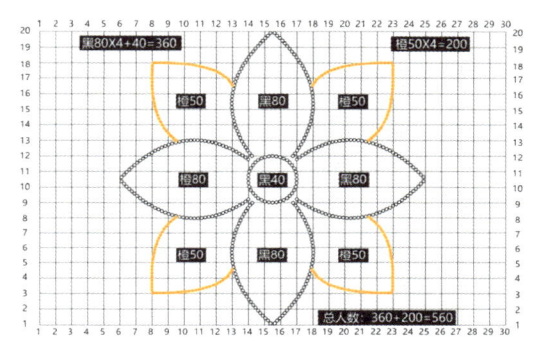

示例2：构建和平鸽队形坐标点位图

**第1步：** 启动文档。

打开"象征意义队形"文档；在"1场地夹"的"5名称夹"的第4帧处插入关键帧。在"2演员夹"→"3道具夹"→"4数据夹"的第4帧处插入空白关键帧。

和平鸽

**第2步：** 新建图层绘制轮廓线。

（1）在"2演员夹"中新建1个图层，命名为"白点演员"，舞台显示"16宫格"。

（2）在"1道具"图层中导入"和平鸽"（抠去了背景底的PNG格式图形），调整属性：宽780、高600、位置(600,300)，如图4-155所示。

（3）在"参考线1"图层中蒙图绘制"和平鸽"轮廓线，用 顶或拉成弧线后调整位置，在"3道具夹"→"1道具"图层单击 图标，对裸轮廓线进行精准调整，如图4-156所示。

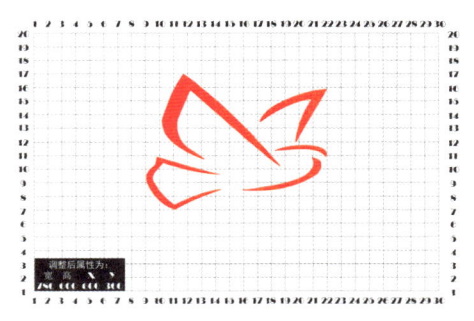

图 4-155　抠图形态和属性

**第3步：** 制作图形点位，如图4-157所示。

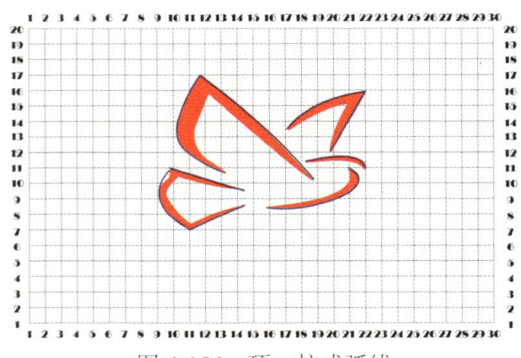

图 4-156　顶、拉成弧线　　　　　图 4-157　编序命名

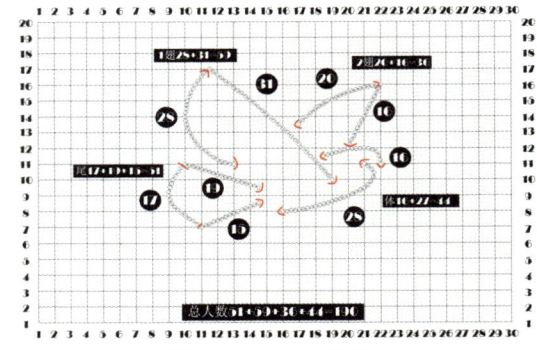

（1）在"白点演员"图层的第4帧中，绘制圆点，设置属性：宽15、高15、填充色（白）、大小（0.1），转换为"白点"元件。

（2）运用复制并粘贴逐一排列"和平鸽"轮廓线所有白色圆点（每一坐标格排列4颗点）。

（3）在"参考线4"图层中绘制红色"隔离线"，解锁"数据"图层，绘制底框并输入数据和文字，锁闭所有的图层及文件夹，隐蔽"时间轴"面板，保存文件。

**示例3：构建心形队形**

**第1步：** 启动文档。

打开"象征意义队形"文档；在"1场地夹"→"5名称夹"的第5帧处"插入关键帧"。到"2演员夹""3道具夹"和"4数据夹"的第5帧处"插入空白关键帧"。舞台显示"16宫格"。

心形和翅膀

**第2步：** 绘制图形轮廓线。

（1）在"道具夹"中新建图层，命名为"2道具"。

（2）在"1道具"图层的第5帧上，导入预先制作的"心形"抠图；在"2道具"图层第5帧上导入"单翅膀"抠图，如图4-158所示。

（3）复制并粘贴以上两个抠图，将其"水平翻转"，再分别设置属性，如图4-159所示。

① "心形图"宽660、高600、位置(660,360)。

② "左翅膀图"宽510、高540、位置(120,120)。

③ "右翅膀图"宽510、高540、位置(1350,120)。

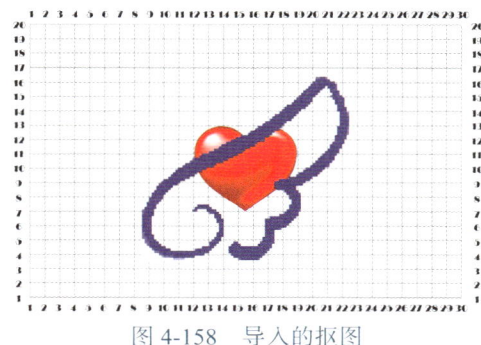

图 4-158　导入的抠图 　　　　　　　　　　图 4-159　"翅膀""心形"属性数据

（4）蒙图绘制轮廓线。

① 在"4数据夹"→"参考线1"图层的第5帧上，蒙图绘至"心形"轮廓线；将"心形图"每一线段调整到准确位置。在"参考线2"图层第5帧上蒙图绘制"翅膀图"轮廓线，如图4-160所示。

② 单击"道具1""道具2"图层中的 图标隐蔽全部图层。在"参考线2"中将调整"圆形"属性："1小圆"宽120、高120、位置(240,450)；"2小圆"宽120、高120、位置(300,540)。"大圆"宽210、高180、位置(420,480)。

（5）完成"心形图"完整轮廓线。

① 在"参考线1"图层复制"心形"半裸线，粘贴后水平翻转，拖动到左半位置组合为完整的"心形图"。

② 在"参考线2"将翅膀线条全部取消组合，删除线条上多余部分再将其组合。复制"翅膀图"线，粘贴后水平翻转，拖动到另一边组合为完整的翅膀，如图4-161所示。

图 4-160　蒙图绘制轮廓线 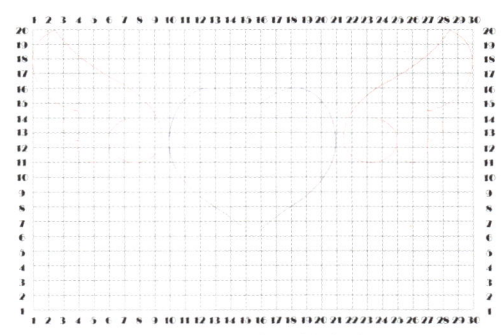　　　　　　　　图 4-161　完整轮廓线

**第3步：** 制作图形点位。

（1）在"2演员夹"→"白点演员"图层的第4帧复制1颗白点，粘贴到"左翅膀"轮廓线上，在翅膀上反复复制并粘贴完成点位制作（每一坐标格排列4颗点），将左翅膀做复制并粘贴后水平翻转，拖动到另一侧。

（2）在"红点演员"图层的第4帧复制1颗红点，粘贴到"心形"图的第5帧；"左心形"

通过反复的复制并粘贴完成（每一坐标格排列2颗点）图形点位；将"左心形"复制并粘贴后水平翻转，拖动到另一侧位置上组合为完整的实心"心形图"。

（3）单击 ✏ 工具后在"参考线4"图层中根据设计绘制"分隔线"和标注数据，如图4-162所示。

**第4步**：编序命名。

隐蔽"数据""参考线1""参考线2""1道具"图层，编序和命名，再锁闭所有图层和文件夹，保存图形文件，如图4-163所示。

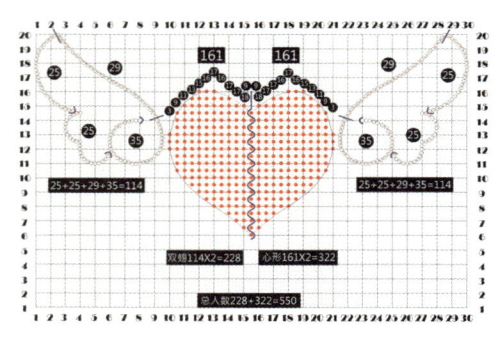

图 4-162　分界线和数据（教练训练用图）　　图 4-163　图形文件效果

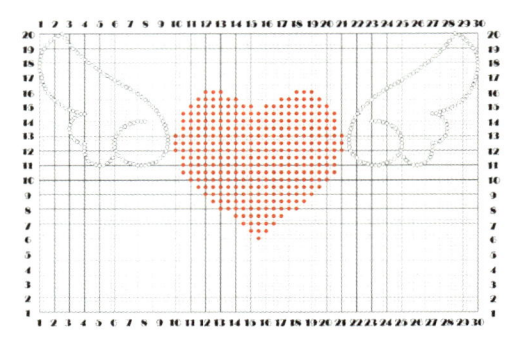

**示例5：构建火炬队形**

火炬

**第1步**：启动文档。

打开"象征意义队形"文档；到"1场地夹"→"5名称夹"的第6帧处"插入关键帧"。到"2演员夹"→"3道具夹"→"4数据夹"的第6帧处"插入空白关键帧"。舞台显示"16宫格"。

**第2步**：绘制轮廓线条。

（1）在"1道具"图层导入"火炬"抠图，按设计要求进行调整和设置属性：宽780、高1020、位置(660,120)，如图4-164所示。

（2）绘制轮廓线并调整（具体方法同前）。

① 在"参考线1"图层单击 ✏ 工具后蒙图绘出"火炬图"轮廓线，单击 ▷ 工具后将每一线段调整到准确位置。

② 在"1道具"图层中隐蔽"抠图"，在"把手部分"的内框中绘制3条直线（共5条），如图4-165所示。

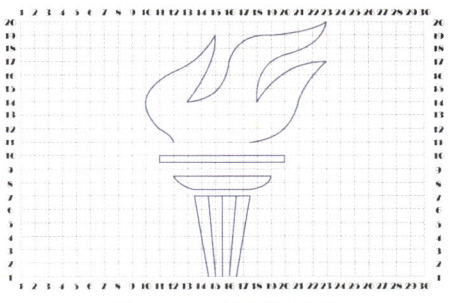

图 4-164　火炬抠图　　　　　　　　图 4-165　绘制轮廓线

**第3步：** 创建圆点点位。

（1）在"黄点演员"图层的第2帧中复制1颗圆点后粘贴到第6帧。设置属性：颜色（橙）。复制并粘贴制作"把手部分"轮廓线点位（每一坐标格排列4颗点）。

（2）在"红点演员"图层的第5帧中复制1颗圆点后粘贴到第6帧，通过复制并粘贴完成火苗部分点位排列（每一坐标格排列4颗点）。

（3）在"参考线4"图层中绘制蓝色分隔线段，如图4-166所示。

**第4步：** 编序命名。

隐蔽"参考线1、2"图层的全部参考线，编序并命名，锁闭所有图层后保存文件，如图4-167所示。

图 4-166　点位和分割线　　　　　　图 4-167　编序命名

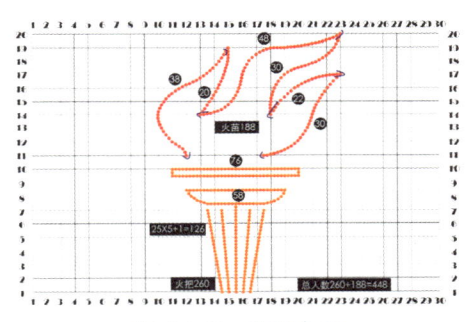

**示例5：构建字样队形（备注：2个视频）**

**第1步：** 启动文档。

复制并粘贴"田+主空白图纸"，重命名"欢迎队形"，舞台显示"16宫格"。

**第2步：** 添加图层。

解锁"2演员夹"→"图层_1"图层，单击 ➕ 按钮2次新建图层，分别命名为"紫""黄""橙"。解锁"4数据夹"→"参1"图层，单击 ➕ 按钮1次新建图层，命名为"参2"。把"参1"图层向下拖动到"1场地夹"最下的位置，如图4-168和图4-169所示。

欢迎字样

**第3步**：制作"欢迎"字样。

(1) 解锁"参1"图层并单击第1帧。单击 T 工具后设置字的属性：字符（华文隶书）、大小（200）、填充色（黑），在舞台中央输入"欢迎"二字，如图4-170所示。

(2) 选择"欢迎"字样，第1次单击"修改"→"分离"命令，把"欢迎"两字形成独立的文字；第2次选择"分离"命令则呈现灰黑点状（图形即像素点状）。把它们进行颜色调整：(柠檬黄)。分别把两个字单独"组合"便于后续工作，如图4-171所示。

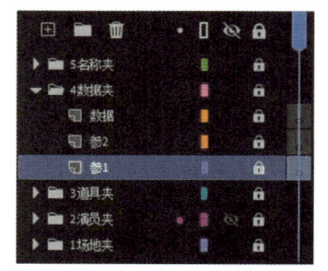

图 4-168　"参1"交换前位置　　　　图 4-169　"参1"交换后位置

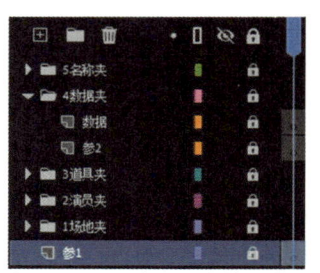

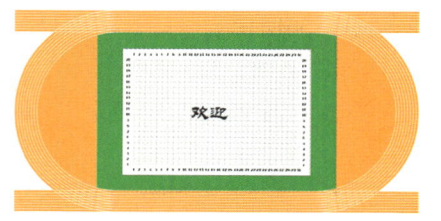

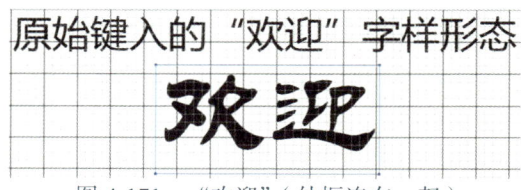

图 4-170　原始"欢迎"（全图）　　　　图 4-171　"欢迎"（外框连在一起）

(3) 重设"欢迎"两个字的属性："欢"宽600、高720、位置(1500,600)；"迎"宽600、高720、位置(2280,600)，如图4-172所示。

**第4步**：制作"欢迎"点位图。

(1) 解锁"紫点"图层，单击 ● 工具后设置圆点属性：宽15、高15、填充色（紫）、笔触色☒，绘制"紫色圆点"并将其转换为元件。

(2) 用复制并粘贴的方法，在"欢迎"字样图形范围内排列圆点（横向4个圆点，纵向2个圆点），完成后锁闭图层，如图4-173所示。

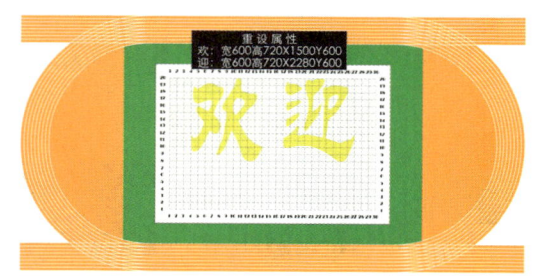

图 4-172　"欢迎"完成后形态　　　　图 4-173　"欢迎"图形点位

**第5步**：制作"光芒"点位图

（1）在"2演员夹"→"紫"图层中单击 图标隐蔽"欢迎"，在"参1"图层中删除"欢迎"图形，将其拖回"4数据夹"。在"参1"图层中绘制单边光芒线，如图4-174所示。

（2）在"2演员夹"→"黄"图层中绘制圆点，设置属性：填充色(柠檬黄)、笔触色 、大小宽高各15，将其转换为元件。运用复制并粘贴的方法在每条线上排列22颗圆点（2点排列），如图4-175所示。

（3）复制并粘贴所有光芒线后水平翻转，拖动到场地另一侧后删除"光芒"参考线。

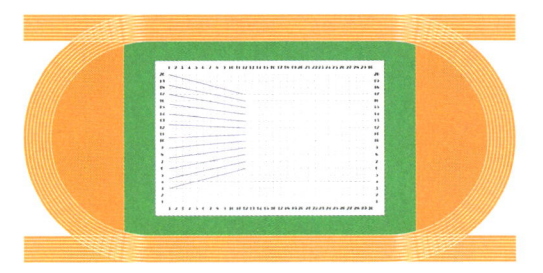

图4-174　单边"光芒"参考线　　　　图4-175　单边"光芒"点位

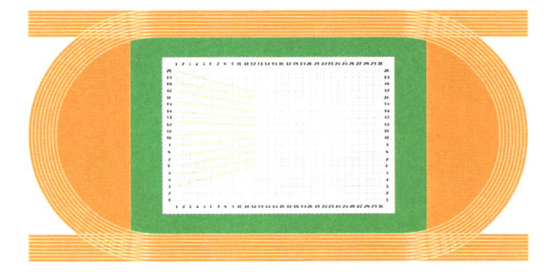

**第6步：**制作"手形"点位图。

（1）打开"4数据夹"→"参1"图层绘制"手形"参考线，完成后锁闭全部图层，舞台显示"9宫格"。解锁"2演员夹"→"黄点"图层，复制1颗黄色圆点，设置颜色（橙）后锁闭该图层。

光芒与手型

（2）解锁"橙"图层粘贴后拖动到"手形"参考线中。用复制并粘贴的方法（3点排列）完成单边"手形"点位；再复制并粘贴并水平翻转，完成双边"手形"图的制作，如图4-176和图4-177所示。

图4-176　"手形"外框线　　　　图4-177　"手形"点位图

**第7步：**绘制底框并命名。

在"4数据夹"中绘制底框、输入数据并保存，单击 图标隐蔽全部数据，如图4-178和图4-179所示。

图 4-178　底框和数据 　　　　　　　　　图 4-179　完整效果图

提示：本书所有带"数据和分割线"的示意图适用于教练（帮助用来进行分组和分区域的组织和教学），无数据的示意图适用于学生或表演者。

其他象征意义队形点位图展示，如图4-180～图4-185所示。

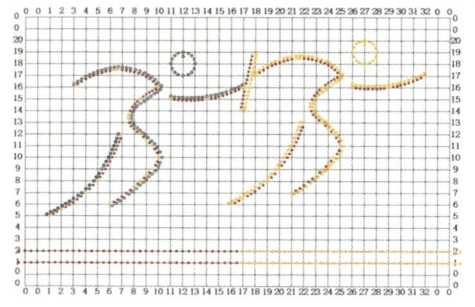

图 4-180　队形点位图展示 1 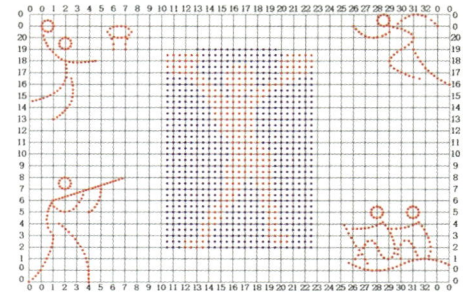　　　　　　图 4-181　队形点位图展示 2

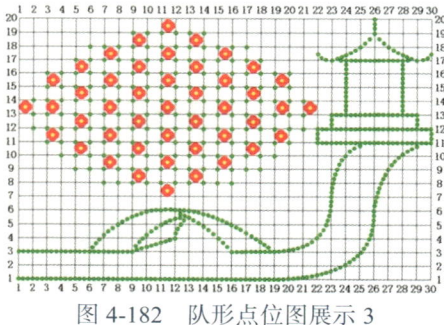

图 4-182　队形点位图展示 3 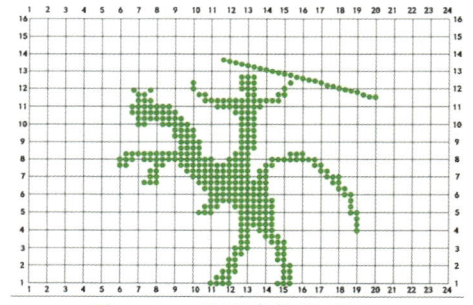　　　　　　图 4-183　队形点位图展示 4

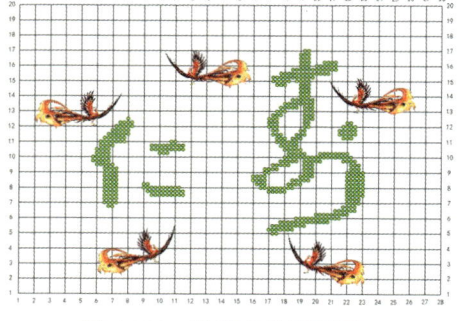

图 4-184　队形点位图展示 5 　　　　　　图 4-185　队形点位图展示 6

# 第5章

# 运用Animate制作"团体操队形动画"

运用动画的形式来展示团体操表演的队形变化，更能直观地表达编导和设计者的创作意图，展示队形变化效果和技术要求；借助"队形动画"，可使教练的工作效率更高，演员对自身在团体操中的角色重要性理解更深刻，使站位更准确，队形的变化更流畅和干净。

提示：本书所有示例中提及的"全场散点队形""全场小圆队形""全场红白双色散点队形""心形队形"或"基本模板""分界线""道具""布幅"等素材，均围绕书中涉及内容的储备进行举例（同时提供参考视频和文档模板），以帮助读者理解和学习使用。如果您需要新创建演员人数不等的文档，使用其他相关素材，则需要新构建（参考第4章：文档和队形点位构建的相关内容）。

## 5.1 动画坐标图模板

本章"动画坐标图模板"与第4章"队形坐标点位图模板"的构建方式和步骤基本相同，区别在于后者在坐标点位图的基础上，利用增加时间帧和添加运动引导层，把团体操的静止队形和图案等画面动起来。为了后续学习和设计工作的方便，我们先创建"队形动画坐标图模板"，在此基础上再制作"团体操队形动画"。

提示：本节（5.1）用"文字描述"的方式引导读者再次复习"基本文档"的构建，学习增加"时间轴"、添加"运动引导层"的方法。本书采用"主场地动画模板"来进行示例的演示。

示例1："动画模板（主）"

**第1步：** 新建文档。

双击 图标启动Animate，选择"文件"→"新建"→"角色动画"命令，在"详细信息"中重新设置属性：宽1980、高1440，其他默认；单击"创建"按钮后，在打开的对话框中另存为"动画模板（主）"。

**第2步：** 新建"传统"工作区。

单击 按钮，在"新建工作区"中单击"传统"，屏幕显示为传统工作区工作界面。

**第3步：** 设置属性。

单击 工具后单击 图标，设置文档属性：宽1980、高1440、舞台色（白）、FPS（24）。

单击 ▶ 工具后选择"视图"→"网格"→"编辑网格"命令，设置网格属性为：宽5、高5，其他默认。

第4步：新建图层和文件夹。

（1）一级图层。在"时间轴"中单击 ▇ 按钮3次，双击文件夹重命名"1场地夹""2演员夹""3杂项夹"。

（2）二级图层。

① 在"1场地夹"中单击 ▇ 按钮7次，重命名"坐标号""纵2-4""横2-4""纵3""横3""纵1""横1"。

② 在"2演员夹"中单击 ▇ 按钮1次，重命名"角色1"。

③ 在"3杂项夹"中单击 ▇ 按钮2次，重命名"参考夹""道具夹"。

（3）三级图层。

① 在"2演员夹"→"角色1"单击 ▇ 按钮1次建立新图层，重命名"红点"，鼠标右键单击该图层选择"添加传统运动引导层"，便增加一层"运动引导层"，如图5-1所示。

② 在"3杂项夹"→"参考夹"中建立4个图层，重命名"名称""数据""参考点""参考线"。

③ 在"道具夹"中建立一个图层，重命名"A"。在"A"图层中单击"添加传统运动引导层"，即增加"运动引导层"，如图5-2所示。

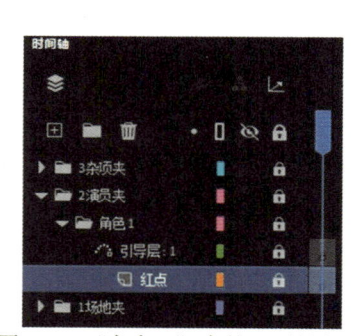

图 5-1　"角色 1"中的"引导层"　　　　图 5-2　"道具夹"中的"引导层"

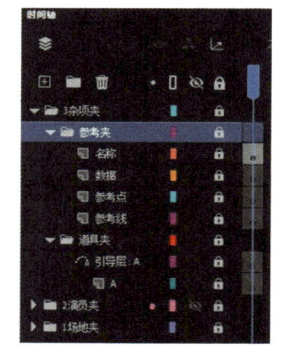

第5步：制作"动画文档空白坐标图"。

（1）复制"空白坐标图模版（主）"粘贴到存放的文件夹中，重命名"动画模板（田）"。

（2）打开"动画模板（田）"，在"1场地夹"的第1帧上复制帧，到"动画模板（主）"文档"1场地夹"的第1帧上"粘贴帧"，将"横3""纵3"图层隐蔽。

（3）运用复制并粘贴的方法，将"主场地空白图纸模板"中的"5名称夹"中所有图层复制并粘贴到"动画模板（主）"中，空白坐标图纸制作完成。

提示：请参考第 4 章"视频 1　主场地模板"的视频操作，以上示例仅增加了"添加传统运动引导层"的内容。

## 第5章 运用Animate制作"团体操队形动画"

> 示例2："动画模板（田）"

**第1步**：新建文档。

复制并粘贴"空白坐标图模版（田+主）"，重命名为"动画模板（田）"。

**第2步**：重建"2演员夹"图层。

在"2演员夹"中新建文件夹，重命名为"角色1"，拖入"2演员夹"。在"角色1"中新建图层，重命名为"红点"，拖入"角色1"，在"红点"图层上"添加传统运动引导层"即增加"运动引导层"。

小知识：如要将"红点"拖入"角色1"文件夹，则光标移到"红点"图层上，点按鼠标左键不放慢慢向上移动（拖动），当"红点"图层触及"角色1"文件夹后放开鼠标左键，此时"红点"图层会稍向右平移，与"角色1"文件夹图层形成上下错位，此时如果关闭"角色1"文件夹，则同时将"红点"图层关闭。

**第3步**：新建"3杂项夹"。

（1）删掉"4数据夹"，在"5名称夹"中新建"3杂项夹"。在"3杂项夹"中新建文件夹并命名为"参考夹"和"道具夹"。

（2）在"参考夹"中新建4个图层，命名为"名称""数据""参考点""参考线"。

（3）在"道具夹"中新建1个图层，重命名为"B"。在"B"图层上"添加传统运动引导层"便增加"运动引导层"。锁闭全部图层，选择"文件"→"保存"命令，"动画模板（田）"创建完成。

注意："1场地夹"内容保持原"空白坐标图模版（田+主）"的设计不变动。

## 5.2 常用队形的动画制作

"常用队形"主要指在团体操表演中最常用、最简单和最基本的队形变化。有密集与分散、合并与分离、分裂与拼接、分段变队、分区变队和变形变队六大类。

### 5.2.1 密集与分散

密集（缩小）是指将各种分散的、大的队形，根据需要在不改变方向和位置的基础上，有规律地靠拢或缩小的队形形式。分散（扩大）的意思与密集（缩小）相反。

> 示例1："散点-密集-方-散点"

**第1步**：新建文档。

复制并粘贴"动画模板（主）"后，重命名为"散-密-方-三角菱形"；启动文档，场地显示"16宫格"。

散-密-方-散

第2步：制作"散点队形"。

在"2演员夹"→"角色1"→"红"图层中绘制"圆点"，设置属性：宽15、高15、填充色（红）、笔触色☑，将其转换为元件，通过反复地复制并粘贴，将600颗"红点"均匀排列在"基本坐标格"上，完成后锁闭图层，如图5-3所示。

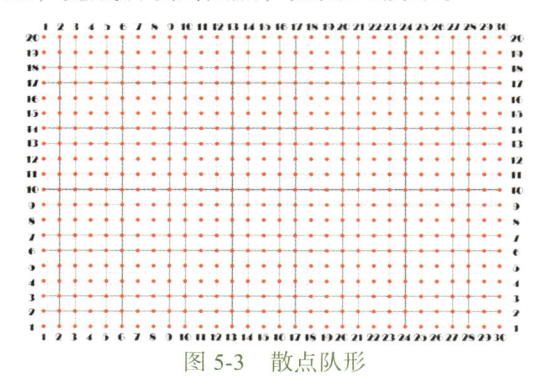

图 5-3　散点队形

第3步：分散到图层。

解锁"2演员夹"→"角色1"→"红"图层并单击第1帧并全选"红点"，如图5-4所示。选择"修改"→"时间轴"→"分散到图层"命令，将所有"红点"自动分散到600个图层中（每图层1颗红点），如图5-5所示。

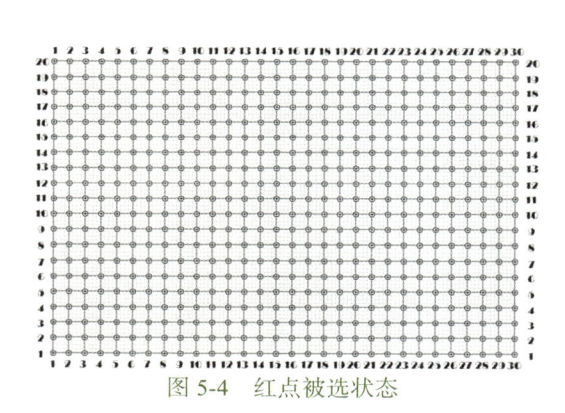

图 5-4　红点被选状态　　　　　　　图 5-5　分散到图层显示

第4步：增加时间帧。

打开"1场地夹"（不解锁），拖动"时间帧滚动条"到第450帧处，用复选方法将全部图层的第450帧选上并插入关键帧。打开"2演员夹"→"角色1"图层，复选全部图层的第50帧并插入关键帧。

第5步：创建"传统补间"动画。

复选全部"红"图层的第50帧，光标移到"红点"最上一层的第50帧处，单击鼠标右键，在弹出的快捷菜单中选择"创建传统补间"命令，此刻全部"红"图层的底色由"灰色变浅蓝色"，示意创建成功。

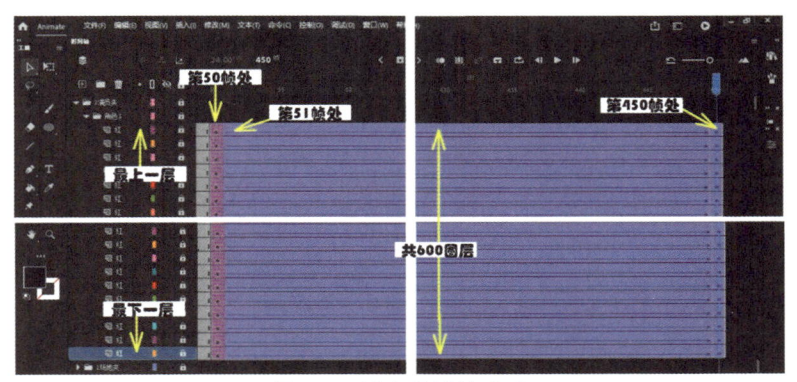

图 5-6 插入关键帧成功

第6步：增加"2演员夹""时间帧"（动画效果："红点"移动150帧）。

把"时间轴滚动条"拖动到第200帧处，复选"角色1"全部图层并插入关键帧，图层底色变为"蓝色或紫色"同时出现横向贯穿的箭头"→"，表示创建成功，如图5-6所示。

提示："图层帧"复选方法：按住【Shift】键的同时单击"某图层第 X 帧"，再单击"某图层第 X 帧"，如果该文件夹内的全部图层的"第 X 帧"改变底色，就表示复选成功。

第7步：制作"散点-密集"点位。

（1）解锁"角色1"中的全部"红"图层，锁闭"运动引导层"，关闭"时间轴"面板（关闭前要确认一下当前帧是第200帧），扩大舞台。

（2）中心的"4颗"红点不动，其余"红点"在不改变原有相互位置关系的前提下，按"2点排列组合"方式向中间密集靠拢（具体移动方法见视频），效果如图5-7和图5-8所示。

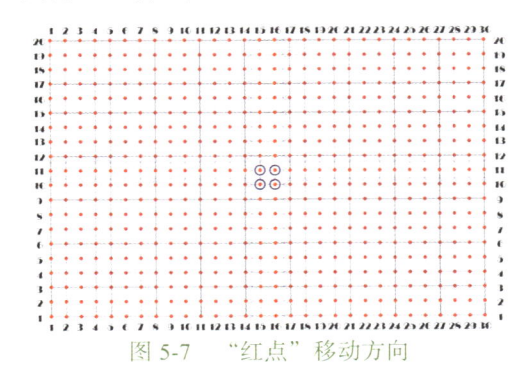

图 5-7  "红点"移动方向　　　　图 5-8  密集队形（移动结束效果）

第8步：增加"2演员夹""时间帧"。

把"时间轴滚动条"拖动到第250帧处，复选"角色1"中的全部图层（含"传统运动引导层"）并插入关键帧，呈现"实心黑点"即插入帧成功。

第9步：制作"密集-散点"点位。

回到第50帧处（散点队形），全选"红"图层并复制帧。到第400帧处复选全部图层后粘贴帧。最后到第450帧处插入关键帧，保存并关闭文档。

**第10步：** 导出动画影片。

（1）在"控制"中单击"播放"键，测试一次动画，成功后锁闭全部图层。

（2）删除"参考线"图层，删除"横1""纵1""横3""纵3""横2-4"和"纵2-4"图层。

（3）导出动画影片并命名和保存。

（4）恢复"横1""纵1""横3""纵3""横2-4""纵2-4"后，锁闭全部图层和文件夹。

提示：为了导出的动画画面流畅干净，在该步骤动作（2）中暂时删除以上文件夹和图层，等动画导出后需要再次恢复（4）图层和文件。

示例2："散点-密集-三角菱形"

**第1步：** 创建文档。

复制并粘贴"散-密集-方"，重命名为"散-密集-三角菱形"并打开该文档。打开"2演员夹"→"角色1"图层。

散-密-三-菱

**第2步：** 删除"时间帧"。

到第51帧处单击"红"图层的最上层和最下一层，再拖动"时间轴滚动条"至第450帧处，全选后删除帧（与本队形变化无关的"时间帧"），如图5-9所示。

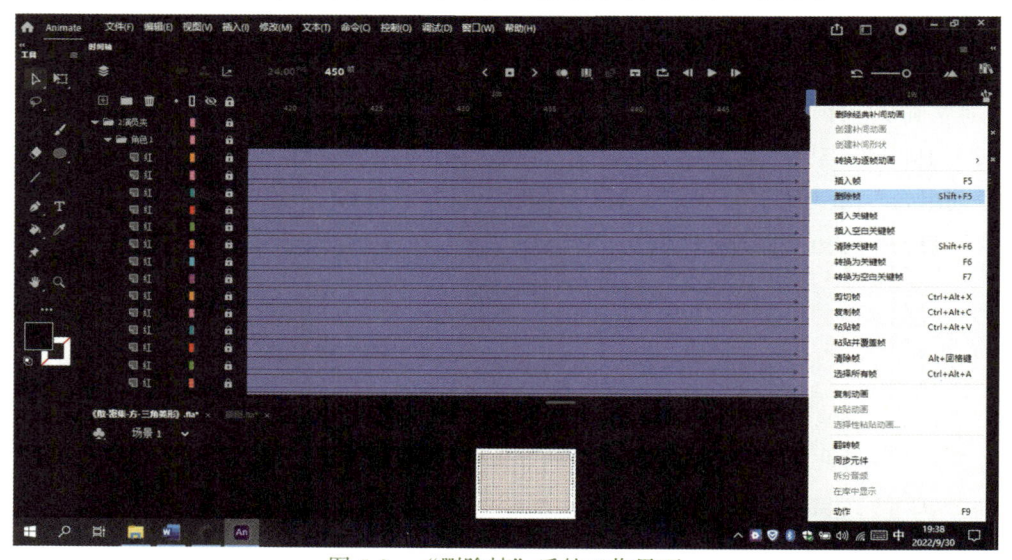

图 5-9 "删除帧"后的工作界面

提示：此处删除的起点是"第51帧"而不是"第50帧"，因为第50帧是拥有散点队形的关键帧，50帧之后的动画是以该队形为基础变化的；另外前面模板已经在"第50帧"创建了"补间动画"，故后续动画的制作就不需要再做"创建补间动画"这一动作。

**第3步：** 添加"时间帧"。

拖动"时间轴滚动条"到"红"图层的第200帧处，复选全部"红"图层并插入关键帧。

**第4步：** 绘制"隔离线"和"三角菱形"。

（1）在"2演员夹"中单击 ➕ 按钮，新建图层并重命名"隔离线"，在该图层的第200帧处插入空白关键帧，再将该层原来的第201至450帧全部删除，如图5-10所示。

（2）单击"隔离线"的第200帧，绘制"隔离线"后锁闭图层（此处是散点变"三角+菱形"的结束队形，也是队形变化的"结束帧"），如图5-11所示。

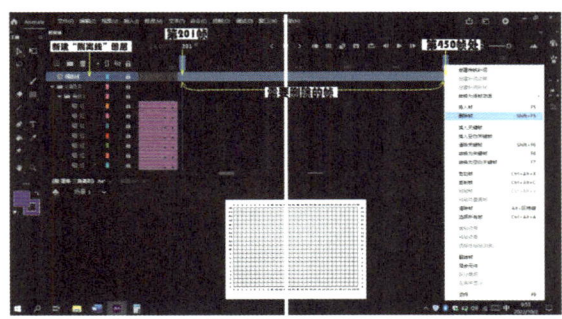

图5-10　删除多余的帧

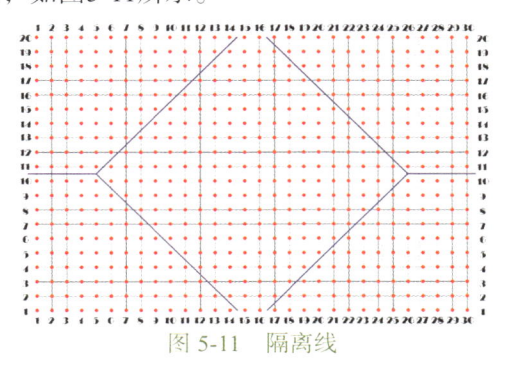

图5-11　隔离线

（3）解锁"2演员夹"，在隔离线范围分别将四周的"三角"，中心的"菱形"按（2点排列）的方法"拖动、组合密集"形成如下队形，锁闭"2演员夹"后并保存，如图5-12所示。

提示：视频中有50帧画面停顿的时间（200至250帧），是便于队形与队形之间有间隔或有表演，可以根据需要加长或缩短停顿的帧数。

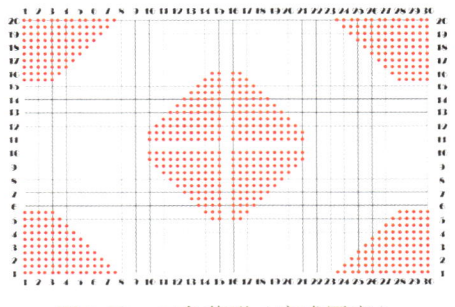

图5-12　三角菱形（完成图案）

**第5步：** 制作"三角菱形-散点"队形。

（1）拖动"时间轴滚动条"至"红"图层的第250帧处，复选全部图层并插入关键帧。

（2）再复制第50帧的全部"红"图层，粘贴至第400帧处。

（3）在第450帧处的全部图层插入关键帧（具体方法同前）。

**第6步：** 导出动画影片。

（1）单击第1帧后按【Enter】键或单击播放键测试一遍动画，完全无误后锁闭全部图层，然后删除"参考线""横1""纵1""横3""纵3""横2-4""纵2-4"等图层。

（2）导出动画影片，命名并保存，恢复"横1""纵1""横3""纵3""横2-4""纵2-4"，锁闭全部图层和文件夹。

## 5.2.2　合拢与分开

合拢是指将各种分散的、小的队形，根据需要合并成相对集中和大的队形。通常由"散点""小排""短行""小弧形""小圆""小的带角"等队形快速、有规律地靠拢而形成所需队形的形式。"分开"的表现形式与其相反。

示例1："全场散点合并成横队及还原"

**第1步：** 创建文档，增加时间帧。

（1）复制并粘贴"动画模板（主）"并重命名为"散-合-横"，启动该文档，删除"3杂项夹"，舞台显示"16宫格"。

（2）打开"1场地夹"复选全部图层，拖动"时间轴滚动条"到第500帧处插入关键帧。复选"1场地夹"第500帧的全部图层，将其拖动到第650帧处，锁闭"图层"。

提示：（2）和（3）的最终目的是在第650帧处插入关键帧，之所以先在第500帧插入关键帧是因为时间轴滚动条不能一次向右拉到第650帧的位置。

**第2步：** 创建散点队形。

（1）打开"散点-密集三角菱形-散点"，此时时间轴下显示"散-合-横"和"散点-密集-三角菱形-散点"两个文档，亮色字体的文档处于编辑状态。

（2）打开"2演员夹"→"角色1"图层，单击"红"图层的第1帧，全部复选并鼠标右键单击"复制帧"备用。

（3）切换到"散-合-横"界面，单击"红"图层的第1帧，然后粘贴帧，600层散点坐标点创建成功。

**第3步：** 增加"时间帧"。

拖动滚动条到"红"图层的第50帧处，复选全部图层并插入关键帧；再复选第50帧处的全部图层，并创建传统补间。拖动滚动条到达"红"图层的第200帧处，复选全部图层并插入关键帧。

**第4步：** 制作"横队"队形、添加"时间帧"。

（1）解锁"2演员"图层，横向框选双数排散点，如图5-13所示。

（2）按任意散点后向前拖动到单数排左侧1/2处，形成"横队队形（2点排列）"，如图5-14所示。

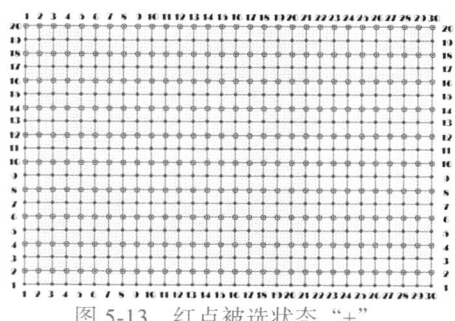

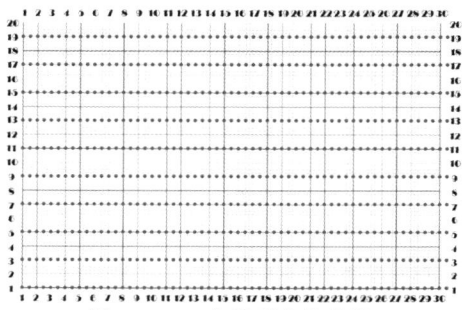

图 5-13 红点被选状态 "+"　　　图 5-14 2点排列密集横队

（3）拖动滚动条到"红"图层的第250帧处，复选全部图层并插入关键帧。

（4）拖动"时间轴滚动条"到"红"图层的第400帧处，复选全部图层并插入关键帧。

**第5步：** 制作"横队（4点排列）"队形（动画效果：红点移动150帧）。

（1）在第400帧处横向框选3、7、11、15、19横排"红点"，如图5-15所示。

（2）单击 ▶ 工具后将其拖动到单数排左侧1/4处，形成横队队形（4点排列），如图5-16所示。

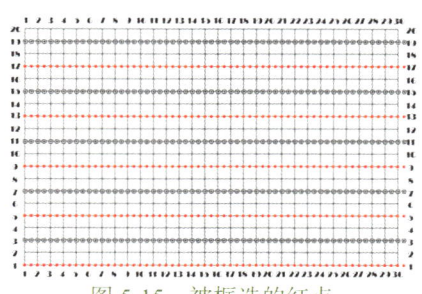

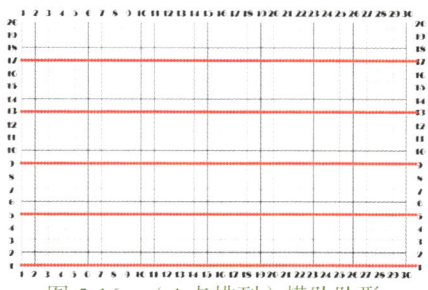

图 5-15　被框选的红点　　　　　图 5-16　（4点排列）横队队形

**第6步：** 制作"横队-散点"。

（1）增加"红"图层到"450帧"处，在第400帧至第450帧处队形静止不动。

（2）全选第50帧全部图层并复制帧，到第600帧处粘贴帧。

（3）在第650帧全部图层处插入关键帧，动画制作完成。

**第7步：** 导出动画影片。

单击第1帧后按【Enter】键或单击播放键测试一遍动画，成功后暂时删除"横坐标3""纵坐标3"图层，导出动画影片并命名为"散-合-横"；恢复"横坐标3""纵坐标3"，锁闭全部图层和文件夹。

散-合-纵

示例2："全场散点合并成纵队及还原"

**第1步：** 创建文档。

复制"动画模板（主）"重命名"散-合-纵"并启动该文档，删除"3杂项夹"。

**第2步：** 复制并粘贴"散点"。

打开"散-合-横"文档，复制第1帧全部"红点"，粘贴到"散-合-纵"文档中的第1帧处。

**第3步：** 增加"时间帧"。

（1）在"1场地夹"图层，增加"时间帧"至450帧并插入关键帧。

（2）在"2演员夹"图层，增加"时间帧"至50帧并插入关键帧。

（3）在"2演员夹"图层，再增加"时间帧"至200帧并插入关键帧。

**第4步：** 制作"纵队（3点排列）"队形。

（1）将场地设置为"9宫格"，框选纵向1、4、7、10、13、16、19、22、25、28路散点，将其拖动至左侧散点的后1/3位置处，如图5-17和图5-18所示。

图 5-17　纵向被选散点　　　　　　　　图 5-18　拖动后的队形

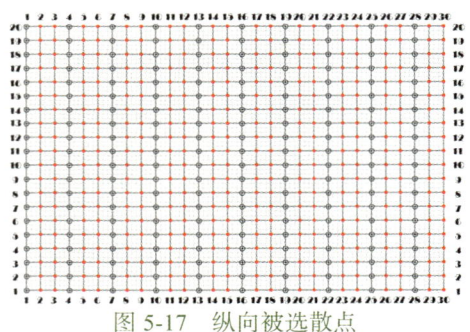

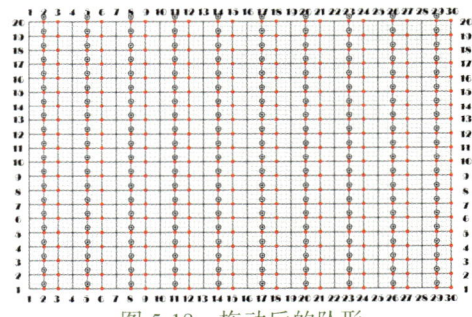

提示：此处的"左和右"是以演员（红点）本身的左右方向定义的，目的便于教练指挥，方便现场的学习和排练。

（2）框选纵向3、6、9、12、15、18、21、24、27、30路散点，将其拖动至右侧散点后2/3位置，如图5-19和图5-20所示。

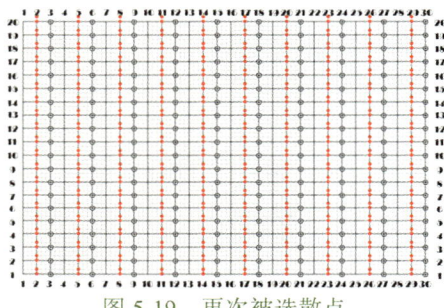

图 5-19　再次被选散点　　　　　　　　图 5-20　密集队形

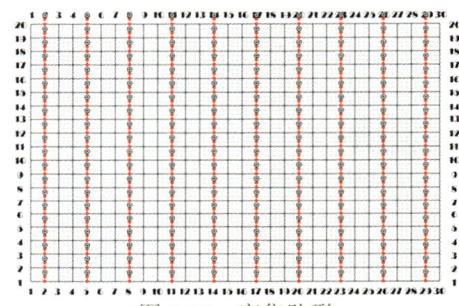

（3）在"2演员夹"图层，增加"时间帧"到250帧并插入关键帧。

第5步：制作"纵队-散点"。

全选第50帧全部图层并复制帧，粘贴帧至第400帧的全部图层。至第450帧的全部图层处插入关键帧。

第6步：导出画影片。

单击第1帧后按【Enter】键或单击播放键测试一遍动画，成功后暂时删除"横2-4""纵2-4"图层，导出动画影片并命名，恢复"横2-4""纵2-4"，锁闭图层和文件。

## 5.2.3　分裂与拼接类

分裂是指由集中的、密集的大队形，根据设计的需要，被部分或整体的分裂开从而变成小队形的一种方法，拼接队形的变化反之。

## 示例1:"三角"分裂成"菱形三角"

**第1步:** 创建和启动文档。

复制并粘贴"动画模板(主)"后重命名"三角-裂-菱三-拼还原",启动该文档,场地宫格线显示"16宫格"。打开"1场地夹"在全部图层的第450帧处插入关键帧,完成后锁闭"1场地夹"图层。

**第2步:** 创建"三角"队形。

(1)解锁"3杂项夹"→"参考夹"→"线"图层并单击第1帧,单击 ✏ 工具后在坐标点(15.5,4)、(3.5,16)、(27.5,16)绘制"三角区域线",如图5-21所示。

(2)解锁"2演员夹"→"角色1"→"图层_1"图层,重命名为"红"并单击第1帧,单击 ● 工具后绘制圆点并转换为元件。设置属性:宽15、高15、填充(红)、笔触(无)。

(3)在"三角区域线"内按设计的位置和数量(本例为600颗),用复制并粘贴方法,创建"三角"队形(2点排列),然后锁闭图层,如图5-22所示。

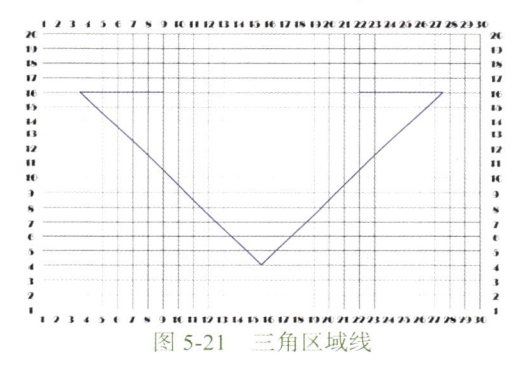

图 5-21 三角区域线　　　　图 5-22 三角队形点位图

**第3步:** 分散"红点"到图层。

选择"红"图层,选择"修改"→"时间轴"→"分散到图层"命令,锁闭"角色1"。

**第4步:** 增加"红"图层时间帧。

(1)复选全部第50帧并插入关键帧。

(2)复选第50帧处全部图层并创建传统补间,此刻600个图层第50帧处全部变色。

(3)增加"时间帧"至200帧并插入关键帧,用复选方法将201帧至450帧全部删除。

(4)解锁"2杂项夹"→"参考夹"→"参考线"图层,在第200帧处插入关键帧,此时第1帧的三角形参考线被复制至第200帧。将三角形参考线修改为"菱形区域线",删除三角区域线多余部分后,锁闭图层,如图5-23所示。

**第5步:** 分裂"大三角"形成"菱形+三角"(动画效果:静止不动50帧)。

(1)解锁"角色1"图层,在第200帧处,分别将"菱形""三角形"拖动到设计位置处(框选、点选和复选),完成后锁闭图层,如图5-24所示。

(2)在"角色1"全部图层第250帧处插入关键帧,单击参考线图层第200帧,删除"参考线"。

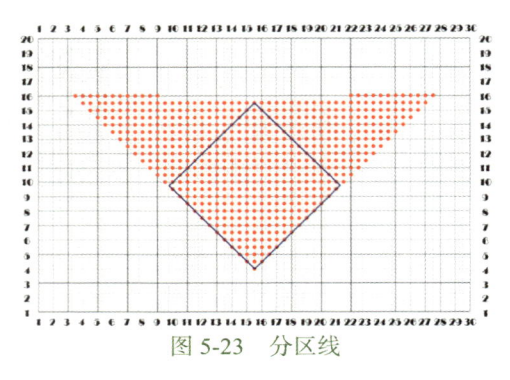

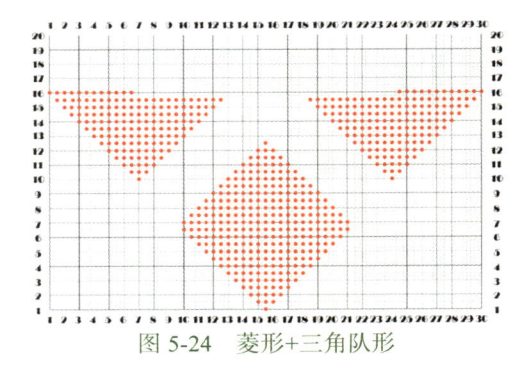

图 5-23　分区线　　　　　　　　　图 5-24　菱形+三角队形

**第6步：** 制作"菱形三角"还原成"三角形"（动画效果：移动150帧、静止50帧）。

（1）在第50帧处复选全部图层并复制帧，在第400帧复选全部图层并粘贴帧。

（2）在第450帧处复选全部图层并插入关键帧。

**第7步：** 试播动画检查无误后，暂时删除"横3""纵3"图层，导出动画影片并命名，恢复"横3""纵3"，锁闭全部图层和文件。

示例2："1大方块"分裂成"20小方块"拼接成"5方块"

**第1步：** 创建并启动文档。

复制"动画模板（主）"重命名"大方-裂-小方-拼-5方"并启动文档，场地显示"16宫格"。打开"1场地夹"在全部图层的1050帧处插入关键帧，锁闭"1场地夹"。

大方-小方-5方

**第2步：** 创建"方块"队形，该队形以600颗红点为例。

（1）解锁"2演员夹"→"角色1"→"图层_1"，重命名为"红"，绘制圆点并转换为元件，属性同前。

（2）用复制粘贴方法创建"方块"队形（2点排列），队形外框4个基准点的队形坐标点位（顺时针方向）分别是（8,15.5）、（22.5,15.5）、（8,6）、（22.5,6），如图5-25所示。

**第3步：** 分散到图层。

单击"红"图层的第1帧，选择"修改"→"时间轴"→"分散到图层"命令，锁闭"角色1"。

**第4步：** 增加时间帧创建动画。

（1）在第50帧处，全选并插入关键帧。在第50帧处的全部图层处创建传统补间。

（2）全选"红"图层的所有图层至第200帧处插入关键帧，然后将201至1050帧全部删除。

**第5步：** 绘制20小方块队形"分区线"。

解锁"3杂项夹"→"参考夹"→"参考线"图层并在第200帧处插入关键帧。绘制小方队形"分区线"，30点为1个小方块（横向6点，纵向5点）。效果如图5-26所示。

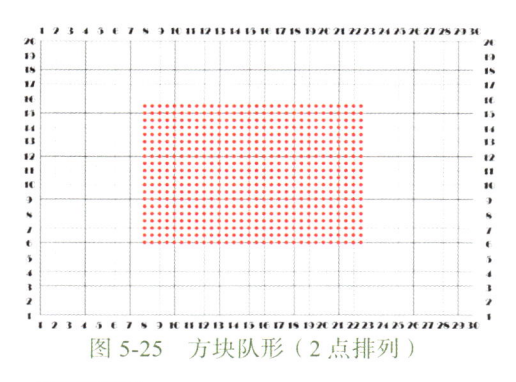

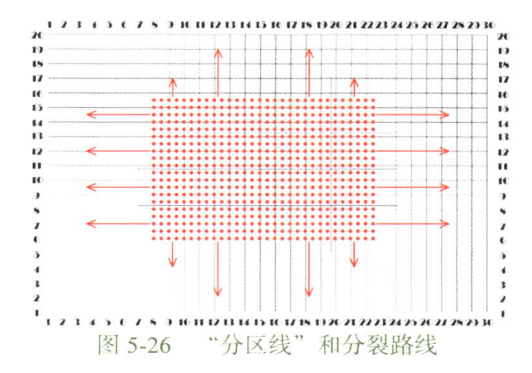

图 5-25　方块队形（2 点排列）　　　　　图 5-26　"分区线"和分裂路线

**第6步**：第一次分裂。

解锁"角色1"，单击第200帧，框选第一次需要分裂的"小方队形"红点，按设计要求拖到"过渡队形1"的位置，如图5-27所示，然后在第250帧处全选"红"并插入关键帧。

**第7步**：第二次分裂。

（1）增加"时间帧"至第400帧。框选第二次需要分裂的"小方坐标点"后，按设计要求拖到"过渡队形2"，如图5-28所示。增加"时间帧"至第450帧（动画效果：静止不动50帧）。

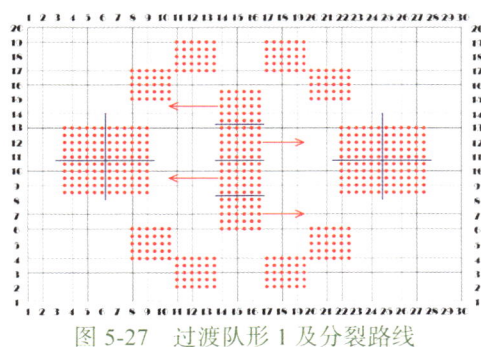

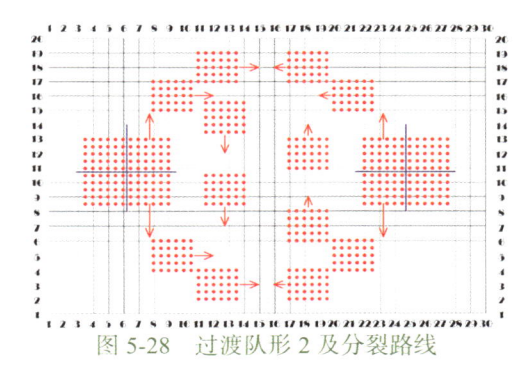

图 5-27　过渡队形 1 及分裂路线　　　　　图 5-28　过渡队形 2 及分裂路线

**第8步**：第三次分裂。

增加"时间帧"至第600帧。框选第三次需要分裂的"小方队形"红点，按设计要求拖动到位，如图5-29所示。增添"时间帧"到第650帧（动画效果：静止不动50帧）。

**第9步**：制作"20小方-5方块"队形。

（1）添加"时间帧"至第800帧，框选红点并按照路线拖动到"过渡队形1"，如图5-30所示。增加"时间帧"至第850帧（动画效果：静止不动50帧）。

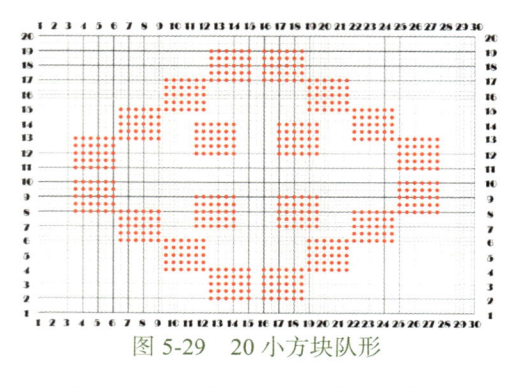

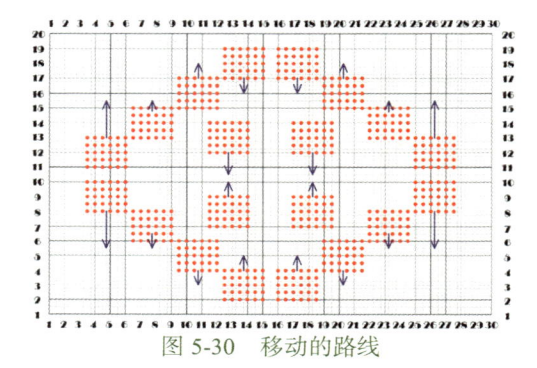

图 5-29　20 小方块队形　　　　　　　图 5-30　移动的路线

（2）添加"时间帧"至第1000帧，用框选方法按照（如图5-31所示）移动路线，拖到设计的位置，如图5-32所示。

（3）添加"时间帧"至第1050帧处并插入关键帧，保持队形静止50帧。

第10步：保存文档。

试播动画，暂时删除"横3""纵3"图层，导出动画影片并命名，恢复"横3""纵3"后，锁闭全部图层，保存并关闭文件。

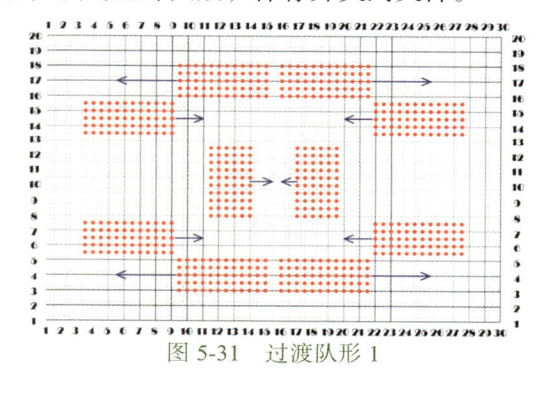

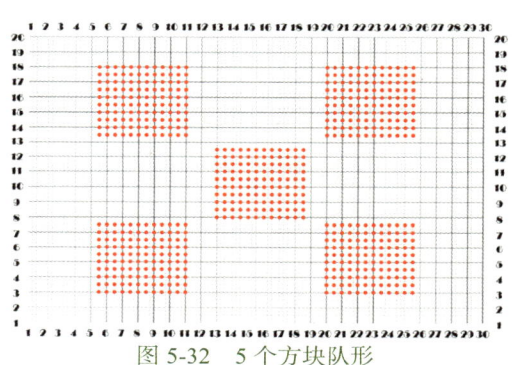

图 5-31　过渡队形 1　　　　　　　图 5-32　5 个方块队形

## 5.2.4　分段变化类

分段变化是指把密集的直线队形根据需要分成若干小段，按照一定的规律进行变化的一种表现方式，如由纵队变折线、横队变方块等。

示例1：纵队分段变化成折线队形（备注：两个视频）

第1步：创建并启动文档。

（1）复制并粘贴"动画模板（主）"并重命名"纵-分段变-折"（简称）；启动该文档。

（2）解锁"2演员夹"→"角色1"→"图层_1"图层，重命名为"蓝"并单击第1帧，单击 ● 工具绘制圆点后"转换为元件"。设置蓝点属性：宽15、高15、填充色（蓝）、场地坐标线"9宫格线"。

第2步：创建"纵队队形"（3点排列）。

在横坐标"序号"2、5、8、11、14、17、20、23、26、29点位上，用复制并粘贴方法创建"纵队"（3点排列），每路纵队60颗（共600颗），完成后锁闭图层，如图5-33所示。

第3步：分散到图层。

单击"蓝"图层第1帧，选择"修改"→"时间轴"→"分散到命令"，"角色1"内显示600个蓝点图层，然后锁闭"角色1"。

第4步：创建动画。

（1）打开"1场地夹"，在第650帧处插入关键帧。

（2）增加"2演员夹"全部图层到第50帧并插入关键帧。全选"蓝"全部图层到第50帧并"创建传统补间"。增加"2演员夹"全部图层到第200帧并插入关键帧，最后锁闭"2演员夹"图层。

注意：在"时间帧面板"上拖动时间轴滚动条至最右端，界面只能显示到第541帧，因此要在第650帧处加帧（即"插入关键帧"），需先在第535帧（或附近）处复选全部图层，再继续拖动选中的图层至第650帧，松开鼠标键时可以看到第650帧的所有图层中间都出现黑点，说明加帧成功。

第5步：绘制"分段界线"。

解锁"3杂项夹"→"参考夹"→"参考线"图层，在第200帧处插入关键帧。在"参考线"图层的第200帧处，按纵向每6个点绘制1条"分段界线"后锁闭文件夹和图层，如图5-34所示。

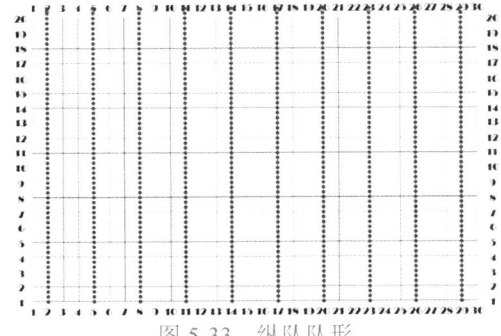

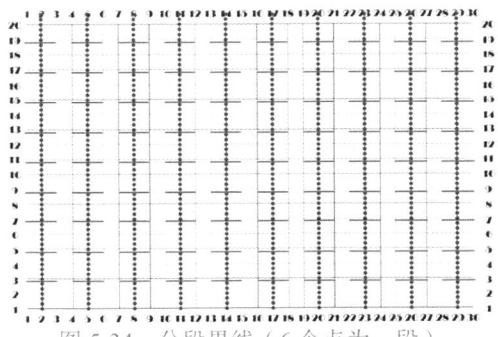

图5-33　纵队队形　　　　　图5-34　分段界线（6个点为一段）

第6步：制作"同向折线"。

解锁"2演员夹"，在第200帧处拖动"蓝点"到设计的位置，形成折线队形，如图5-35所示。在"2演员夹"和"参考线"图层增加"时间帧"到第250帧。（动画效果：静止50帧）。

同向折线

第7步：制作还原"纵队队形"。

在第50帧处复选全部图层并复制帧；在全部图层的第400帧粘贴帧；在第450帧处插入关键帧。

第8步：制作"反向折线"。

（1）在"2演员夹"和"参考线"图层增加"时间帧"到第600帧。在"2演员夹"的第600帧处，按设计要求依次拖动制作反向折线菱形（具体方法见视频），全场完整队形如图5-36所示。

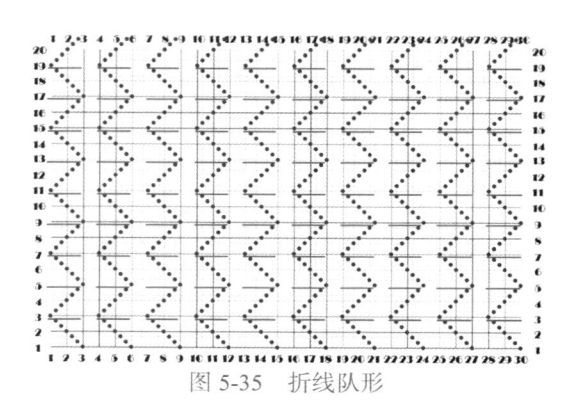

反向折线

图 5-35　折线队形　　　　　　　图 5-36　折线菱形队形

（2）增加"时间帧"到第650帧。解锁"参考线"图层，删除第600帧、第450帧和第200帧，锁闭图层。（**说明**：删除帧是为了保证后面导出影片时的视频质量。）

第9步：保存文档。

单击第1帧按【Enter】键或单击播放键测试一遍动画，成功后暂时删除"横1""纵1""横3""纵3""横2-4""纵2-4"图层，导出动画并命名，恢复"横1""纵1""横3""纵3""横2-4""纵2-4"后锁闭全部图层，保存并关闭文档。

示例2："横队分段变化成方块队形"动画（备注：两个视频）

第1步：启动文档。

复制并粘贴"动画模板（主）"，重命名为"横-分段变-方"（简称）；启动文档，场地坐标线"16宫格"。

横变方参考线

第2步：创建"横队队形"。

（1）解锁"2演员夹"→"角色1"→"图层_1"图层，重命名为"蓝"，单击第1帧后绘制圆点并转换为元件。属性设置：宽150、高15、填充色（蓝）。

（2）在纵坐标"序号"4、8、12、16、20横排上运用复制并粘贴方法，创建横队（4点排列）队形，每列120颗（共600颗），然后锁闭图层，如图5-37所示。

第3步：分散到图层。

单击"蓝"图层的第1帧，再选择"修改"→"时间轴"→"分散到图层"命令，全部显示"蓝点"后锁闭"角色1"。

第4步：增加图层"时间帧"。

（1）增加"1场地夹"全部图层，在第350帧插入关键帧。

（2）增加"2演员夹"全部图层，在第50帧插入关键帧。

（3）复选"蓝"全部图层，到第50帧处创建传统补间。

（4）增加"2演员夹"全部图层，在第100帧并插入关键帧，锁闭图层。

（5）复选"3杂项夹"中"参考夹"的"线""点"和"数据"图层，在第100帧处插入关键帧。

**第5步：** 绘制"蓝、红色分段界线"和"绿色方块参照线"。

（1）绘制"蓝、红色分段界线"。在"线"图层的第100帧处，单击✏工具后横向绘制1条（每24个点）垂直的"蓝色分段界线"。在"点"图层的第100帧处，按每组坐标点从右向左（第7颗处⑦，第10颗处③，第15颗处⑤，第17颗处②）绘制垂直"红色分段界线"。完成以后锁闭图层。

提示：此处的⑦、③、⑤、②、⑦既是"蓝色分段界线"中蓝点的总数，也是"红色分段界线"每一线段中的"蓝点"数量。

（2）绘制"绿色方块参照线"。在"数据"图层的第100帧处，单击■工具后绘制绿色空心方块的参照线，最后锁闭图层，如图5-38所示。

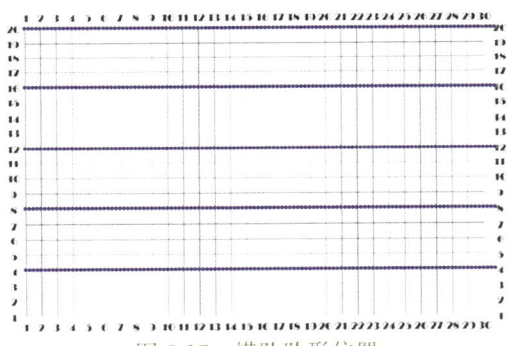

图 5-37  横队队形位置

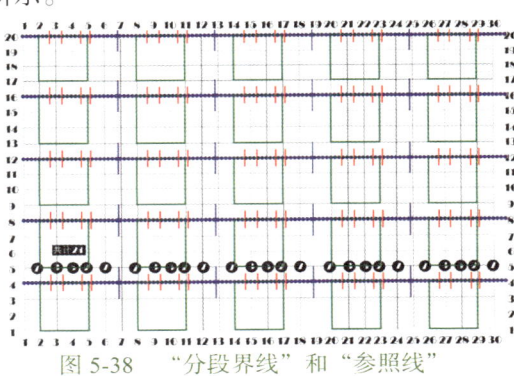

图 5-38  "分段界线"和"参照线"

**第6步：** 制作"全场小方块队形"。

（1）制作"过渡队形1"。解锁"2演员夹"，在第100帧处，将③、②号的点（共5颗）按1/2排列，依次拖动到预先设计好的"方块下边线"位置，增加"2演员夹"中的"线""点""数据"和"时间帧"图层至第200帧并插入关键帧，如图5-39所示。

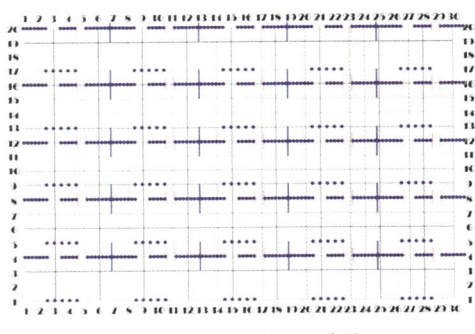

图 5-39  过渡队形1（路线）

（2）制作"过渡队形2"。在第200帧处，将左右⑦号的蓝点（共14颗），按设计方案依次拖动到"方块参照线"左右两侧的位置（具体步骤见视频）；增加"2演员夹"→"线"和"时间帧"图层至250帧，如图5-40所示。

（3）形成"全场完整方块"。在250帧处框选所有⑤的"蓝点"，选择"修

横-方

改"→"对齐"→"按宽度均匀分布"命令。增加"2演员夹""时间帧"至第300帧,删除"线""点""数据"图层内所有线条,最后锁闭图层,如图5-41所示。

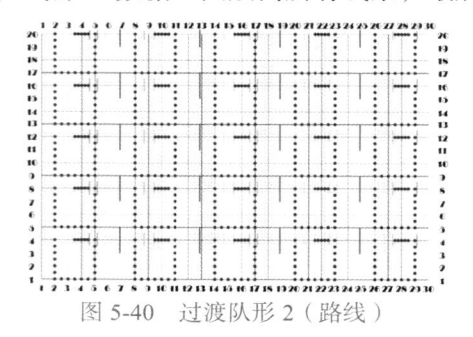

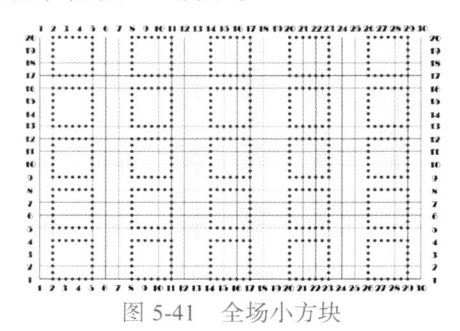

图 5-40　过渡队形2(路线)　　　　图 5-41　全场小方块

**第7步**：导出动画影片。

单击第1帧后按【Enter】键或单击播放键测试一遍动画,成功后暂时删除"横3""纵3"图层,导出动画影片并命名；恢复"横3""纵3"图层后锁闭全部图层和文件夹。

## 5.2.5　分区变化类

分区变化类是指根据后面一个表演队形的需要,将前面一个表演队形划分成若干大小相等的或不等的区域,然后在各区域中进行变队,形成预计的全场变化效果的一种方法。

制作复杂队形的点位图比较难,通常使用"蒙点法"进行。"蒙点法"是将提前制作好的"复杂队形点位图"复制并粘贴到"3杂项夹"→"参考夹"→"点"图层中(拖动到"1演员夹"下层),作为"参照点",再将变化前的"点位"按设计要求,逐一"蒙点"排列覆盖到"参照点"图形上。

分区线

提示：在团体操图形和动画制作工作中,往往是先制作"图形",后制作"动画",因而在制作难度较大的队形图动画时,常将制作好的"图形"作为"动画"的"参照点",而不再单独制作。

**示例1："全场散点分区变全场小圆队形"**

**第1步**：创建和启动文档。

(1)复制并粘贴"动画模板(主)"文档,重命名为"散-分区变-圆"(简称)；启动该文档,将"2演员夹"→"角色夹"→"图层_1"重命名为"蓝"；打开"1、全场散点队形"和"2、全场小圆队形"。

全场小圆

(2)打开"散-分区变-圆"→"2演员夹"→"角色1",进行后续工作。

提示：上面两个文档是以前已经做过的，如果没有，则需要新做散点或小圆，本书介绍的实例，其前后队形和动画的制作都有关联。还需要注意的是：前后两文档中队形的"点数量"必须相等，本例都为 600 颗）。

第2步：创建"散点"队形并分散到图层。

（1）在"1、全场散点队形"→"2演员夹"→"角色夹"→"蓝"图层的第1帧上复制帧。"粘贴帧至"散-分区变-圆"→"2演员夹"→"角色夹"的"蓝"图层第1帧上，创建"全场散点"队形坐标点。

（2）解锁"散-分区变-圆"的"蓝"图层并单击第1帧，选择"修改"→"时间轴"→"分散到图层"命令，锁闭"角色1"。

第3步：增加"时间帧"。

（1）在第250帧复选"1场地夹"全部图层并插入关键帧。在第50帧复选"2演员夹"全部图层并插入关键帧。全选"蓝"图层的第50帧并创建传统补间。

（2）在"2演员夹"→"3杂项夹"→"参考夹"中的"线""点"两个图层的第200帧处加帧并插入关键帧。

（3）把"点"图层拖到"2演员夹"→"蓝"图层的最下层。

第4步：绘制"散点分区线"。

解锁"3杂项夹"→"参考夹"→"线"图层，按设计在第200帧处绘制"分区线"，如图5-42所示。

第5步：制作"小圆"参照点。

在"小圆队形"→"绿点"图层的第1帧复制帧。粘贴帧至"散-分区变-圆"→"2演员夹"→"点"图层的第200帧，如图5-43所示。

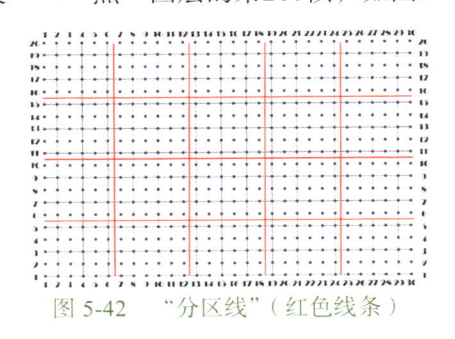

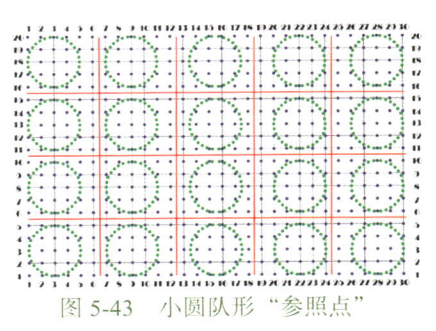

图 5-42  "分区线"（红色线条）　　　图 5-43  小圆队形"参照点"

第6步：蒙点排列"全场小圆"队形。

（1）打开"2演员夹"→"角色1"→"蓝"图层，选择"视图"→"紧贴"→"编辑紧贴方式"→"紧贴至对象"命令并勾选（去除其他选项）后，单击"确定"按钮。

（2）蒙点排列" 小圆队形"。将左侧纵向"8个"红线区域中的"蓝点"逐一拖动（覆盖）到"绿色"圆点位置上。再蒙点排列右侧"8个"小圆队形，如图5-44和图5-45所示。

图5-44　第1次排列后的队形

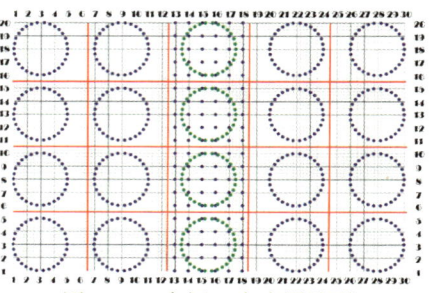

图5-45　中间4个小圆队形

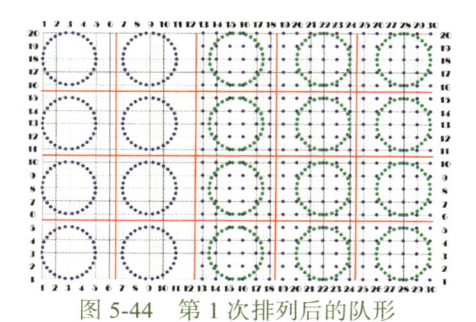

（3）蒙点排列中间纵向"4个小圆"，形成完整"散点变全场小圆"的队形，如图5-46所示。增加"时间帧"到第250帧并插入关键帧。删除"参照点"和"分区线"。

第7步：导出动影片。

单击第1帧后按【Enter】键或单击播放键测试一遍动画，成功后暂时删除"横3""纵3"图层；导出动画影片并命名，恢复"横3""纵3"图层后锁闭图层和文件。

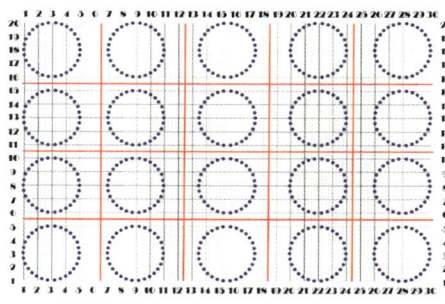

图5-46　完整的全场小圆

示例2："全场散点分区变"心形"队形"（备注：3个视频）

第1步：创建并启动文档。

复制并粘贴"动画模板（主）"，重命名为"散-分区变-心"后启动该文档；打开该文件。

素材和分区

第2步：整理文档图层。

（1）将"散-分区变-心"→"2演员夹"→"角色1"→"图层_1"重命名为"红色"。

（2）在"2演员夹"中单击▇按钮，增加"角色2"，并在其中单击▇按钮，将新增图层命名为"白色"，将其拖动至"角色2"。

（3）把"3杂项夹"→"参考夹"中的4个分图层重命名为"分区线""隔离线""心框线""参照点"。删除"道具夹"。

第3步：创建"散点"队形。

（1）打开"散-分区变-心"→"2演员夹"→"角色1"。

（2）从"散点-心形"中复制"白色演员"和"红色演员"图层的第1帧，分别粘贴到"散-分区变-心""红色""白色"图层的第1帧。从"散-心形队形"文档的"4数据夹"中复制"分区线"图层的第1帧，粘贴到"散-分区变-心"→"3杂项夹"→"参考线"的"分区线"图层的第1帧。

（4）分别将"角色1"中的"红色"和"角色2"中的"白色""分散到图层"（**注意：** "红色"图层的散点分散到图层以后图层的名字变成"蓝"。）

**第4步：** 增加"时间帧"。

（1）增加"1场地夹"中全部图层到第800帧。

（2）增加"2演员夹"中全部图层到第50帧"插入关键帧"，再"创建传统补间"。

（3）增加"2演员夹"→"3杂项夹"中全部图层到第100帧并"插入关键帧"。

**第5步：** 制作"隔离线""心框线"，如图5-47所示。

（1）复制"散点、心形""4数据夹"中"隔离线"图层的第1帧，粘贴到"散-分区变-心""隔离线"的第100帧中。

（2）复制"散点、心形""4数据夹"中"心框线"图层的第2帧，粘贴到"散-分区变-心""心框线"图层的第100帧中。

**第6步：** 制作"心形队形"。

（1）解锁"2演员夹"→"角色1"中"红"全部图层（需确认当前是第100帧），逐一拖到需要移动的"红点"到"心形队形1"的位置，删除多余的"隔离线"。

心形队形

（2）后续制作"心形队形2"至"心形队形"的动作都是：间隔50帧增添"时间帧"并插入关键帧，拖动"红点"到对应位置，删除多余的"隔离线"（包括"2演员夹""3杂项夹"全部图层），直到完成完整的"心形队形"，如图5-48~图5-57所示。

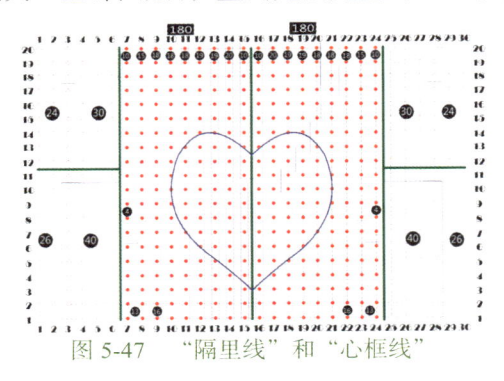

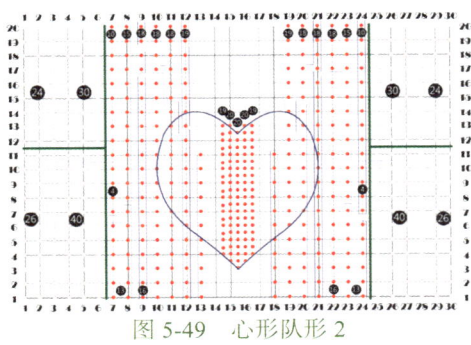

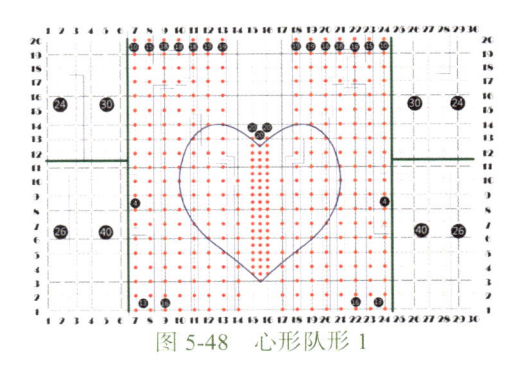

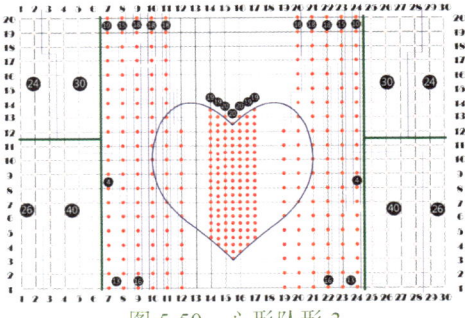

图 5-47 "隔里线"和"心框线"

图 5-48 心形队形 1

图 5-49 心形队形 2

图 5-50 心形队形 3

图 5-51　心形队形 4

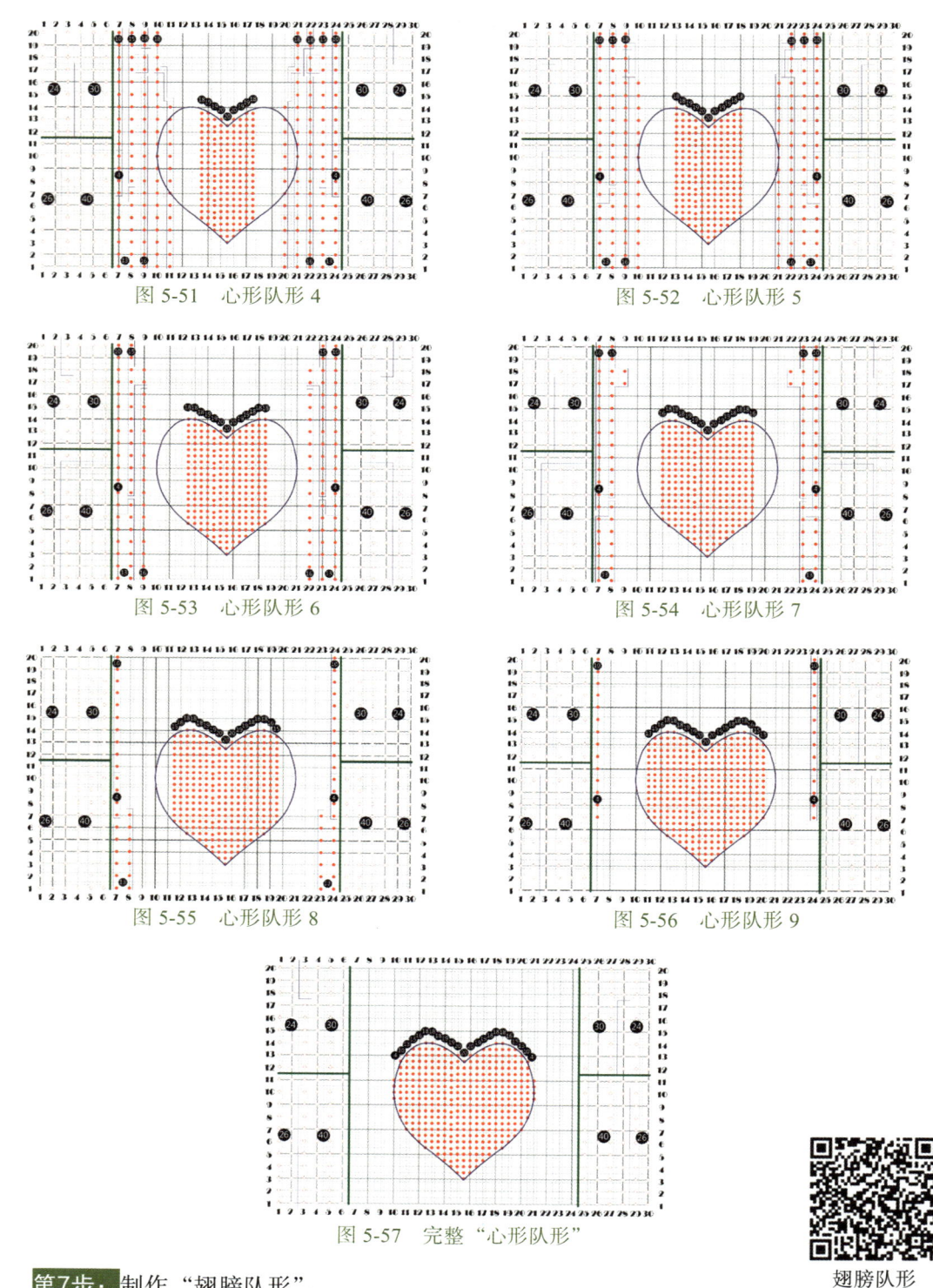

图 5-52　心形队形 5

图 5-53　心形队形 6

图 5-54　心形队形 7

图 5-55　心形队形 8

图 5-56　心形队形 9

图 5-57　完整"心形队形"

翅膀队形

**第7步**：制作"翅膀队形"。

（1）制作"过渡队形"。在"时间帧"到第600帧处插入关键帧，解锁"2演员夹"→"角色2"→"白色"全部图层,将"白色散点队形"拖到"翅膀过渡队形"后锁闭图层。删除"隔离线"图层,如图5-58所示。

(2)制作"翅膀队形"参照点,如图5-59所示。

① 复制"散点、心形""白点"图层的"翅膀队形",粘贴到"散-分区变-心""3杂项夹"→"参考夹"→"参照点"图层的第650帧处;将"参照点"拖动到"2演员夹"下层位置,锁闭图层。

② 复制"4散点、心形""4数据夹"的"隔离线"图层中"翅膀队形"的"隔离线",粘贴到"散-分区变-心""3杂项夹"→"参考夹"→"隔离线"图层的第650帧处。

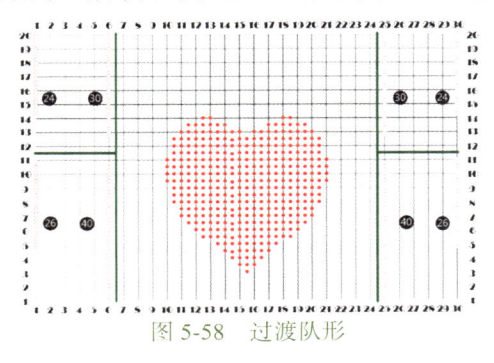

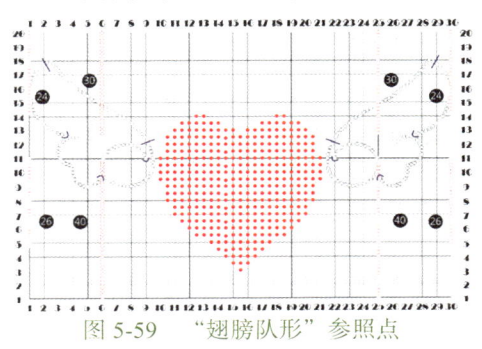

图 5-58　过渡队形　　　　　　　　图 5-59　"翅膀队形"参照点

(3)制作"翅膀队形1",如图5-60所示。

① 解锁"2演员夹"→"角色2"全部图层,选择"视图"→"紧贴"命令,在"编辑紧贴方式"区域中勾选"紧贴至对象"复选框(去除其他选项),单击"确定"按钮。

② 用 按钮将左右❷和❸两组"白点"蒙点排列到"翅膀队形"上半部的对应位置。

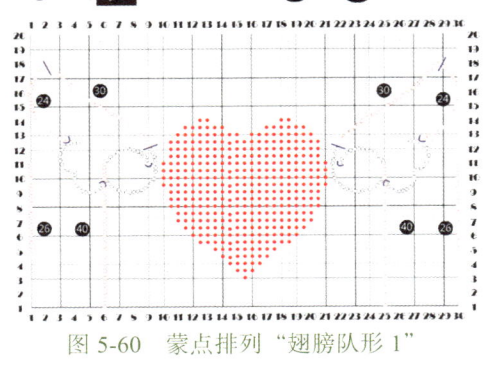

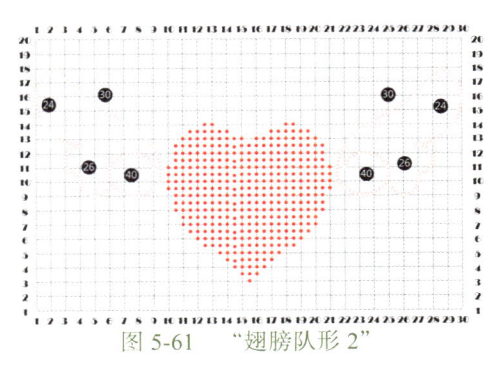

图 5-60　蒙点排列"翅膀队形1"　　图 5-61　"翅膀队形2"

(4)制作"翅膀队形2",如图5-61所示。

① 复选"2演员夹"第700帧全部图层并插入关键帧。

② 解锁"2演员夹"→"角色2"中"白"全部图层,将左右❷和❹号纵路"白点"拖动蒙点排列到"翅膀队形"下半部。在第800帧插入关键帧。(保持静止不动100帧)

**第8步:** 保存文档。

单击第1帧后按【Enter】键或单击播放键测试一遍动画,成功后暂时删除"2演员夹""横3""纵3""杂项夹"全部图层;导出动画影片并命名;恢复"1场地夹""横3""纵3""杂项夹"全部图层（含参照点图层）；保存后关闭文档。

## 5.3 特效队形变化

运用Animate动画的几种"特效动画"制作方法，对团体操表演中的"特效队形"的变化（如旋转、波浪、移动），能起到特别好的直观呈现效果。

### 5.3.1 创建"旋转"队形

示例1："圆形队形的旋转"

第1步：创建文档和圆点（演员）。

（1）复制"动画模板（主）"文档后，重命名为"圆旋转"动画，然后双击该文档图标启动文档。

圆旋转

（2）单击"文件"，打开"素材夹"中"1、4层大圆"文档（此时在工作界面的"文档选项卡"中出现"1、4层大圆""圆旋转"动画文档）。

第2步：整理文档图层。

（1）删除"杂项夹"。在"2演员夹"中增加3个文件夹，分别命名为"角色2""角色3""角色4"。再在3个文件夹中各增加1层普通图层。

（2）给"2演员夹"中的新增图层命名："红演员""橙演员""黄演员"和"绿演员"。

第3步：创建"圆旋转"圆点（演员），如图5-62所示。

（1）将"1、4层大圆"→"2演员夹"→"红演员"图层的第1帧复制帧，在"圆旋转"→"2演员夹"→"角色1"→"红演员"图层的第1帧处粘贴帧。

（2）再分别把"1、4层大圆"→"2演员夹"中的"橙演员""黄演员"和"绿演员"图层的第1帧进行"复制帧"，"粘贴帧"到《圆旋转》→"2演员夹"→"角色2"的"橙演员"、"黄演员"和"绿演员"图层的第1帧。

第4步：分散到图层。

分别解锁"红演员""橙演员""黄演员"和"绿演员"图层，选择"修改"→"时间轴"→"分散到图层"命令，然后锁闭文件夹和图层。

提示：以上各种颜色的演员分散到图层以后，其子图层的颜色显示"蓝点"，这与制作的"模板"上"圆点"的原始命名有关。读者在学习过程中只需要记住"角色1"对应的是"红色"即可，以后在自行创建的过程中可根据自己的喜好做对应的命名。

第5步：增加"时间帧"。

（1）复选"1场地夹"全部图层到第900帧并插入关键帧。

（2）复选"2演员夹"全部图层到第50帧并插入关键帧。再次全选第50帧全部图层，然后单击"创建传统补间"（试播一次，检查动画是否创建成功，再进行下面对应步骤的操作）。

（3）框选红圆(15.5,19)、橙圆(15.5,18)、黄圆(15.5,17)、绿圆(15.5,16)4个坐标点号上的圆点，将它们属性着色选项改变成黑色（便于观察圆旋转时变化情况），如图5-63所示。

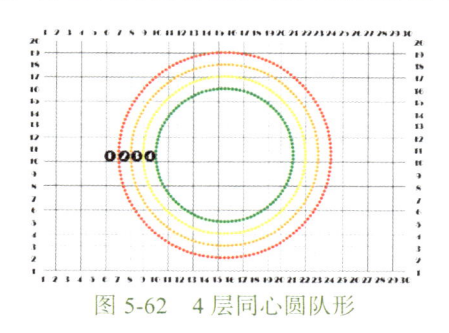

图 5-62　4层同心圆队形　　　　　　　图 5-63　"黑色"圆点的位置

**第6步：**制作"旋转"动画。

（1）第1次旋转。按住【Shift】键，全选"角色1"全部图层的第100帧并插入关键帧。选择"修改"→"变形"→"缩放和旋转"命令，使"缩放比例"不变（100%），将"旋转角度"设为22.5°后，单击"确定"按钮。

（2）第2~16次旋转。分别间隔50帧添加时间帧，在对应的时间帧上插入关键帧，采用与第1次旋转的相同路径，分别在"旋转角度"键入22.5°后，单击"确定"按钮，完成顺时针360°"圆旋转"的动画制作。如图5-64~图5-67所示。

（3）把以上"演员夹"→"角色1"的全部图层在第900帧处添加时间帧并插入关键帧。

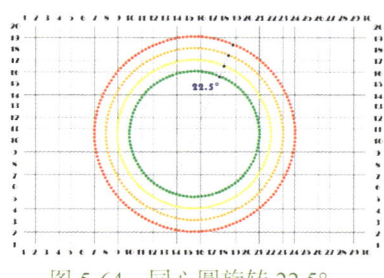

图 5-64　同心圆旋转 22.5°　　　　　　图 5-65　同心圆旋转 90°

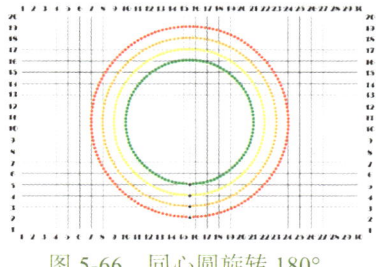

图 5-66　同心圆旋转 180°　　　　　　图 5-67　圆旋转 270°

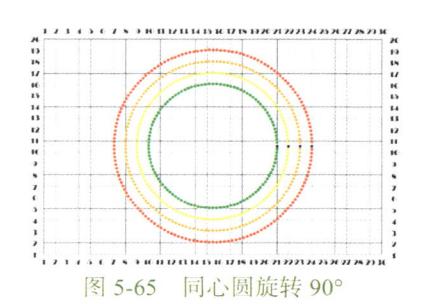

提示：设计者可以根据自己的习惯选择使用【Ctrl+Alt+S】组合键或键盘鼠标键方式来完成以上动作。

**第7步：** 保存文档。

（1）单击第1帧后按【Enter】键或单击播放键试播一遍动画，成功后暂时删除"2演员夹"中"横3""纵3"图层。

（2）导出动画影片并命名"圆旋转"，恢复"2演员夹"中"横3""纵3"全部图层。

（3）在此基础导出动画影片，准确无误后，保存和关闭文档。

示例2：制作"十字队形的旋转"动画

**第1步：** 创建文档。

复制"动画模板（主）"，重命名"十字旋转"并启动文档，再打开"2、十字圆"文档。删除"杂项夹"，在"2演员夹"中增加"角色1""角色2""角色3""角色4"4个子文件夹。将4个子文件夹下的图层对应命名为"红演员""黄演员""绿演员""橙演员"。

十字旋转

**第2步：** 创建"十字旋转"文档中的圆点，如图5-68所示。

（1）分别复制"2、十字圆"文档中"2演员夹"中的"红演员""黄演员""绿演员""橙演员"图层的第1帧（方法同示例1）。

（2）分别粘贴到"十字旋转"文档"2演员夹""红演员""黄演员""绿演员"和"橙演员"图层的第1帧处（方法同示例1）。

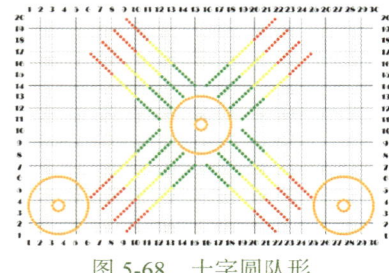

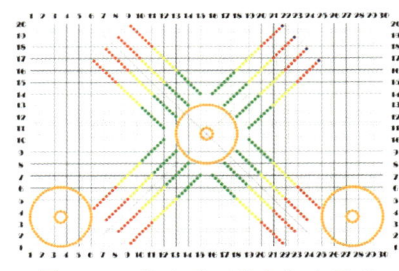

图 5-68　十字圆队形　　　　　图 5-69　修改成"蓝色"点示意

**第3步：** 分别"分散到图层"。

（1）分别解锁"2演员夹"："红演员""黄演员""绿演员""橙演员"，再分别选择"修改"→"时间轴"执行"分散到图层"命令，然后锁闭该文件夹。

（2）完成以上动作后，将"角色4"文件夹拖动到"2演员夹"的上一层（这是因为"橙色演员"不参与"旋转"的队形变化）。

**第4步：** 创建动画。

（1）在"1场地夹"全部图层的第900帧处插入关键帧。

（2）在"2演员夹"全部图层的第50帧处插入关键帧并创建传统补间。

（3）解锁"红演员"图层，把位于右上方旋臂顶端的4个"红点"改变成"蓝色"圆点（便于观察十字旋转时变化情况），如图5-69所示，具体操作参见视频。

**第5步：** 制作"十字队形旋转360°"动画。

（1）分别解锁"2演员夹"全部图层，按【Shift】键复选其全部图层，并分别间隔50帧并插入关键帧。

（2）每次插入关键帧后，选择"修改"→"变形"→"缩放和旋转"命令（可用组合键【Ctrl+Alt+S】），在弹出的对话框"角度"一栏中键入22.5°，最后单击"确定"按钮。每次操作后的结果，如图5-70至图5-73所示。

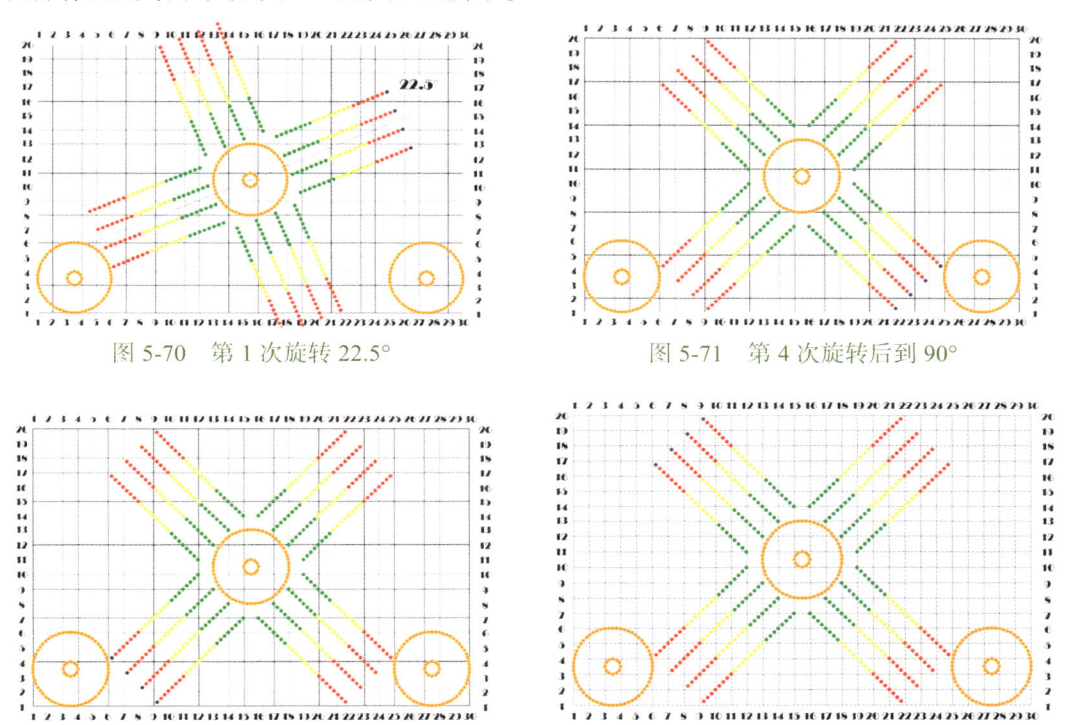

图 5-70　第 1 次旋转 22.5°

图 5-71　第 4 次旋转后到 90°

图 5-72　第 8 次旋转后到 180°

图 5-73　第 12 次旋转后到 270°

（3）解锁"角色1"→"红演员"图层，把变成"蓝色"的圆点还原成原有的"红色"。

（4）复选第900帧处的"演员夹"和"角色4""橙色演员"全部图层并插入关键帧，完成360°的旋转动画制作。

**第6步：** 保存文档。

（1）试播动画，暂时删除"2演员夹""横3""纵3"全部图层。

（2）导出动画影片并命名为"十字旋转"，恢复"2演员夹""横3""纵3"全部图层。

（3）单击第1帧后按【Enter】键或单击播放键测试一遍动画，成功后保存和关闭文档。

## 5.3.2 制作"波浪"队形

示例1:"横排波浪"(备注:3个视频)

第1步:准备和创建文档。

复制并粘贴"动画模板(主)"然后重命名为"横排波浪动画",然后启动该文档。再打开"3、横排队形图"文档。

第2步:整理文档图层。

(1)删除"杂项夹"。

(2)在"2演员夹"中增加文件夹,从下向上命名为"红点""橙点""黄点""绿点""蓝点"。

(3)在以上新文件夹中再各增加1个普通图层,名称默认为对应颜色点图层的"图层_1、图层_2、图层_3、图层_4和图层_5"(不重命名),并将各图层拖入相关文件夹。

第3步:创建"横排波浪动画"的"圆点"。

分别把"3、横排队形图"文档"2演员夹"中的"红点""橙点""黄点""绿点"和"蓝点"图层第1帧"复制帧","粘贴帧"到"横排波浪动画"文档"2演员夹"的"红点""橙点""黄点""绿点"和"蓝点"图层所对应的"图层_2"第1帧处。如图5-74所示。

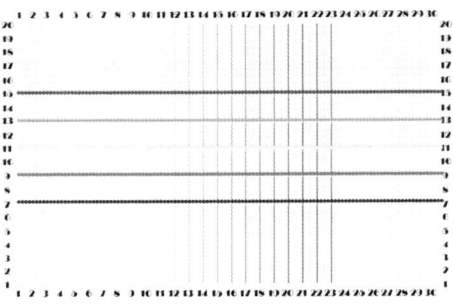

图5-74 "横排波浪"排列点位

第4步:分散到图层。

(1)解锁"红点"和"图层_1"图层,选择"修改"→"时间轴"→"分散到图层"命令,然后锁闭文件夹和图层。

(2)采用相同方法,将"橙点"→"图层_2"、"黄点"→"图层_3"、"绿点""图层_4"和"蓝点"→"图层_5"分别分散到图层,然后锁闭文件夹和全部图层。

提示:在"横排波浪动画"文档中进行。

第5步:创建动画。

在"1场地夹"全部图层的第35帧处插入关键帧,直接拖动图层到第500帧处插入关键帧。在第50帧处复选"2演员夹"全部图层并插入关键帧和创建传统补间动画。

第6步:制作"横排变波浪"动画(第1轮)。

(1)在第100帧处复选"2演员夹"全部图层并插入关键帧。

(2)框选横坐标2、4、6、8、10、12、14、16、18、20、22、24、26、28、30的各颜色"圆点",将其拖动到设计的位置,如图5-75和图5-76所示。

(3)反复框选要移动的点,将其拖到设计的对应位置,如图5-77~图5-82所示。

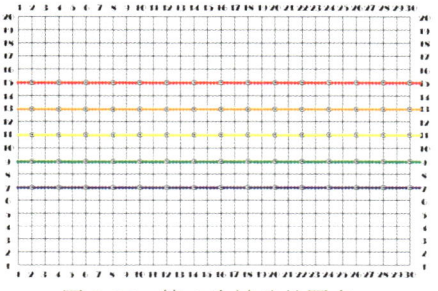

图 5-75 第 1 次被选的圆点　　　　　　　　图 5-76 拖动后的位置

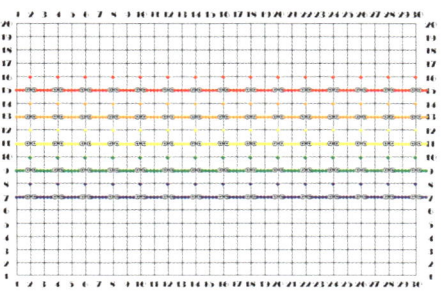

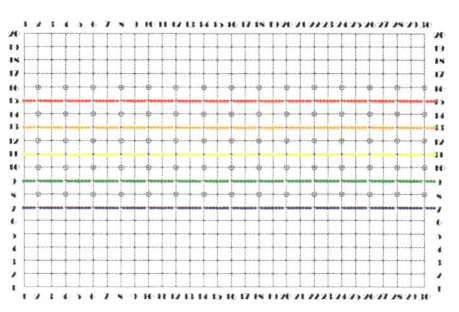

图 5-77 第 2 次被选圆点　　　　　　　　　图 5-78 拖动后的位置

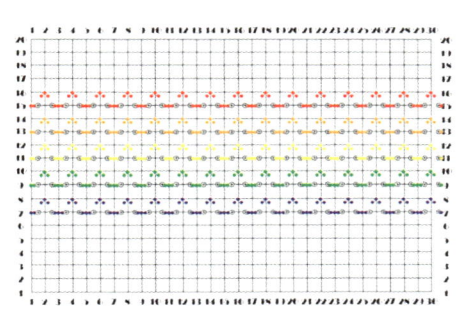

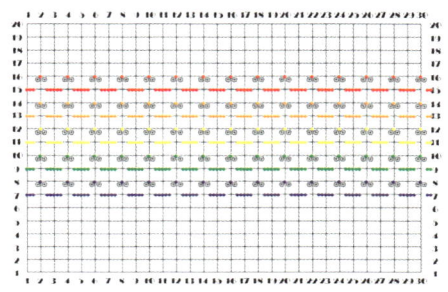

图 5-79 第 3 次被选圆点　　　　　　　　　图 5-80 拖动后的位置

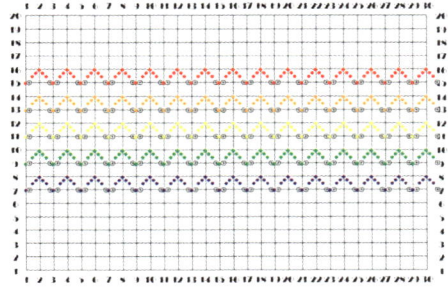

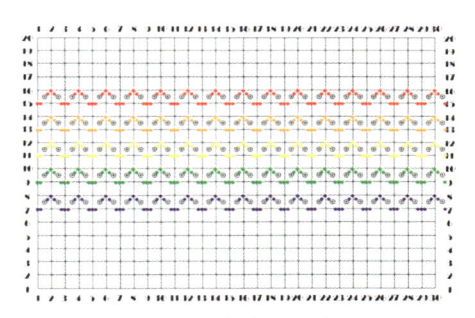

图 5-81 第 4 次被选点　　　　　　　　　　图 5-82 拖动后的位置

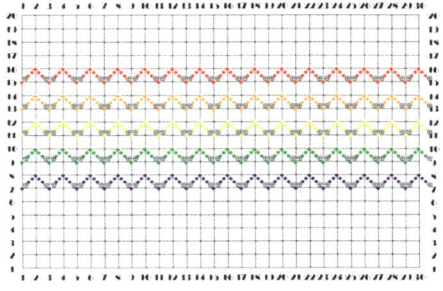

**第7步**：制作"波浪"点位。

（1）在第110帧复选"2演员夹"全部图层并插入关键帧。

① 在第1个波浪队形的基础上，框选所有的后波浪（波浪的右侧部分，包括谷底的那颗圆点），向上拖动到与左侧波浪平行的位置（一个16宫格的小格）。如图5-83和图8-84所示。

② 框选所有的前波（波浪的左侧部分，包括波峰的那颗圆点），向下拖动一个16宫格的位置后形成波浪队形2，如图5-85和图5-86所示。

波浪点位

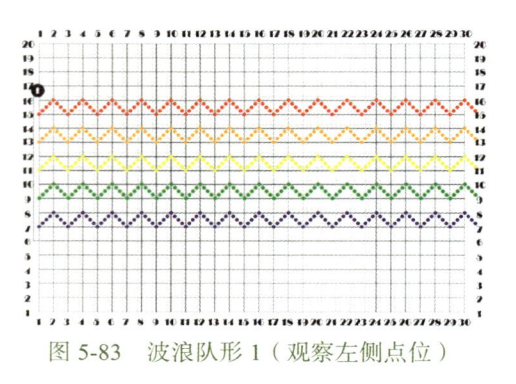

图 5-83　波浪队形 1（观察左侧点位） 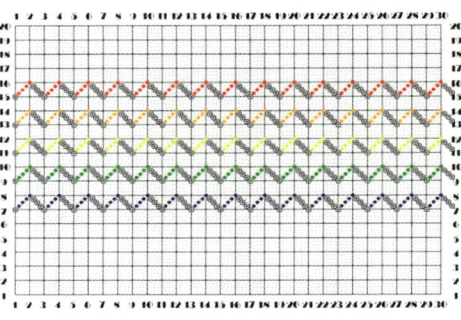　　　图 5-84　需要向上移动的后波浪

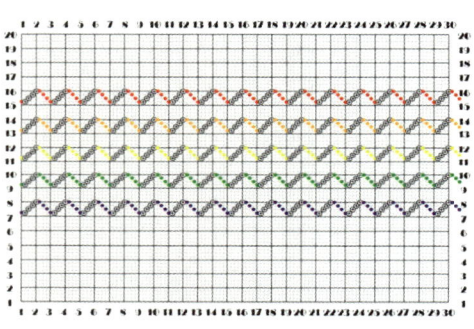

图 5-85　需要向下移动后的前波浪 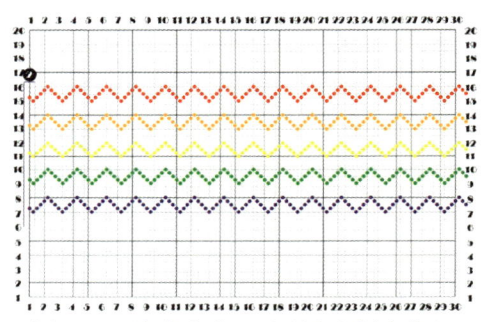　　　图 5-86　波浪队形 2（观察左侧点位）

（2）分别间隔10帧插入关键帧（第120帧、第130帧、第140帧），先上后下的制作波浪队形。分别框选所有的后波浪，向上拖动一个16宫格的位置；再分别框选所有的前波浪，向下拖动一个16宫格的位置。形成横排波浪向右移动的效果，如图5-87～图5-89所示。

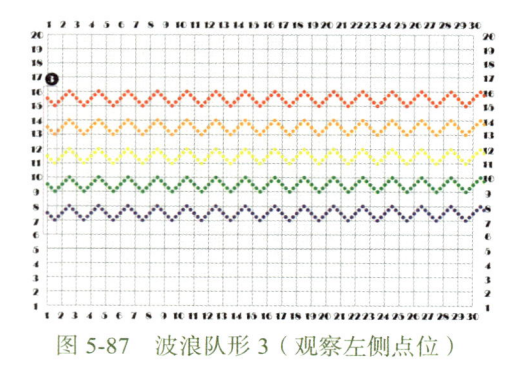

图 5-87　波浪队形 3（观察左侧点位） 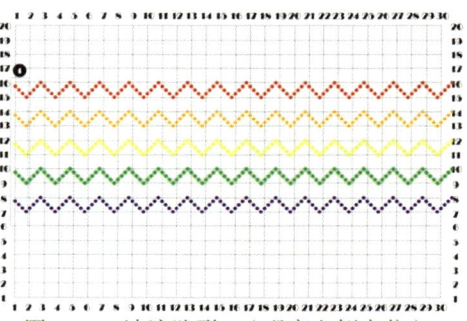　　　图 5-88　波浪队形 4（观察左侧点位）

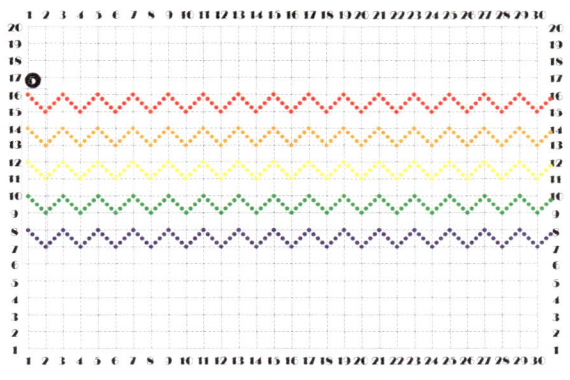

图 5-89　波浪队形 5（观察左侧点位）

（3）分别间隔10帧插入关键帧"（第150帧、第160帧、第170帧），先下后上制作波浪队形。

① 分别框选需要向下移动的前波浪（左侧的点），如图5-90所示，将其拖到与后波浪（右侧的点）"波峰"平行的位置。

② 分别框选需要向上移动的后波浪圆点，将其拖到波浪队形6～8的位置，如图5-91～图5-94所示。

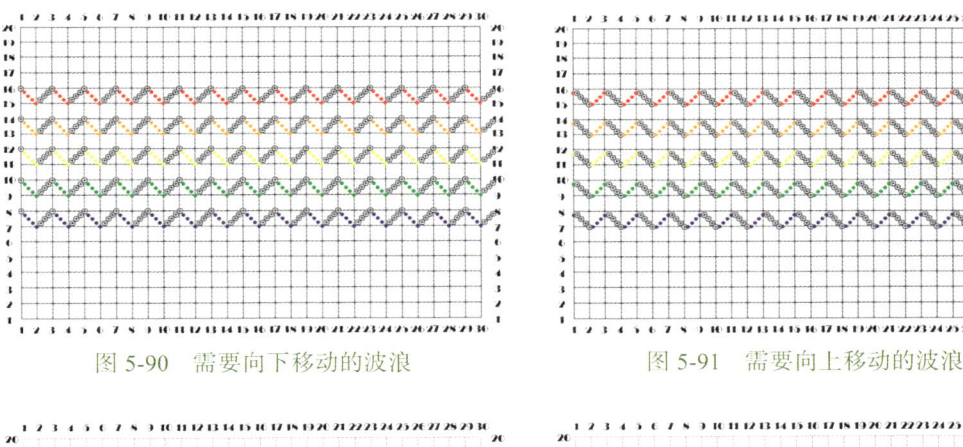

图 5-90　需要向下移动的波浪　　　　　图 5-91　需要向上移动的波浪

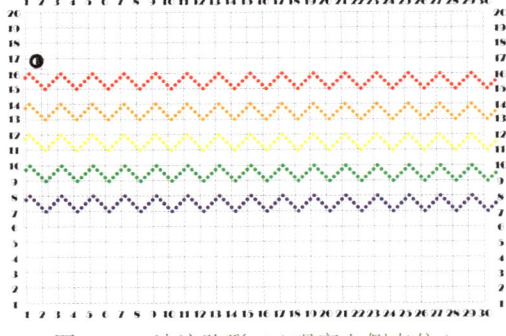

图 5-92　波浪队形 6（观察左侧点位） 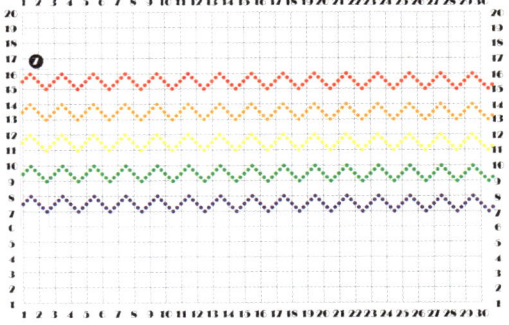　　图 5-93　波浪队形 7（观察左侧点位）

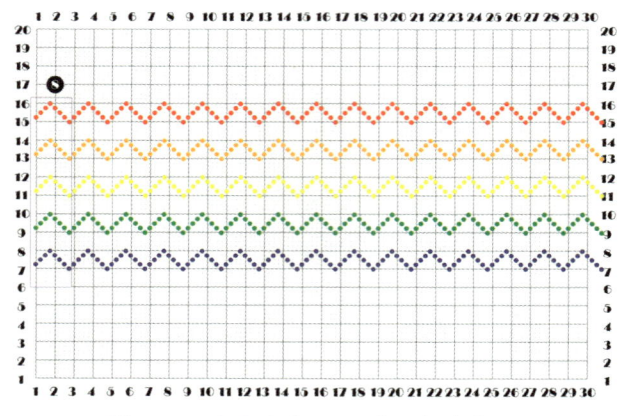

图 5-94 波浪队形 8（观察左侧点位）

第8步：制作"全场横排波浪"动画。

（1）锁闭"2演员夹"全部图层。全选"2演员夹"所有图层的第100～170帧并复制帧，到本图层的第180帧处粘贴帧，形成第2轮动画（图层"时间帧"已到250帧）。

（2）分别在第260帧和第340帧处粘贴帧（复制过的第100～170帧），形成第3轮和第4轮动画（"时间帧"分别到第330帧和第410帧），完成后保存文件。

第9步：变回到横排队形。

复制"2演员夹"的第50帧，粘贴到第450帧处。在"2演员夹"图层的第500帧处全选图层并插入关键帧。

第10步：保存文档。

（1）测试一次动画，有问题及时修改。

（2）暂时删除"2演员夹"中"横3""纵3"全部图层。

（3）导出动画影片，命名为"横排波浪动画"。

（4）恢复"2演员夹"中"横3""纵3"全部图层。

（5）单击第1帧按【Enter】键或单击播放键，测试一遍动画，成功后保存并关闭文档。

## 5.3.3　制作"路径引导线"动画

最简单的路径引导线动画由上层"引导层"和下层（单或多层）"被引导层"组成。本书所举示例的"路径引导线"运用为"传统运动引导层"。"被引导层"以多层为主。

在"传统运动引导层"中需要有一条线段作为引导线，这条线段可在"引导层"中绘制，也可在其他图层中绘制好后复制并粘贴到此图层中。"引导线"可以使用（线条、钢笔、铅笔、椭圆、矩形或其他）画笔工具绘制。引导线需要平滑、圆润、流畅。如果引导线的转折点过多、转弯过急、中间出现中断、重叠等现象，则会使Animate无法准确判断对象的运动方向，从而导致引导失败。

"引导线"检查方法：单击"工具"面板中的 ▶ 工具，将光标移到线段连接处按住鼠标左键不放，向任意方向拖动线段进行测试，如果两线段没有分离，则说明已连接；如果两线段是脱离的，则说明没连接上，将舞台放大后进行重新连接，如图5-95和图5-96所示。

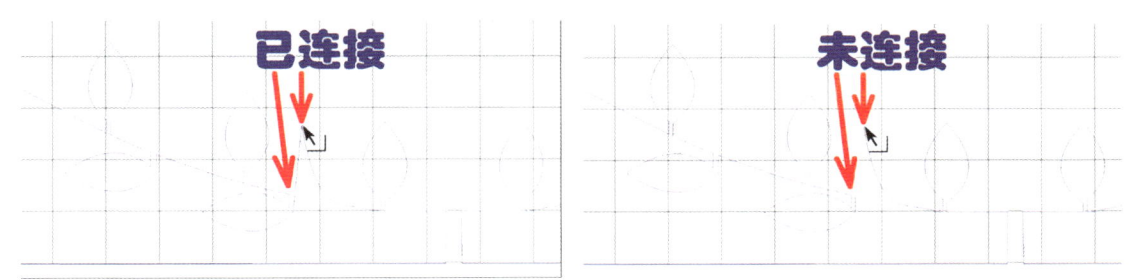

图 5-95　两线段已连接　　　　　　　　　图 5-96　两线段未连接

示例1：制作"密集方块变全场5圆队形"动画（备注：3个视频）

**第1步**：启动文档创建图层。

（1）复制并粘贴"动画模板（主）"，重命名"方-引导线-圆"，启动新文档。

（2）在"2演员夹"→"角色1"→"图层_1"图层处，单击 ⊞ 按钮5次共新建6个分图层："图层_1、图层_2、图层_3、图层_4、图层_5、图层_6"（无需重命名）。

（3）单击"角色1"后，再单击 📁 按钮5次在"角色1"文件夹上新增5个文件夹，分别从下往上重命名："蓝点""黑左""黑右""红点""黄点""绿点"。然后锁闭图层，关闭文件夹。

（4）打开"3杂项夹"把"道具夹"改为"参照点夹"，把"参考夹"为"参考线夹"。

（5）打开"参考线夹"在"名称"中单击 ⊞ 按钮2次，新增2个分图层，对全部6个图层进行重命名："蓝线""黑左""黑右""红线""黄线""绿线"。然后锁闭图层和文件夹，如图5-97所示。

**第2步**：创建"方-引导线-圆"方块点位。

（1）打开"方块-5圆队形图"文档，复选"2演员夹"所有图层的第1帧，单击右键复制帧。

（2）到"方-引导线-圆"→"2演员夹"→"蓝点"→"图层_1""图层_2""图层_3""图层_4""图层_5"和"图层_6"的第1帧上粘贴帧。

方-引导线-圆

（3）将"蓝点"图层夹中的各颜色图层拖至相对应颜色的图层夹内（"绿演员"到"绿点"图层夹；"黄演员"到"黄点"图层夹；"红演员"到"红点"图层夹；"黑右"到"黑演员右"图层夹；"黑演员左"到"黑左"图层夹），"蓝演员"不动。然后保存文件，如图5-98所示。

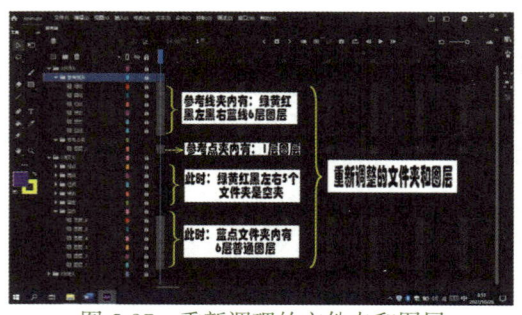

图 5-97　重新调理的文件夹和图层 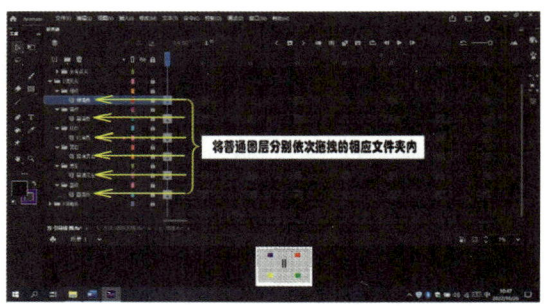　　　　图 5-98　拖动普通图层到相应文件夹内

（4）舞台图纸上显示出密集方块队形，如图5-99所示。

**第3步**：添加传统运动引导层。

（1）在"2演员夹"→"绿演员"全图层的第1帧单击鼠标右键，选择添加传统运动引导层，如图5-100所示。

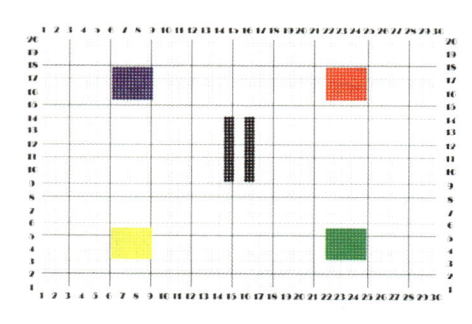

图 5-99　密集方块 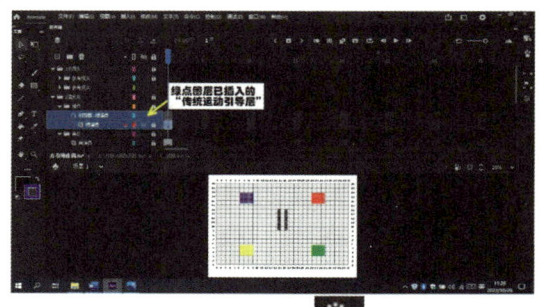　　　　图 5-100　添加后  图标

**第4步**：创建动画。

（1）打开"2演员夹"解锁"蓝点"图层夹后分散到图层，再右键单击第1帧并创建传统补间，全部图层自动增加到第24帧处，锁闭"蓝点"图层夹，关闭文件夹。

（2）将其他图层也分别"分散到图层"和"创建传统补间"，具体方法同"蓝点"图层夹，如图5-101和图5-102所示。

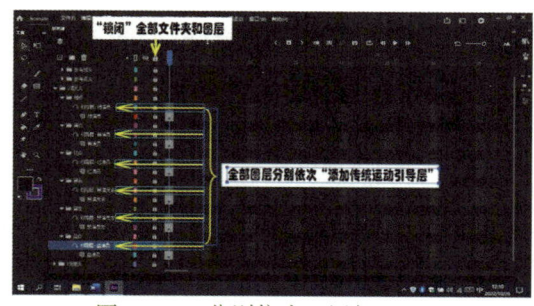

图 5-101　分别依次"添加……" 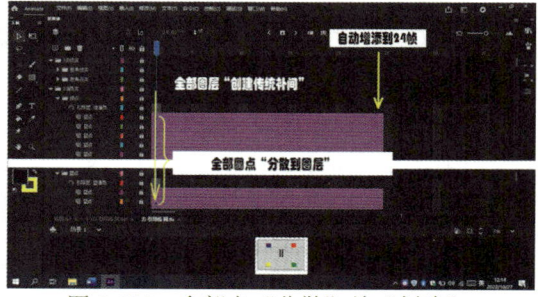　　　　图 5-102　全部点"分散"并"创建"

**第5步：** 增加"时间帧"。

（1）锁闭"1场地夹""2演员夹""3杂项夹"。

（2）复选第500帧"1场地夹"全部图层并插入关键帧。

（3）复选第100帧"2演员夹"和"3杂项夹"全部图层并插入关键帧。

（4）再复选第400帧"2演员夹"和"3杂项夹"全部图层并插入关键帧。

**第6步：** 制作"参考线"和"参考点"。

（1）切换到"方块-引导线-圆"文档，复选"3杂项夹"→"参考线夹"里"蓝线""黑左""黑右""红线""黄线"和"绿线"图层的第400帧，单击鼠标右键，在弹出的快捷菜单中选择"粘贴帧"命令。

（2）在"方块-5圆队形图"文档，解锁"2演员夹"第3帧全部图层，框选全部5个圆并单击鼠标右键后复制帧（也可用【Ctrl+C】组合键复制）。

（3）切换到"方块-引导线-圆"文档，解锁"2杂项夹"→"参考点夹"→"A"图层并单击第1帧，单击鼠标右键粘贴到当前位置。

（4）将"参考点夹"拖动到"2演员夹"图层下面位置，如图5-103所示。

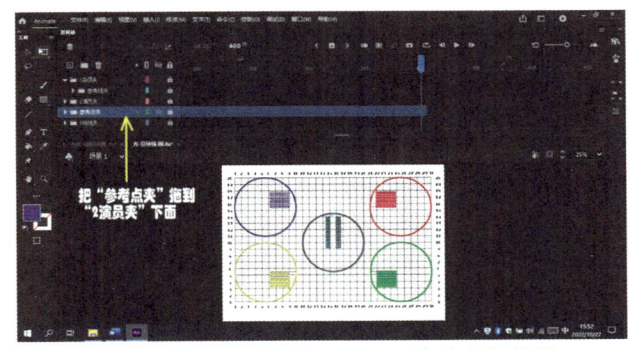

图 5-103　"参考点夹"和"2演员夹"位置

**第7步：** 创建点位和动画。

（1）创建"蓝圆"点位（**提示**：在第400帧处开始制作）。

① 选择"视图"→"紧贴"→"编辑方式"→"紧贴对象"命令。

② 打开"2演员夹"，解锁"蓝点"全部图层，放大舞台，把"蓝色"方块中要移动的第1颗"蓝色圆点"(9,15.5)，拖动到黄色圆环上的"黄点"(10,15.8)处（此处请参看对应的视频）。

蓝黑圆环

③ 按此引导线（路线）的方向、顺序和位置，依次将120颗"蓝点"覆盖到"黄点"相同的位置上，完成后锁闭"蓝点夹"全部图层，如图5-104和图5-105所示。

**提示**：拖动圆点到"设计的点位"动作实际上是"移动到终点"，依次需要逆时针排列1～120颗圆点，最后形成的圆点"移动方向"才能按照引导线箭头方向流动。

图 5-104　引导线方向　　　　　　　　图 5-105　"蓝圆"点位

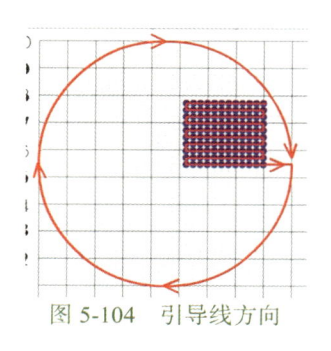

（2）创建"蓝点"和"引导线"。

① 解锁"杂项夹"→"参考线夹"→"蓝线"图层，单击第400帧后将舞台上蓝色圆环线"复制"，单击 ◎ 图标隐蔽杂项夹里的蓝线图层。

② 解锁"蓝点"引导层并单击第100帧，鼠标右键单击舞台，选择粘贴到当前位置（本图层由深灰色变成浅灰色到第399帧处），如图5-106所示。

③ 按住第399帧（色条变暗），将其拖到第400帧处后放开，如图5-107所示。

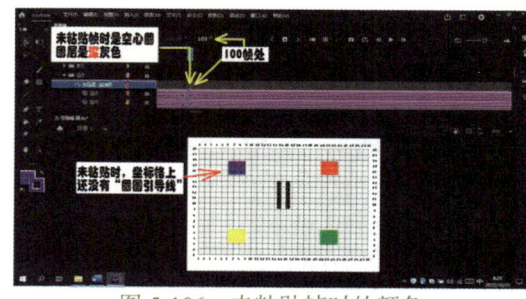

图 5-106　未粘贴帧时的颜色　　　　　图 5-107　粘贴帧后的颜色

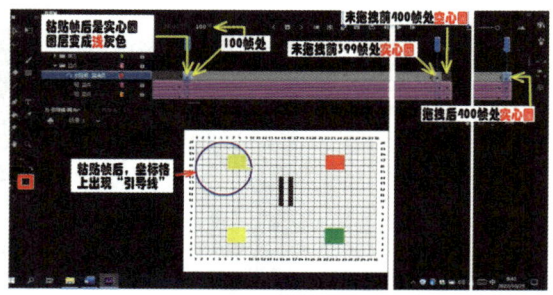

（3）将"时间轴"拖回第1帧，扩大舞台，选择"控制"→"播放"命令，播放制作好的动画（试播目的：查错和纠错），单击第400帧处停止，以便制作后续内容。

第8～12步：制作"黑左""黑右""红圆""绿圆""黄圆"动画（方法同上），详见视频演示。

第13步：添加"时间帧"到500帧并插入关键帧。

第14步：保存文档。

红绿黄圆环

（1）试播完整动画。暂时删除"2演员夹"中的"横3""纵3""3杂项夹"和"参考点夹"全部图层。

（2）导出动画影片，命名为"方-引导线-圆"。

（3）恢复"2演员夹"→"横3""纵3""3杂项夹""参考点夹"全部图层。

（4）单击第1帧后按【Enter】按或单击播放键试播一遍动画，成功后，保存并关闭文档。

第5章 运用Animate制作"团体操队形动画"

示例2:"候场纵队-引导线-"SAMOA"字样"(备注:3个视频)

**第1步:** 准备素材启动文档。

复制素材夹内的"动画模板(主)"文档,粘贴到相关文件夹重命名为"纵-引导线-S",然后双击图标启动新文档。

提示:"素材夹、纵队-S字样图、动画模板(主)"这些素材和文档是作者提前储备的,读者或团体操队形制作创编者可以根据实际需要制作相关的材料。

前期准备

**第2步:** 调整"纵-引导线-S"文档图层。

(1)在"2演员夹"→"角色1"→"图层_1"图层中单击12次 ➕ 按钮,新增12个图层,从下向上重命名为:"S左""S右"、"A1左""A1中""A1右"、"M左""M右""O左""O中""O右""A2左""A2中""A2右"(这些字母是组成SAMOA双线字的图层),如图5-108所示。

字母动画1

(2)在"角色1"上连续单击 📁 按钮,增加12个文件夹,从下向上重命名为:"S左""S右"、"A1左""A1中""A1右"、"M左""M右"、"O左""O中""O右"、"A2左""A2中""A2右"。然后锁闭该图层和文件夹。

(3)在"杂项夹"中点开"参考夹",在"名称"图层上单击9次 ➕ 按钮,增加9个图层,重命名所有图层名称("S左""S右"、"A1左""A1中""A1右"、"M左""M右"、"O左""O中""O右"、"A2左""A2中""A2右"),完成后锁闭该图层和文件夹。

(4)打开"5、纵队-S字样图"文档,在工作界面的选项条中出现两文档。

字母动画2

**第3步:** 创建"纵-引导线-S"点位。

(1)在"纵队-S字样图"文档中打开"2演员夹",全选"S左""S右"、"A1左""A1中""A1右"、"M左""M右"、"O左""O中""O右"、"A2左""A2中""A2右"图层的第1帧,然后复制帧。

(2)切换到"纵-引导线-S"文档,打开"2演员夹"的"S左"文件夹,全选"S左""S右"、"A1左""A1中""A1右"、"M左""M右"、"O左""O中""O右"、"A2左""A2中""A2右"图层的第1帧后粘贴帧,如图5-109所示。

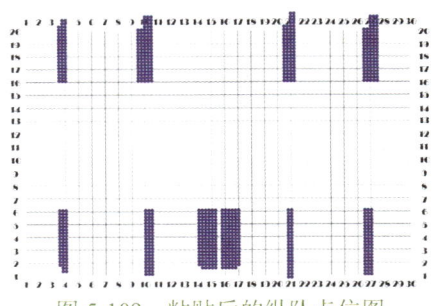

图5-108　SAMOA双线字　　　图5-109　粘贴后的纵队点位图

（2）解锁"2演员夹"中的"S左"全部图层，框选舞台纵队的圆点，将其拖动到设计的候场位置，完成后锁闭文件夹和图层，如图5-110所示。

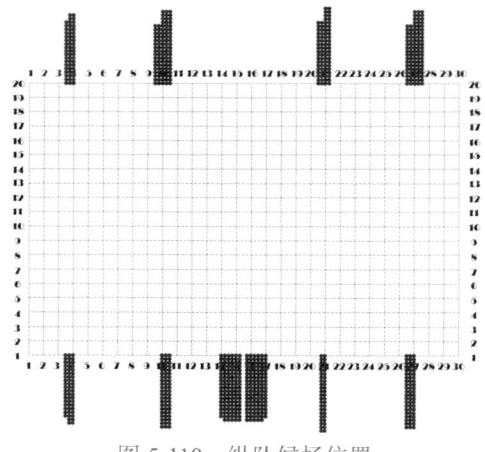

图 5-110　纵队候场位置

第4步：图层归类和分层操作（"纵-引导线-S"文档）。

（1）图层归类：将"SAMOA"的每一个分图层分别拖到对应的文件夹下面。如：

① "S左"图层→"S左"文件夹下面；"S右"图层→"S右"文件夹下面。

② "A1左"图层→"A1左"文件夹下面；"A1中"→"A1左"文件夹下面；"A1右""A1右"文件夹下面。以此类推完成图层的归类。

（2）分层操作。分别在每一个"字母图层"上添加传统运动引导层。分别解锁各图层，单击第1帧后分别进行分散到图层和创建传统补间的操作。

第5步：增加"时间帧"。

（1）在第500帧复选"1场地夹"中的全部图层并插入关键帧。

（2）在第100帧复选"2演员夹"→"3杂项夹"中的全部图层并插入关键帧。

（3）在第400帧复选"2演员夹"→"3杂项夹"中的全部图层并插入关键帧。

提示：执行此操作前，要关锁闭"1 场地夹""2 演员夹""3 杂项夹"后再进行。

第6步：制作"参考线""参考点"。

（1）复制粘贴"参考线"。

① 在"纵队-S字样图"文档，打开"4数据夹"→"参照线"，分别复选每一个字母图层的第2帧后复制帧。

② 切换到"纵-引导线-S"文档。打开"3杂项夹"→"参考线夹"，复选每一个字母图层的第400帧后粘贴帧。

（2）复制粘贴"参考点"

① 在"纵队-S字样图"文档，解锁"参照点夹"，右键单击"图层_1"第3帧并复制帧（SAMOA字样参考点）。

② 切换到"纵-引导线-S"文档，打开"3杂项夹"→"参考点夹"→"A"图层全选第400帧后粘贴帧，最后将"参考点夹"拖动到"2演员夹"下方。

第7步：创建"纵-引导线-S"动画。

提示：由于字母动画的制作方法完全相同，故本书仅以"S左"字母进行文字描述，完整的"SAMOA"双线字母动画创建细节，请参考对应视频。"S左"字母动画在第400帧处开始创建点位。

（1）创建"S左"点位
① 选择"视图"→"紧贴"→"编辑紧贴方式"命令，在打开的对话框中单击"紧贴对象"按钮。
② 打开"2演员夹"解锁"S左"图层放大舞台，按照设计把位于(4,1)的第1颗蓝点，拖动到位于(3.8,15)红点的"S"字母上。

提示：为工作方便，可以全选"蓝点"纵队将其移动到红色"S"字母的左边（参见SA视频）。

③ 按此引导线（路线）的方向、顺序和位置，依次将58颗"蓝点"拖动到"红点"位置上，然后锁闭"S左夹"全部图层。

（2）创建"S左"引导线。
① 打开"杂项夹"→"参考线夹"，单击"S左"图层，在第400帧处复制帧，关闭"杂项夹"。
② 打开"2演员夹"→"S左"（不解锁）图层，在"S左"的第100帧处，单击"引导层"并粘贴帧，单击第399帧（变暗）后，再次按住第399帧并将其拖动到400帧处位置。

（3）试播"S左"动画。
回到第1帧后，关闭"时间轴"面板扩大舞台，选择"控制"→"播放"命令（试播动画，差错纠错），最后在第400帧处停止，以便后续动画的制作。

第8步：添加"时间帧"到500帧。
右键单击"2演员夹"全部图层的第500帧后插入关键帧。

第9步：保存文档。
（1）试播一次完整动画，暂时删除"1场地夹"的"横3""纵3"；"3杂项夹""参考点夹"全部图层。
（2）导出动画影片，命名为"纵-引导线-S"。
（3）恢复"1场地夹"的"横3""纵3""3杂项夹""参考点夹"全部图层。
（4）单击第1帧后按【Enter】键或单击播放键试播一遍动画，成功后保存并关闭文档。

## 5.4 "道具变化"动画制作

在团体操表演中,演员手持道具进行表演的队形有两类。

第1类:人体和道具同时移动的展示效果,如巨型布幅"逐渐展开"动画(这类展示,演员本身的肢体动作较少,只需手持道具移动即可,故不做制作动画的介绍)。

第2类:人体没有位移,通过道具的打开或移动带来画面的变化,如手扇依次打开呈现"螺旋"效果(本书仅以第2类的基本制作为例)。

示例1:"螺旋形展示"动画(备注:2个视频)

**第1步**:创建和调整文档图层。

(1)复制并粘贴"动画模板(主)"文档,重命名为"螺旋展示",然后启动文档。

(2)打开"2演员夹",重命名"角色1"中的"图层_1"为"扇演员",然后锁闭图层。

(3)打开"杂项夹",删除"参考夹"中的"名称""数据""点"等无关图层。

(4)重命名"线"图层为"螺旋线",重命名"道具夹"中的"A"图层为"红绸扇",锁闭该文件夹。

**第2步**:创建"扇演员"点位图。

(1)选择"2演员夹"→"角色1"→"扇演员"图层第1帧。

(2)绘制正圆,设置属性:填充色(柠檬黄)、笔触色(红)、笔触大小(1)。圆宽15、高15,并"转成元件"名为"红白"。

(3)通过复制并粘贴的方法,形成12个扇演员正方队形,如图5-111所示。

**第3步**:创建"红绸扇螺旋图"。

(1)解锁"3杂项夹"→"道具夹"的"红绸扇"图层。

(2)选择"文件"→"导入"命令,将红绸扇螺旋图导入到舞台。

(3)重设"红绸扇螺旋图"属性:宽210、高200。

(4)复制并粘贴12个图,分别安置在方块队形上,如图5-112所示。

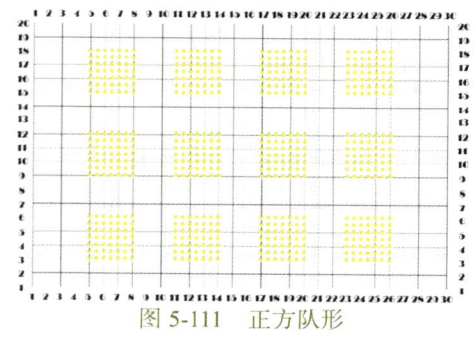

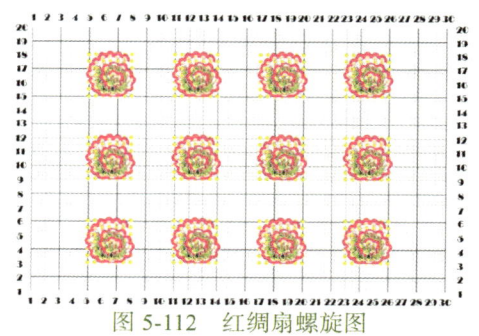

图 5-111　正方队形　　　　　图 5-112　红绸扇螺旋图

（5）单击"红绸扇"图层第1帧，再单击鼠标右键，分别完成分散到图层和创建传统补间的操作。

（6）创建完成后，锁上和隐蔽"红绸扇"图层和"道具夹"。

**第4步：** 增添"时间帧"。

（1）在"1场地夹"→"2演员夹"所有图层的第800帧处插入关键帧。（由于界面滚动条显示有限，可以在第560帧的地方先选点一下时间帧和插入关键帧，再继续拖动滚条到第800处进行操作）详见视频演示。

（2）在"3杂项夹"→"参考夹"→"螺旋线"图层的第100帧处插入关键帧。

**第5步：** 绘制"螺旋线"（共48条）。

提示：解锁"3杂项夹"→"参考夹"→"螺旋线"图层（后续"螺旋线"均在该图层上完成），每制作完成一条"螺旋线"后，用复制并粘贴的方法将其拖动到其他方块上。每一条"螺旋线"均间隔5帧。本书仅介绍两条"螺旋线"的制作步骤（其他"螺旋线"的制作参考视频演示）。

（1）第1条"螺旋线"。

① 在舞台上任何一个方块队形的"中心"上绘制一条直线。

② 设置属性：颜色（红）、笔触大小（20）、宽30，按【Ctrl+G】组合键将其组合。

③ 第1条"螺旋线"绘制好以后，将该线复制并粘贴到其他方块的相同位置上，如图5-113所示。

（2）第2条"螺旋线"。

① 在第105帧处插入关键帧。复制并粘贴任何第1条"螺旋线"，将其顺时针旋转90°，拖动到第2条"螺旋线"位置。

② 依次粘贴第2条"螺旋线"，拖动到其他11个方块的位置上，如图5-114所示。

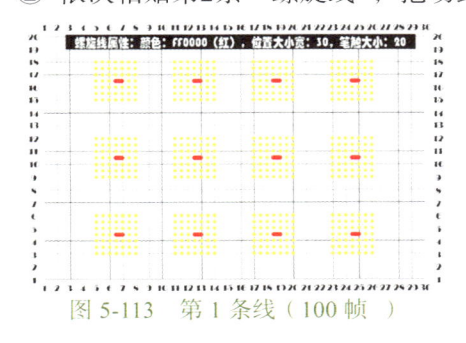

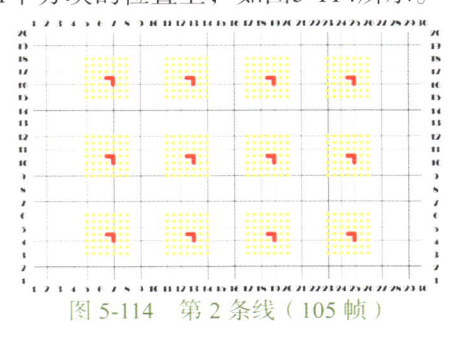

图5-113　第1条线（100帧）　　　　图5-114　第2条线（105帧）

（3）第3～48条"螺旋线"。用复制并粘贴、框选、拖动等方法完成制作（细节详见视频），如图5-115～图5-160所示。

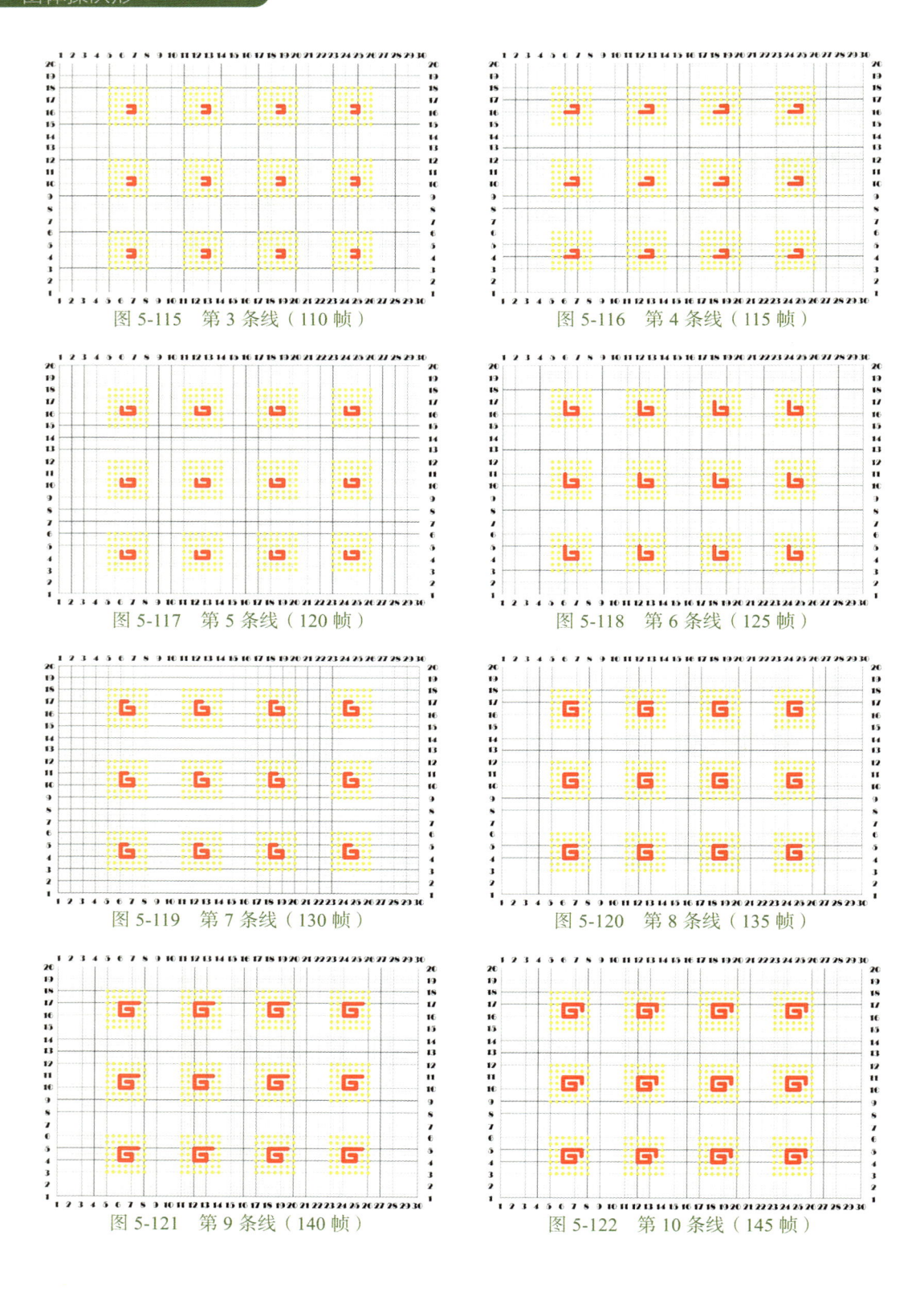

# Animate 2022 动画制作
## 团体操队形

图 5-115　第 3 条线（110 帧）

图 5-116　第 4 条线（115 帧）

图 5-117　第 5 条线（120 帧）

图 5-118　第 6 条线（125 帧）

图 5-119　第 7 条线（130 帧）

图 5-120　第 8 条线（135 帧）

图 5-121　第 9 条线（140 帧）

图 5-122　第 10 条线（145 帧）

第5章 运用Animate制作"团体操队形动画"

图 5-123　第 11 条线（150 帧）

图 5-124　第 12 条线（155 帧）

图 5-125　第 13 条线（160 帧）

图 5-126　第 14 条线（165 帧）

图 5-127　第 15 条线（170 帧）

图 5-128　第 16 条线（175 帧）

图 5-129　第 17 条线（180 帧）

图 5-130　第 18 条线（185 帧）

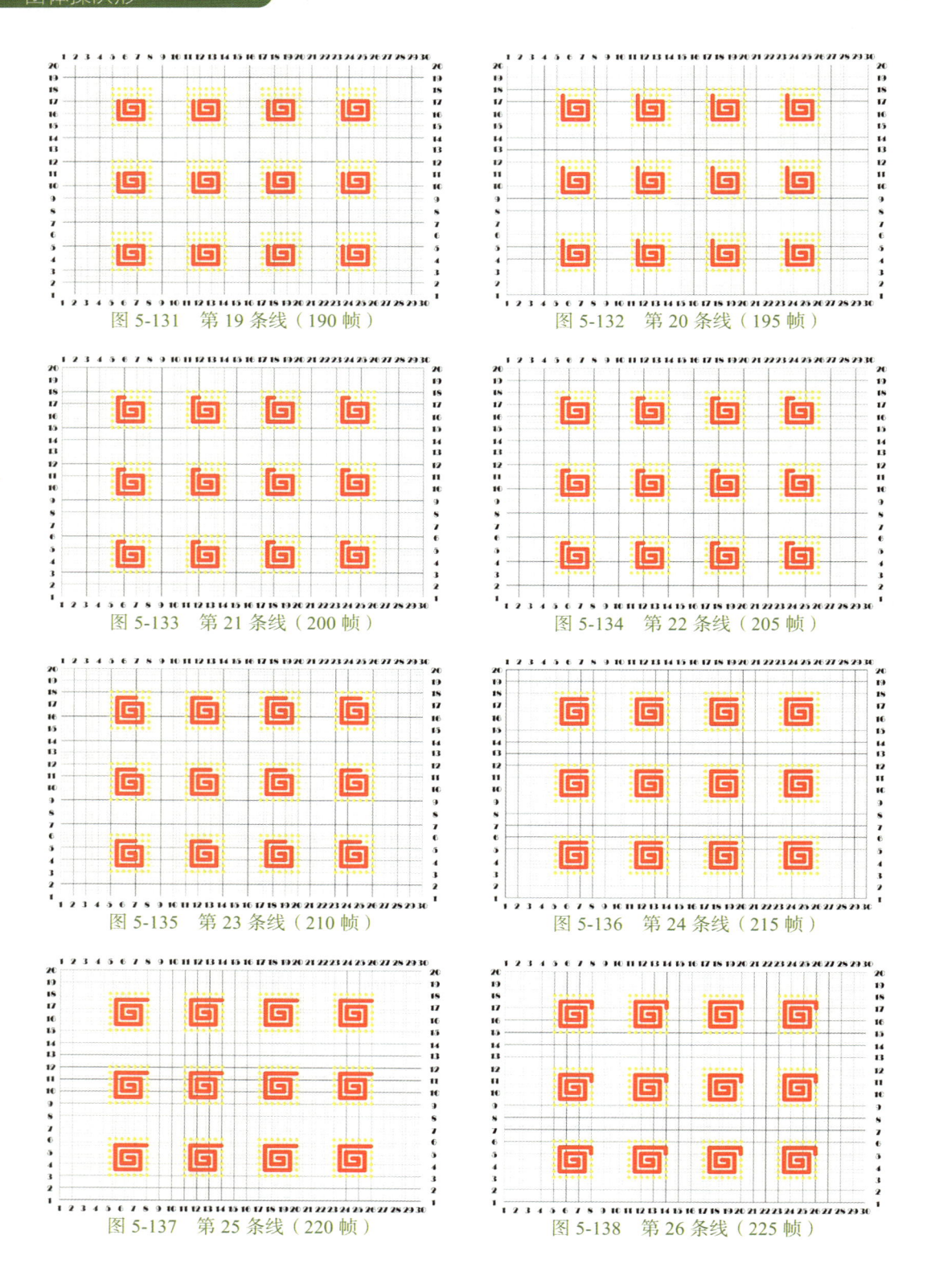

# Animate 2022 动画制作
## 团体操队形

图 5-131　第 19 条线（190 帧）

图 5-132　第 20 条线（195 帧）

图 5-133　第 21 条线（200 帧）

图 5-134　第 22 条线（205 帧）

图 5-135　第 23 条线（210 帧）

图 5-136　第 24 条线（215 帧）

图 5-137　第 25 条线（220 帧）

图 5-138　第 26 条线（225 帧）

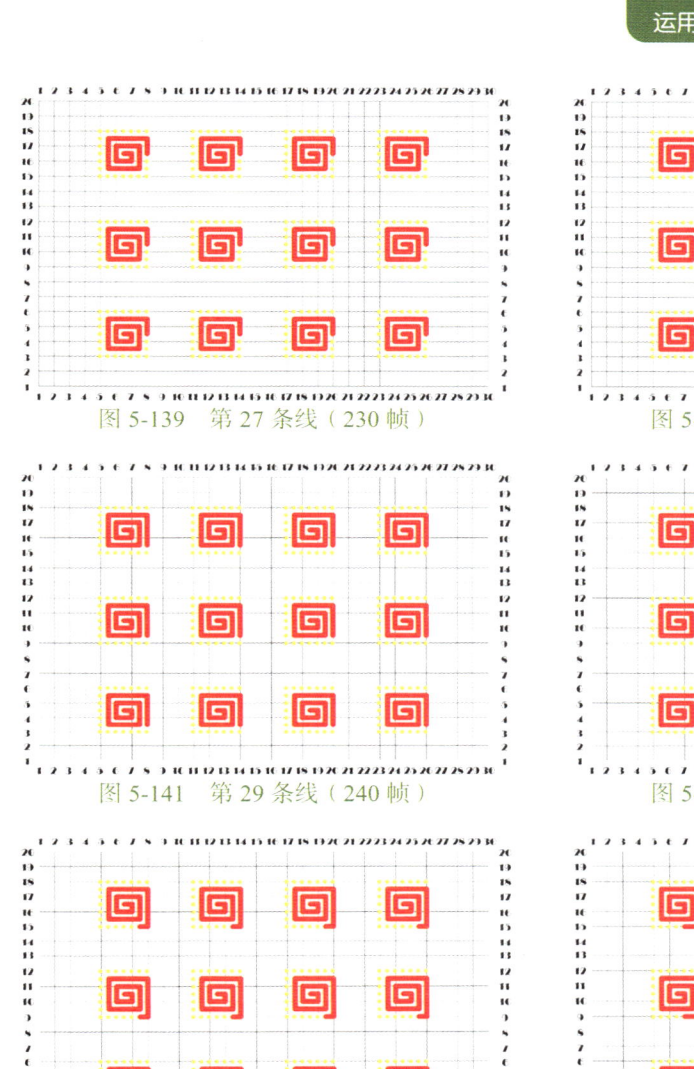

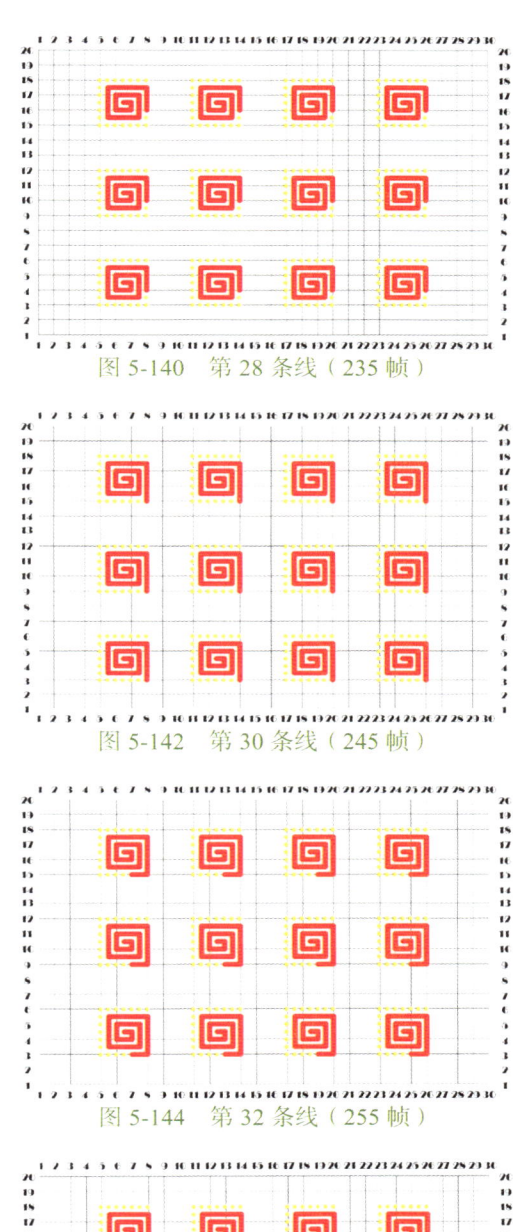

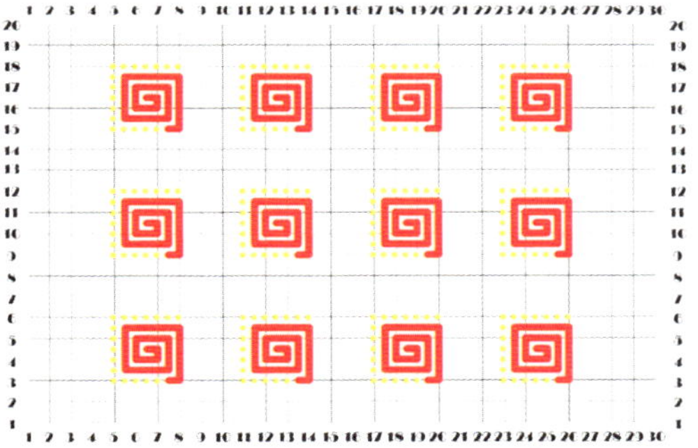

图 5-139　第 27 条线（230 帧）　　　　　图 5-140　第 28 条线（235 帧）

图 5-141　第 29 条线（240 帧）　　　　　图 5-142　第 30 条线（245 帧）

图 5-143　第 31 条线（250 帧）　　　　　图 5-144　第 32 条线（255 帧）

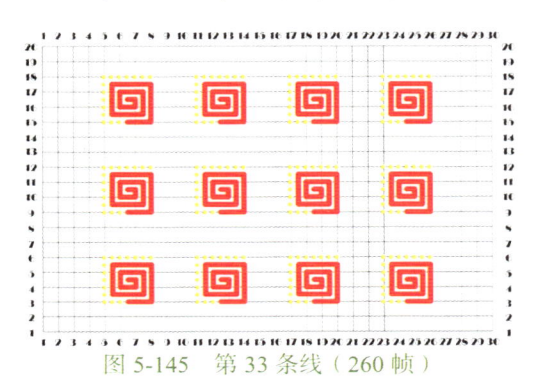

图 5-145　第 33 条线（260 帧） 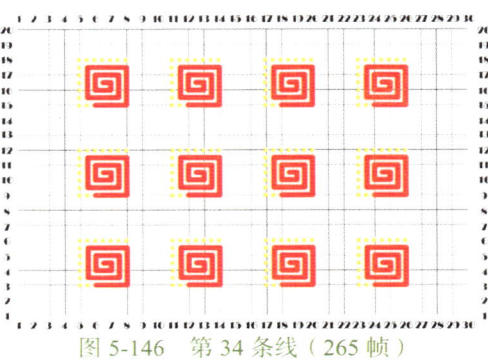　　　　　图 5-146　第 34 条线（265 帧）

## Animate 2022 动画制作
### 团体操队形

图 5-147　第 35 条线（270 帧）

图 5-148　第 36 条线（275 帧）

图 5-149　第 37 条线（280 帧）

图 5-150　第 38 条线（285 帧）

图 5-151　第 39 条线（290 帧）

图 5-152　第 40 条线（295 帧）

图 5-153　第 41 条线（300 帧）

图 5-154　第 42 条线（305 帧）

图 5-155　第 43 条线（310 帧）　　　　　图 5-156　第 44 条线（315 帧）

图 5-157　第 45 条线（320 帧）　　　　　图 5-158　第 46 条线（325 帧）

图 5-159　第 47 条线（330 帧）　　　　　图 5-160　第 48 条线（335 帧）

（4）完成以上所有操作以后，在第350帧处插入空白关键帧。

**第6步：** 建立"红绸扇"图层起始帧。

（1）解锁并显示"3杂项夹"→"道具夹"→"红绸扇"图层。

（2）在"3杂项夹"→"道具夹"→"红绸扇"图层的第350帧处插入关键帧。

提示：第 350 帧为红绸扇图层的起始帧。

（3）全选"红绸扇"第1帧后，框选12幅红绸图按【Delete】键（删除舞台上图片），再单击第1帧"删除经典补间动画"。

提示：第 1～349 帧为空白帧。

第7步：创建"红绸扇螺旋图"抖动效果。

（1）第1次抖动红扇。

① 解锁"道具夹"→"红绸扇"图层，在第359帧处插入关键帧（舞台呈现12个红扇图片）。

② 解锁"道具夹"，选择舞台上的红绸图，选择 ▣ 工具后依次把12个图片放大，如图5-161所示。

图 5-161　放大后的螺旋图

（2）第2次抖动红扇。

全选"红绸扇"图层的第350～359帧并复制帧，粘贴帧到第360帧的全部图层。

（3）第3～10次抖动红扇。

继续把第350～359帧"复制帧"，分别间隔10帧"粘贴帧"到第370、380、390、400、410、420、430、440帧处，完成所有红扇的抖动。

（4）复选"红绸扇"图层的第499帧并插入关键帧。最后在第500帧处插入空白关键帧。

第8步：创建"螺旋关闭动画"，"螺旋线"逐步减少直到全部消失。

（1）打开"杂项夹"→"参考夹"→"螺旋线"图层（不解锁），在第500帧插入空白关键帧。

（2）复选"螺旋线"图层第100～329帧并复制帧。到第500帧处粘贴帧。

（3）复选"螺旋线"图层第500～729帧并翻转帧。单击第730帧后锁闭全部图层和文件夹。

红扇抖动

第9步：保存文档。

（1）试播完整动画（差错纠错），暂时删除"1场地夹"的"横3""纵3"。

（2）导出动画影片，命名为"螺旋展示"。

（3）恢复"2演员夹"和"横3""纵3"图层。

（4）单击第1帧后按【Enter】键或单击播放键试播一遍动画，成功后保存并关闭文档。

示例3：制作"瀑布流动"动画

第1步：创建并启动文档。

将"瀑布图"An文档（提前做好的文档），重命名为"瀑布流动"，双击启动新文档。

第2步：分散图层。

（1）在"1场地夹"和"4杂项夹"中的"背景道具"图层，第800帧处插入关键帧。

（2）在"4杂项夹"→"瀑布"图层的第100帧处插入关键帧。

（3）解锁"瀑布"图层，复选其第1帧所有图层，按【Delete】键删除（表演自第100帧开始）。

（4）复选"瀑布"第100帧所有图层并复制帧，粘贴帧到第105帧处。

（5）复选"瀑布"第100至105帧所有图层并复制帧，复选第110帧所有图层并粘贴帧。

（6）复选100至115帧所有图层并复制帧，复选第120帧所有图层并粘贴帧。

（7）复选100至135帧全部图层并复制帧，复选第140帧所有图层并粘贴帧"。

（8）复选所有图层第180帧并粘贴帧。

（9）保留至第200帧，复选第201至215帧所有图层并删除帧。

（10）在"瀑布"图层的 第800帧处插入关键帧。

背景瀑布

**第3步**：制作背景"瀑布流动"动画。

（1）解锁"4杂项夹"→"瀑布"图层，放大舞台，背景瀑布图序号，如图5-162所示。

提示：此处的图序实际上就是第3步中反复"粘贴帧"21次（详见视频）。

（2）单击"瀑布"图层中最上面（第1个分图层）的第100帧处，舞台最上方的瀑布画面会出现一个显示框，单击工具框选该显示框下面的部分（图片中图序号上白色瀑布的画面），按【Delete】键删除，如图5-163所示。

图 5-162　背景瀑布图序　　　　图 5-163　留下的瀑布 1

（3）用相同的方法，依次删除下面部分的白色瀑布，保留上面部分的白色瀑布，逐渐向下推进,最后形成"流动的瀑布动画"背景(详细操作参考视频演示)，如图5-164～图5-183所示。完成所有操作以后锁闭图层并保存。

图 5-164　瀑布 2　　　　　　　图 5-165　瀑布 3

# Animate 2022 动画制作
## 团体操队形

图 5-166  瀑布 4

图 5-167  瀑布 5

图 5-168  瀑布 6

图 5-169  瀑布 7

图 5-170  瀑布 8

图 5-171  瀑布 9

图 5-172  瀑布 10

图 5-173  瀑布 11

图 5-174　瀑布 12

图 5-175　瀑布 13

图 5-176　瀑布 14

图 5-177　瀑布 15

图 5-178　瀑布 16

图 5-179　瀑布 17

图 5-180　瀑布 18

图 5-181　瀑布 19

图 5-182　瀑布 20　　　　　　　　　图 5-183　瀑布 21

第4步：增添"时间帧"。

（1）单击 👁 图标显示"2道具夹"全部图层并全选，在第200帧处插入关键帧。

（2）解锁并复选"2道具夹"全部图层的第1帧处，按【Delete】键删除。

（3）从"2道具夹"图层的第200帧开始每隔5帧插入一次关键帧至第735帧处（可反复采用复制帧和粘贴帧的方法见视频）。

（4）在"2道具夹"图层第800帧插入关键帧。

第5步：制作主场地"道具瀑布"流动动画。

（1）单击"2道具夹"图层的第200帧处，框选瀑布顶端第1个16宫格下面的所有瀑布画面，按【Delete】键删除，删除后舞台顶端只留下第1个16宫格宽的蓝色小窄条。

（2）单击"2道具夹"的第205帧处，框选瀑布顶端第2个16宫格下面的所有瀑布画面，按【Delete】键删除，删除后舞台顶端留下第2个16宫格宽的蓝色小窄条。

场地瀑布

（3）后续的"第210帧、第215帧至第735帧"都是按照先单击下一个"+5"图层段，再框选"+1"16宫格下面的瀑布画面，最后按【Delete】键删除（具体方法参考视频）。完成所有操作后锁闭"2道具夹"。

第6步：增添"时间帧"。

（1）单击 👁 图标显示"3演员夹"全部图层内容。

（2）在"3演员夹"全部图层的第200帧处插入关键帧。

（3）在"3演员夹"全部图层的第1帧处，按【Delete】键删除。

（4）从"3演员夹"的第200帧开始，每隔5帧插入关键帧至第735帧。（反复采用复制帧和粘贴帧的方法，详见视频）。

（5）在"3演员夹"图层的第800帧插入关键帧。

第7步：制作主场地"演员瀑布"流动动画。

（1）单击"3演员夹"图层第200帧处，舞台上出现蓝色瀑布和蓝色圆点，保留与蓝色瀑布相连接的蓝点，框选所有悬浮在蓝色瀑布下面的蓝点，按【Delete】键删除。

（2）单击"3演员夹"图层第205帧处，框选所有悬浮在蓝色瀑布下面的蓝点，按【Delete】键删除。

（3）采用以上方法循环往复，每个循环都是先单击下一个"+5"图层段，框选舞台上所有悬浮在蓝色瀑布下面的蓝点，按【Delete】键删除（具体方法同前并参考视频）。

（4）到第735帧时所有的蓝点都与蓝色背景瀑布相连接，不再做框选、删除。锁闭"演员夹"，结束动画制作。

**第8步：** 保存文档。

（1）试播一次完整动画，暂时删除"1场地夹""横3""纵3"图层。

（2）导出动画影片，命名为"瀑布流动"。

（3）恢复"2演员夹""横3""纵3"图层。

（4）单击第1帧后接【Enter】键或单击播放键试播一遍动画，成功后保存并关闭文档。

## 5.5　制作队形音乐动画

"队形音乐动画"是指在队形变化的动画中导入与队形匹配的"音频文件"（音乐节奏谱），使团体操的队形随着音乐的改变进行各种变化。通过队形与音乐的配合，更能使教练员和演员直观地理解和体会"音乐节点"，快速掌握音乐与队形变化起始转呈。

音乐动画有两种制作方式，第一种：先导入音乐，再制作队形变化动画。第二种：先制作队形再导入音乐，并根据音乐的长短调整队形动画的长短。本示例演练采用第一种方法进行描述。

制作准备

提示：由于一个完整的曲目时间太长，我们仅选择2个部分进行动画制作的视频演示。其他段落的创建方法相同，不同的是要根据音乐的小节添加时间帧或复制并粘贴帧。然后进行动画三步曲：添加传统运动引导层、分散图层和创建补间动画的操作。

**示例：制作"音乐动画"**

**第1步：** 创建文档并调整图层。

（1）复制并粘贴"动画模板（主）"并重命名为"'君子行'音乐动画"，启动新文档。

（2）在"2演员夹"和"角色1"文件夹，分别增加5个文件夹和5个图层，文件夹重命名为"绿""黄""红""黑左""黑右"。

（3）重命名"3杂项夹"为"3道具夹"，在"3道具夹"增加1个文件夹后新命名"布幅""校徽""国旗"并在3个文件夹中再各增加1个图层。

（4）新建"4音乐夹"并新增图层分别为"箭头""节拍数字""节拍底框""节拍点位""音频"图层，最后锁闭全部文件夹和图层，如图5-184所示。

**第2步：** 创建"散点"和"候场"点位。

（1）创建"绿点""散点位置"坐标点。

① 解锁"2演员夹"→"绿"图层并单击第1帧，单击⬤工具后绘制圆点，将其转换为元件。设置属性：宽15、高15、填充色（绿）、笔触▢。用复制并粘贴的方法创建"散点"点位图。

② 用框选和复制并粘贴的方法，分别在"黄点""红点""蓝点""黑右""黑左"各图层创建"散点位置"点位图，将颜色改变成对应的颜色（方法见视频），如图5-185所示。

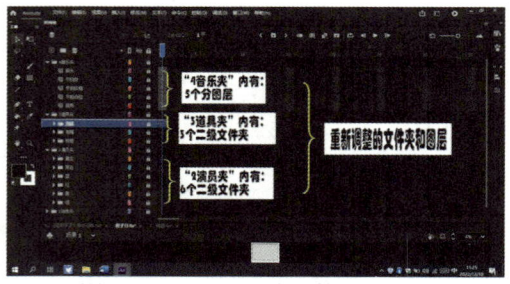

图 5-184　调整后的文件夹和图层　　　　　图 5-185　各颜色散点点位

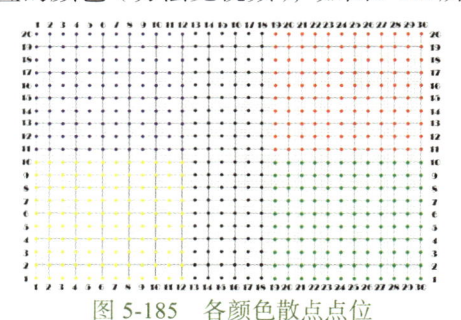

（2）创建"候场位置"点位。

① 将全场"散点"圆点拖动到"纵向密集"位置，如图5-186所示。

② 将全场"纵向密集"圆点拖动到"候场"位置，并将这些圆点变色为（紫），如图5-187所示。

图 5-186　纵向密集　　　　　图 5-187　候场位置

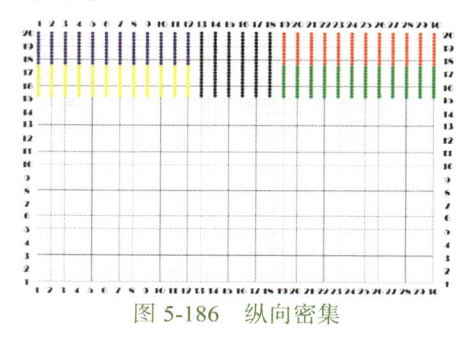

第3步：添加道具。

复制"'君子行'队形图"和"道具"图层的第3帧（即"成就卓越、塑造未来"布幅图），粘贴到"'君子行'音动画""布幅"和"3"图层第1帧，锁闭和隐蔽"4道具夹"。

第4步：导入音频绘制箭头。

（1）导入音乐。

① 解锁"4音乐夹"→"音频"图层并单击第1帧，然后选择"文件"→"导入"命令，将"君子行"音频文件导入到舞台（在"音频"图层第1帧中可见音频线，但只有1帧的宽度），如图5-188所示。

② 单击"音频"图层的第1帧，打开"属性"面板，在"声音"栏中选择"同步"→"同步声音"命令，在出现的下拉框中选择"数据流"选项，如图5-189所示。

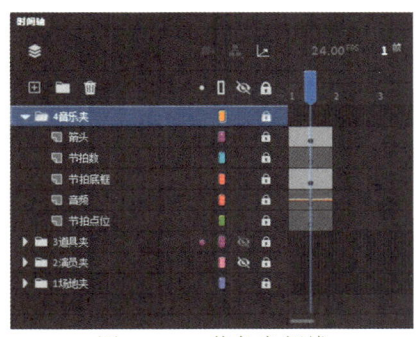

图 5-188　黄色音频线　　　　　　　　　图 5-189　"数据流"选项

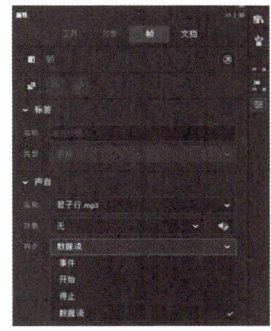

（2）绘制底框和箭头。

① 打开"节拍底框"图层，用■工具后绘制节拍底框（详见视频）。

② 打开"箭头"图层，单击／工具后绘制箭头。在"属性"面板选择"工具"→"式样"命令，在"画笔库"中选择"Arrows Starndard"命令，再双击Arrow 1.09（箭头式样），如图5-190所示。

节拍帧和箭头

③ 设置箭头属性为：笔触色（红）、笔触大小（50）、笔触高60。

（3）复制"节拍"（简称节拍谱）-"前奏部分"。

解锁"节拍数"图层，在第1帧中，将"君子行节拍谱"（Word文档）中"前奏"输入节拍框上，并调整文字位置，详见视频。最后将"箭头"移到"1"上面，如图5-191所示。

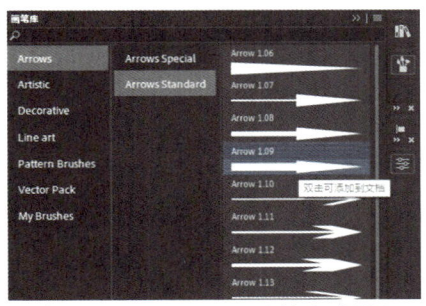

图 5-190　Arrow 1.09（箭头式样）　　　　　图 5-191　音乐前奏

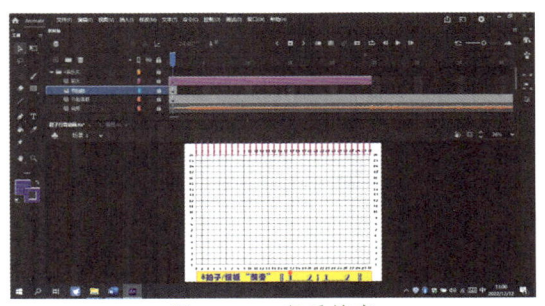

**第5步**：创建动画"3步曲"。

（1）打开并解锁"2演员夹"→"黑左"图层，再单击"黑左"图层并添加传统运动引导层。

（2）鼠标右键单击第1帧后，选择"修改"→"时间帧"→"分散图层"命令。

（3）鼠标右键单击"黑左"图层的第1帧并"创建传统补间"，图层会自动增加到24帧。

（4）依次将"黑右""蓝""红""黄""绿"文件夹中的图层，按以上顺序完成"添加传统运动引导层""分散到图层"和"创建传统补间"的操作，最后锁闭和隐蔽"2演员夹"。

（5）将"3道具夹"所有图层进行分散到图层和创建传统补间的操作（顺序同"2演员夹"），完成后再次锁闭和隐藏"3道具夹"。

**169**

提示：在编辑以上文件夹和图层的内容前需要解锁并显示后，再进行编辑。

**第6步**：增加图层时间帧。

（1）将"节拍底框"图层向下拖动使之与"音频"图层挨在一起，并在第40帧"插入关键帧"。然后在第40帧处复选两个图层并向右拖动，一直拖到"音频"图层中不再出现"音频线"为止。本示例音频线终点为第6610帧，如图5-192所示。

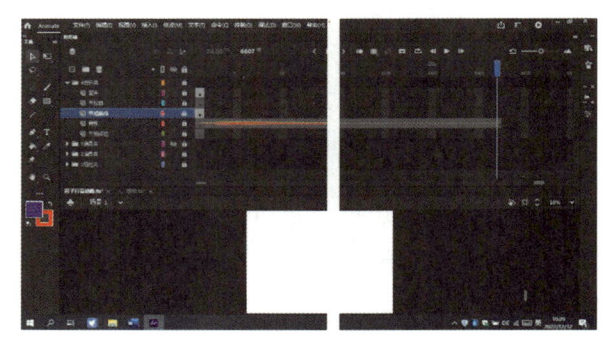

图 5-192　音频线显示

（2）在第6610帧处插入关键帧。

（3）增加"1场地夹"的帧至第6610帧并插入关键帧。

**第7步**：制作"节拍参考点"帧位。

按【Enter】键播放音频。播放头在"节拍点位"图层上随音乐进度向右移动。以1个8拍为阶段终止播放。在音频波峰稍微靠左的帧位上插入关键帧，如图5-193所示（具体操作详见视频）。

入场音动

提示：该帧的位置就是"节拍参考点位"简称"节拍点位"帧。节拍点位主要用于确定队形变换的时刻和箭头移位的停止点。

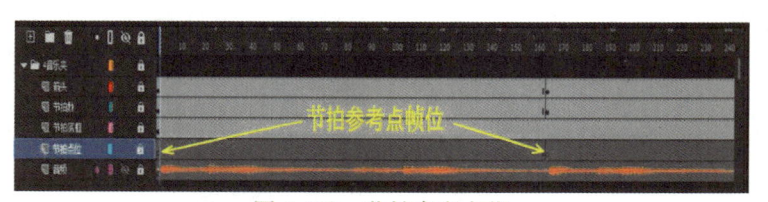

图 5-193　节拍参考点位

本书示例音乐"节拍参考点"帧位如下：

① 8拍子/慢板"前奏"

帧位置：　0帧　　165帧　　330帧　　495帧

音乐节拍：‖1　　　2　　｜　1　　　2　　‖

② "第一段""主曲"

帧位置：　660　820　988　1150　1315　1480　1650　1728　1890　2055　2220

音乐节拍：‖1　2　3　4　｜　1　2　④　｜　1　2　3　4　‖

③ "间奏""1"

帧位置：　2385　　2550

音乐节拍：‖　1　　　2　　‖

**第8步**：制作"箭头移动"动画。

（1）"前奏"部分。

① 在"节拍数字"图层第660帧处插入关键帧。

② 在"箭头"图层第165帧处（节拍点位）插入关键帧，把舞台上节拍底框上的"箭头"移动到下一个节拍数字"2"上（具体操作详见视频），以此类推，直到"前奏"音乐结束（此时位置为第495帧）。

（2）"第一段"的"主曲"部分。

① 在第660帧处删除节拍底框中乐曲段落名"前奏"和节拍谱，键入下一个乐曲段落名"主曲第一段"和"节拍"，调整好它们在节拍底框中的位置。

② 解锁"箭头"图层并单击第660帧，把节拍底框上的箭头移动到"主曲第一段"第1拍上。

③ 将"节拍数字"图层增加至第2385帧（间奏第一个节拍点位）。

④ 在"箭头"图层的第820帧（节拍点位）插入关键帧，单击该帧并将"箭头"移动到第2个八拍上。

⑤ 以此类推，每次都是先找到下一个节拍点位，在"箭头"图层的该帧位上插入关键帧，将箭头平移到下个节拍数字上。一直做到第2385帧。

（3）"间奏1"部分。

① 在第2385帧处给"箭头图层"插入关键帧，解锁"节拍数字"图层。将事先在Word文档里准备好的"间奏1"的内容（曲段名和节拍数字）复制粘贴到舞台上的节拍底框（替换掉原有内容）。

② 解锁"箭头"图层，把第2385帧处的"箭头"移动到"间奏1"第1拍上。

③ 把"节拍数字"图层增加至第2715帧。

④ 在"箭头"图层第2550帧处插入关键帧，把"箭头"移到第2个八拍上。

⑤ 将"箭头"图层增加到第2715帧。

（4）制作"其他音乐段落"箭头。

方法同上，最后在"箭头"图层"音频波纹"的末尾处插入传统补间，把"时间帧"再延长到3秒左右后插入关键帧（本示例在：第6607帧）。

**第9步：** 制作"队形变换"动画

提示：打开解锁"2 演员夹"全部图层，将圆点变为"紫色"，后续操作也在全部图层上进行。

（1）"前奏"队形。

① 在全部图层的第330帧处插入关键帧，演员候场位不动（节拍：前奏第1个八拍）。

② 在第660帧处插入关键帧，圆点移动到"全场散点"位，操作方法详见视频，（节拍：前奏第2个八拍）。

（2）变"自强创新"和布幅。

① 将"蓝""红""黄""绿"全部图层增加至第3535帧，从"君子行队形图"文档复

制第6帧的"黄""绿"两个图层的组字圆点，粘贴到"君子行音乐动画"文档的第3535帧参考点图层"1"的舞台上，拖动圆点覆盖到参考点上，如图5-194所示（仅字符的下半部分，详见视频）。

② 增加全部图层至第3700帧，删除参考点图层"1"的第3535和第3700帧。

③ 复制"君子行队形图"文档的第7帧，粘贴帧到"君子行音乐动画"文档的第3700帧。在参考点图层"1"的舞台上，拖动演员圆点覆盖至参考点上（操作过程详见视频），完成整个字符的队形制作，如图5-195所示。

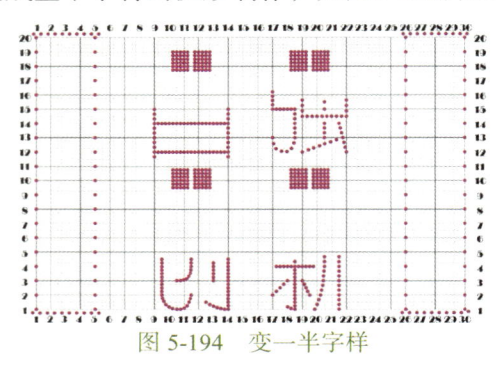

图 5-194　变一半字样 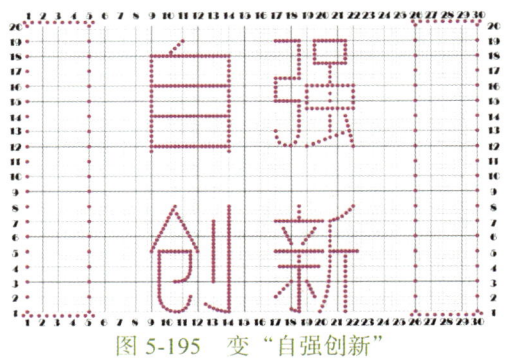　　　　　　　图 5-195　变"自强创新"

④ 在"黑左""黑右"夹"引导层"的第3366帧处插入空白关键帧，然后增加全部图层至第3700帧，用舞台左右两侧的纵队圆点覆盖布幅参考点，完成展开布幅队形制作（制作过程详见视频）。

⑤ 复选第3700帧并删除经典补间动画和参考点图层"1"。将"2演员夹"全部图层（含参考点图层"1"）增加至第3740帧，字样队形停留不动。

第一次：制作"字样变色"（节拍：第3小节第1个八拍）

① 框选"自强创新"字样全部坐标点，变为"蓝色"。
② 增添至3760帧，框选"自强创新"字样全部坐标点，变为"黑色"。
③ 增添至3780帧，框选"自强创新"字样全部坐标点，变为"红色"。
④ 增添至3800帧，框选"自强创新"字样全部坐标点，变为"黄色"。
⑤ 增添至3820帧，框选"自强创新"字样全部坐标点，变为"绿色"。
⑥ 增添至3840帧，框选"自强创新"字样全部坐标点，变为"紫色"。
⑦ 增添至3905帧，停留不动。
⑧ 分别复选"蓝""黑左""黑右""红""黄""绿"夹中的"普通图层"（传统引导层除外）第3905帧，然后重新创建传统补间。

第二次："黑"变双纵队，"字样"变4方块，如图5-196所示。

组字音动

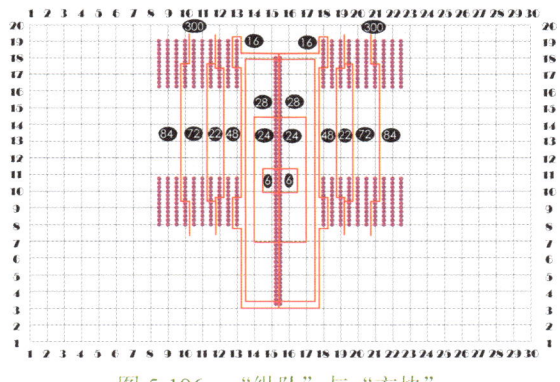

图5-196 "纵队"与"方块"

① 复选"黑左""黑右"夹全部图层第3365帧并复制帧，粘贴帧到复选的第3950帧，然后删除两个引导层的两个帧。

② 复制"君子行队形图"文档中"黑左""黑右"图层的第8帧，粘贴至"君子行音动画"文档的"节拍点位"图层第4070帧的舞台上（单击右键进行粘贴到当前位置的操作）。

③ 解锁"黑左""黑右"图层，在第4070帧的舞台上把两边的圆点顺序地摆放到中间的两条竖线上，变成中场双纵队（详见视频）。

④ 把"节拍点位"图层第4070帧上的引导线，按左右分别复制粘贴到"黑左""黑右"两个引导层的第3950帧上。注意：第4070帧上的引导线是由第4069帧拉过去的（详见视频）。

⑤ 在两个引导层的第4071帧处插入空白关键帧，锁闭"黑左""黑右"图层。

⑥ 复选"蓝""红""黄""绿"全部图层第3365帧并复制帧，粘贴帧到复选的第4070帧，变回原4方块，再调整成现4方块。

**第10步：**制作"道具动画"。

（1）制作"布幅"开始帧位

① 解除隐蔽"3道具夹""布幅夹"复选第3090帧全部图层并插入关键帧。解锁两个"布幅"图层，删除第1帧上的内容和补间动画。

② 分别单击第3090帧舞台上的两个布幅，并设置各自的属性：宽30像素，左右两布幅变窄（即关闭状态）。

③ 将左布幅拖动到（3,20），右布幅拖动到（28,20）出发位置等待，如图5-197所示（操作过程详见视频）。

（2）在"布幅夹"全部图层的第3180帧处插入关键帧，布幅不动。

（3）在"布幅夹"全部图层的第3365帧处插入关键帧，将关闭的布幅移动到场地两侧。

（4）在"布幅夹"全部图层的第3700帧处插入关键帧，展开布幅。

（5）在"布幅夹"全部图层的第3905帧处插入关键帧，道具展示不动，如图5-198所示。

图 5-197　布幅到候场位　　　　　图 5-198　展开的布幅

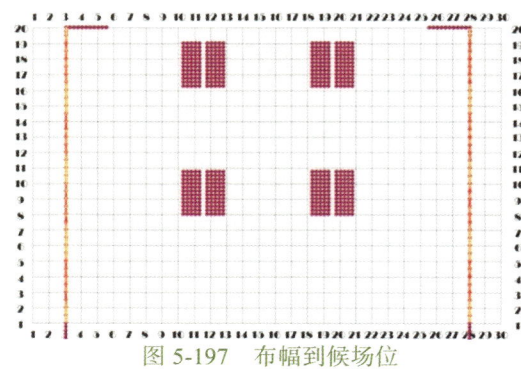

（6）在"布幅夹"全部图层的第3950帧处插入关键帧，关闭布幅道具。

（7）在"布幅夹"全部图层的第4024帧处插入关键帧，布幅退场至纵坐标第20点处。

（8）复选"布幅夹"全部图层的第4025帧处插入空白关键帧后在删除经典补间动画的操作。

第11步：保存文档。

（1）试播完整动画（差错纠错），暂时删除"1场地夹"文件夹和"纵3""横3"图层。

（2）导出动画影片，命名为"君子行音动画"。

（3）恢复"1场地夹"文件夹和"纵3""横3"图层。

（4）单击第1帧后按【Enter】键或单击播放键测试一遍导出的动画影片，成功后保存并关闭文档。

成品 1　　　　成品 2　　　　成品 3

## 5.6　团体操队形动画实例展示

# 第6章 团体操背景图

## 6.1 基础知识

团体操从没有背景表演发展到有背景表演，是一个很大的进步，正像无声电影发展成有声电影一样。在背景表演中，所有表演图案都是由"方格色块"构成的，它可以反复被使用，所描绘出的不同图案起到点明主题、引导观众产生联想和思考的作用。背景的制作一般需要考虑的因素有背景的大小、表演人数和座次分布、背景画稿。设计人员根据具体情况和创编主题，将画稿放大制作成每个背景表演人员手中的"背景本"。运用Animate构建的"团体操背景坐标图"，就是将图稿放大，分解成每个背景表演人员手中背景本的方法之一，结合动态的变化和音乐的融合，使其更加立体化和可视化。

### 6.1.1 图层需求

"背景坐标图"图纸是将创作落实到表演的重要技术环节。根据背景表演道具的需求，有单色背景本（单面只有一种颜色）和多色背景本（单面有多种颜色）。运用Animate构建背景图包含的主要内容有"坐标网格"图层、"坐标号"图层、"基础底色"图层、"标注框"图层、"辅助"图层、"编号文字"图层。

### 6.1.2 坐标位数量

图纸纵横坐标位（演员）的数量需根据表演场地的具体情况而定，如根据现有体育场看台的座位数，即可确定表演的纵横坐标点位数量；如搭建专业舞台，就需根据总体设计来确定表演人员的纵横坐标点位数量。

## 6.2 文档模板

文档模板

### 6.2.1 创建文档和网格

（1）启动 An，选择"文件"→"新建"→"角色动画"→"全高清"命令，设置属性：

宽2040、高840、帧速率4.00，平台类型选择ActionScript3.0，单击"创建"按钮完成基本设置，将文件命名为"背景坐标图"后单击"保存"按钮。

（2）绘制网格。

第1步：基础横线。

（1）进入"背景坐标图"文档，在 100% 中单击 ∨ 后选择"符合窗口大小"命令。

（2）将"时间轴"面板下的"图层_1"更名为"基础横线"。

（3）单击 ✎ 工具（在第1帧）后在舞台靠上方位置，绘制第一条任意长度的水平横线。单击 ≋ 图标设置线属性：宽1800、高0、触笔色（黑色）、触笔大小（1）、样式（实线）、宽（均匀）、缩放（无）。

（4）单击横线用【Ctrl+G】组合键将横线组合，使用复制并粘贴的方法完成共17条横线的添加。

提示：根据习惯可用【Ctrl+A】组合键全选对象，按【Alt】键向下拖动进行复制（要先松开鼠标左键再松开【Alt】键，否则就是移动横线而不是复制横线了）。

（5）单击 ▶ 工具后，单击最高处横线并设置位置属性：Y120。单击最低处横线设置位置属性：Y600。框选全部17条横线，选择"对齐"→"左对齐"和"垂直平均间隔"命令，将其进行排列。

第2步：基础纵线。

（1）在"时间轴"图层中单击 ⊞ 按钮增加图层，命名为"基础纵线"。

（2）单击该图层第2帧，"插入关键帧后锁闭全部图层；解锁"基础纵线"图层，再次单击该图层的第2帧进行纵线的绘制。

（3）单击 ✎ 工具后在舞台靠左位置上绘制第一条任意长度的垂直纵线；单击 ≋ 图标设置线属性：宽0、高480、触笔色（黑）、触笔大小（1）、样式（实线）、宽（均匀）、缩放（无）。

（4）单击纵线后，用【Ctrl+G】将纵线组合；"复制粘贴"完成共61条纵线的添加。

（5）单击 ▶ 工具后单击最左侧纵线，设置位置属性：X120；单击最右侧纵线设置位置属性：X1920；框选全部纵线后，单击"对齐"选择"顶对齐"和"水平平均间隔"将其进行排列。

第3步：坐标网格。

（1）单击 ⊞ 按钮增加图层，命名为"坐标网格"。在该图层的第3帧处插入关键帧，解锁全部图层。

（2）复制"基础横线"图层的第1帧，在"坐标网格"图层的第3帧处选择粘贴到中心位置，再设置属性：(120,120)。

（3）复制"基础纵线"图层的第2帧，在"坐标网格"图层的第3帧处粘贴到中心位置，再设置属性：(120,120)。

（4）框选所有基础横线与基础纵线，单击两次"修改(M)"和"取消组合(U)"，形成分离状态网格。完成后将文件保存，完整网格图示，如图6-1所示。

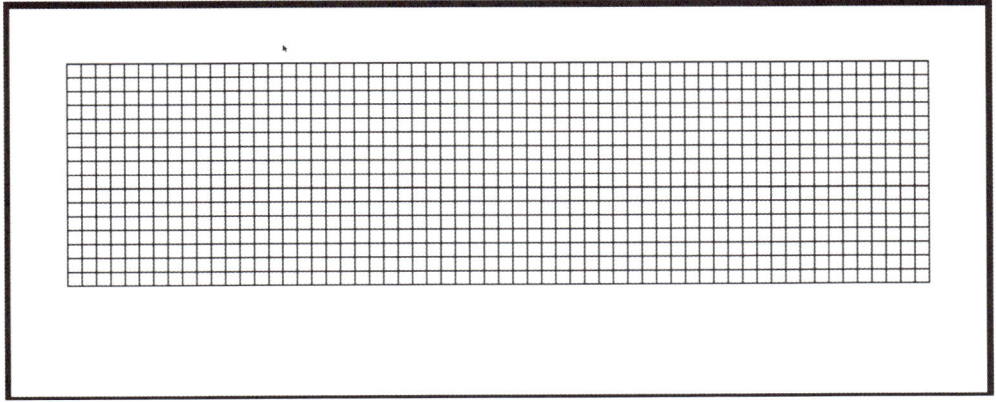

图 6-1　背景图网格

## 6.2.2　标号和底框

### 1. 建立独立图层

在"时间轴"图层增加新图层，将其更名为"坐标号"。在该图层的第2帧和第3帧位置分别插入空白关键帧。锁闭全部图层后，解锁"坐标号"图层，再次单击该图层的第3帧。

### 2. 输入坐标号

（1）单击 T 工具后进行属性文字（号码）的设置：静态文本、细明体_HKSCS-ExtB、嵌入、大小（8pt）、颜色（黑）、呈现、可读性消除锯齿。

（2）从舞台左下方的第一个网格开始，单击鼠标左键，依次输入全部背景网格的编号（从左向右，从下往上），运用"对齐"功能调整数字到对应方格的中心位置，如图6-2所示。

操作小技巧：按住【Ctrl】键，前后滚动鼠标中键，可以调整舞台视图大小。

### 3. 绘制底框

（1）在"时间轴"图层新增图层，将其更名为"标注框"。在该图层的第2帧和第3帧处插入空白关键帧。锁闭全部图层，解锁"标注框"图层，再次单击该图层的第3帧。

（2）绘制"序号底框"。单击 ▇ 工具后在舞台中绘制一个任意有边框的矩形。框选该矩形并运用组合键【Ctrl+G】将其组合，设置对象属性：宽150、高100、(500,650)。设置属性：填充色（黄），触笔色（红），触笔大小（10）、样式（实线）、宽（均匀）、缩放（无）。

（3）绘制"文字底框"：单击绘制好的"序号底框"，复制并粘贴，在"序号底框"的旁边形成一个新的标注框并单击选中它。设置对象属性：宽800、高100、(730,650)。

| 6.51 | 16.52 | 16.53 | 16.54 | 16.55 | 16.56 | 16.57 | 16.58 | 16.59 | 16.60 |
|---|---|---|---|---|---|---|---|---|---|
| 15.51 | 15.52 | 15.53 | 15.54 | 15.55 | 15.56 | 15.57 | 15.58 | 15.59 | 15.60 |
| 14.51 | 14.52 | 14.53 | 14.54 | 14.55 | 14.56 | 14.57 | 14.58 | 14.59 | 14.60 |
| 13.51 | 13.52 | 13.53 | 13.54 | 13.55 | 13.56 | 13.57 | 13.58 | 13.59 | 13.60 |
| 12.51 | 12.52 | 12.53 | 12.54 | 12.55 | 12.56 | 12.57 | 12.58 | 12.59 | 12.60 |

图 6-2 "坐标网格编号"局部图

### 6.2.3 新增图层

在"时间轴"图层新增3个图层，分别命名为"编号文字""基础底色""辅助"。在这些图层的第2帧和第3帧位置处分别插入空白关键帧，将"基础底色"和"辅助"图层放在"坐标网格"图层的下方。

单击"辅助"图层，按住鼠标左键向下拉动，将"辅助"图层放在"基础底色"图层下方。完成后锁闭所有图层，保存文件，图层摆放位置如图6-3所示。

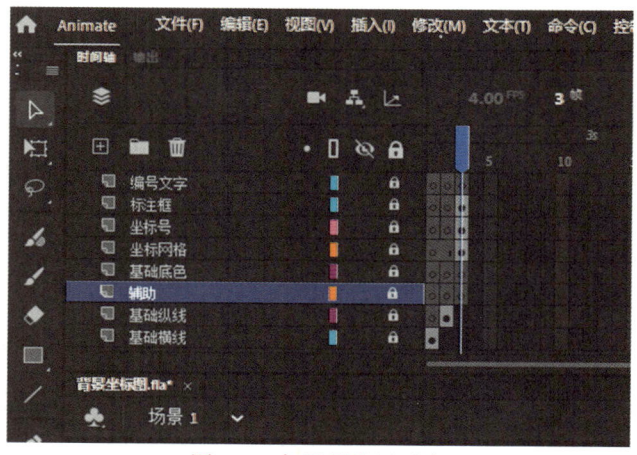

图 6-3 各图层位置示意

## 6.3 单色背景本坐标图

团体操"单色背景本"背景表演是指在单个画面表演时，一个表演单位（演员）所持的道具颜色只有一种，类似于马赛克或拼图模式。

## 6.3.1 图案背景

**示例："中国结"背景图**

**第1步：** 复制并粘贴帧。

（1）打开"背景坐标图"模板，分别把"坐标网格""标注框"和"坐标号"图层的第3帧复制帧，粘贴帧至对应图层的第4帧。

（2）分别在"基础底色""编号文字"和"辅助"图层的第4帧上插入空白关键帧，最后保存文件。

**第2步：** 绘制"中国结"图样。

（1）解锁"坐标网格"图层并单击第4帧。框选整个网格并选择"修改"→"取消组合"命令。单击 ![] 工具后关闭触笔颜色，填充色（红）。

（2）按照"中国结"素材做一个"方格图案"，从位于最顶端所在的坐标方格（编号16.30）开始填充颜色，直到完成所有"中国结"图样的填色，根据初步效果进行图案的增减补充，如图6-4和图6-5所示。

（3）锁闭所有图层，再解锁"编号文字"图层，分别单击第4帧。单击 ![T] 工具后设置属性：静态文本、字体（宋体）、大小（80）、颜色（黑）。在对应底框中输入数字"1"和"中国结"并将其调整到两个标注框的中间，完成后保存。

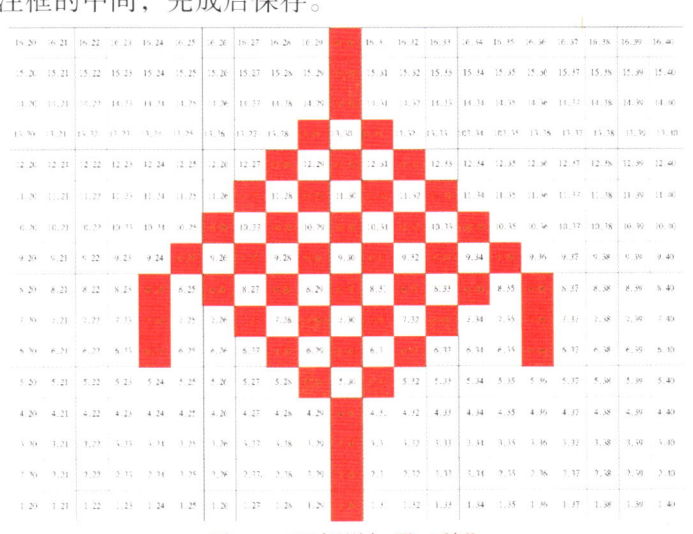

图 6-4　中国结素材　　　　　图 6-5　两侧增加了"穗"

**第3步：** 导出图片。

（1）选择"文件"→"导出"→"导出图片"命令，设置图片格式为：JPEG、品质100%、图片宽度8192、优化图稿，鼠标右键单击空白区域，软件会再次生成示意图。

（2）选择想要保存的文件夹，输入文件名"1.中国结"，完成导出图片，如图6-6所示。

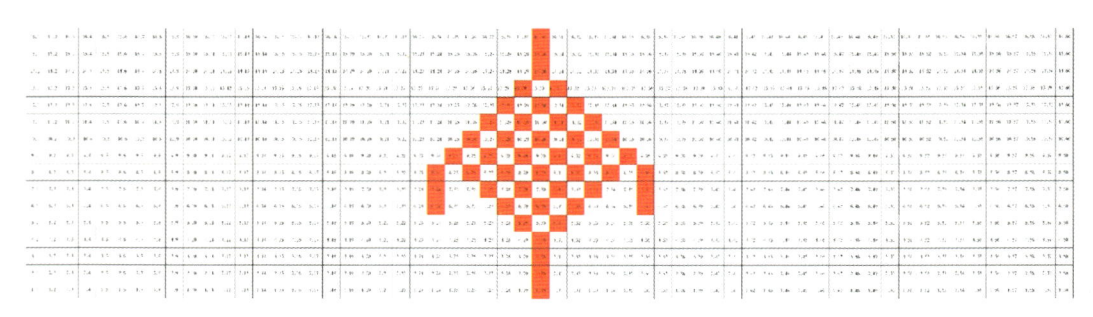

图 6-6 中国结背景图

## 6.3.2 字样背景图

**示例：制作"中国"字样背景**

**第1步：** 准备绘制图层。

打开已绘制好的"背景坐标图"模板，分别复制帧"坐标网格""标注框"和"坐标号"图层的第3帧，再粘贴帧至本图层的第5帧。分别在"编号文字""基础底色"和"辅助"图层的第5帧处插入空白关键帧。完成所有操作后单击"保存"按钮。

"中国"字样

**第2步：** 添加"中国"两字。

（1）解锁"辅助"图层后单击第5帧，设置属性：静态文本、字体（黑体）、大小（500）。

（2）在舞台任意位置单击分别在文本框中输入"中"和"国"两个字。

（3）调整"中"和"国"的位置，让字体的笔画尽量多的放在方格内，使两个汉字文本在背景网格上的间隔协调对称，如图6-7所示。

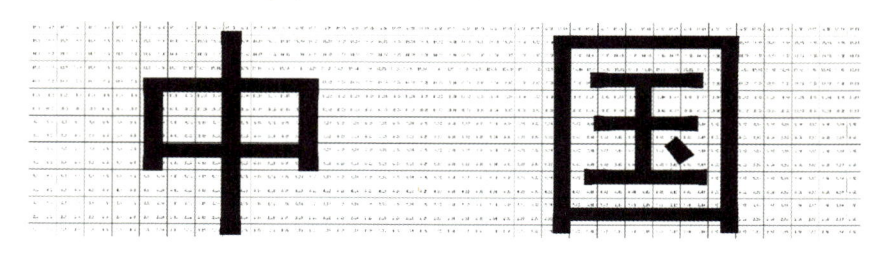

图 6-7 输入和调整文本

**第3步：** 修改颜色。

（1）解锁"坐标网格"图层单击第5帧。框选所有的网格并解除组合。

（2）单击 工具后关闭触笔颜色，填充色（红）。依次单击"中"和"国"笔画所在的方格完成字样的喷色，如图6-8所示。

操作小技巧：按住鼠标左键移动鼠标，可以快速完成方格喷墨。

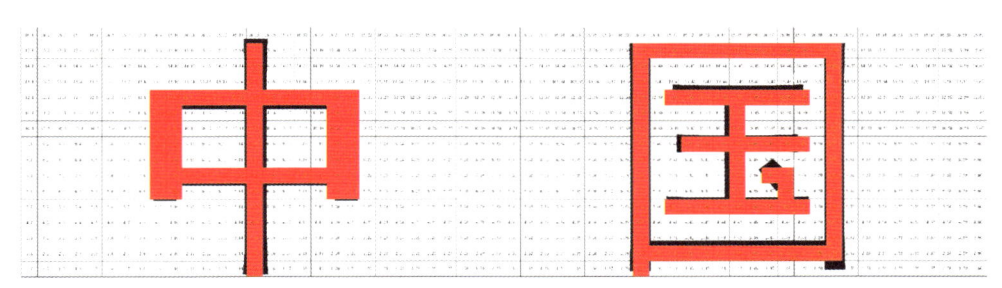

图 6-8　着色后的字样

（3）解锁"辅助"图层，选择汉字文本"中"和"国"，将输入的"中国"删除。

（4）单击 ▶ 工具后调整方格颜色和位置。按【Delete】键，将多余的（红色方格）的颜色格删除，再单击 ✎ 工具将需要补充的地方进行调整，锁闭"坐标网格"图层并保存。

**第4步：** 绘制黄底。

解锁"基础底色"图层并单击第5帧，单击"矩形"和"颜色"工具，设置属性：填充色（黄），关闭触笔颜色。在舞台上绘制一个与背景网格大小一致的矩形，调整矩形位置，使其完全与网格重合，如图6-9所示。

**第5步：** 输入编号与文字。

（1）锁闭所有图层，解锁"编号文字"图层并单击第5帧。

（2）单击 T 工具后设置属性：静态文本、字体（宋体）、大小（80）。

（3）在舞台小底框上单击，输入数字"2"。在大标注框上单击左键两次，键入"中国"。

（4）用 ▶ 工具调整"2"和"中国"在两个标注框的中间。

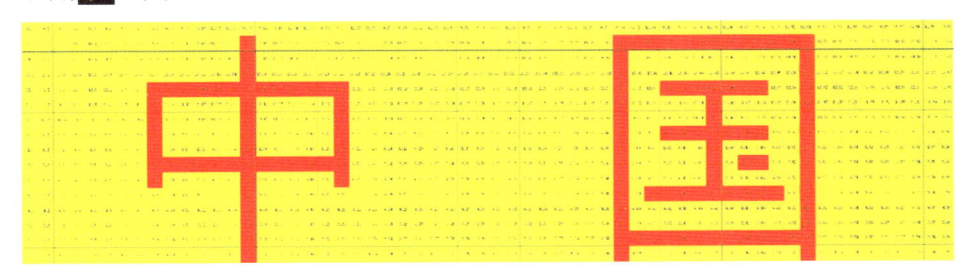

图 6-9　完整坐标图

**第6步：** 导出图片。

（1）选择"文件"→"导出"→"导出图片"命令，设置图片格式：JPEG、品质100%、图片宽度8129、优化图稿。待自动处理图像后，单击"保存"按钮。

（2）选择将要置放的文件夹输入文件名后，单击"保存"按钮，完成图片导出关闭文件夹。

### 6.3.3 绘制综合背景图

示例：制作"高山流水彩虹"坐标图

**第1步：** 准备绘制图层。

打开"背景坐标图"文档，分别复制帧"坐标网格""标注框"和"坐标号"图层的第3帧，粘贴帧至这3个对应图层的第6帧上。然后在"辅助"的图层第6帧中插入空白关键帧。

高山流水

**第2步：** 绘制基础底色。

解锁"基础底色"图层后单击第6帧，依次单击"矩形"和"颜色"工具，设置属性填充色（黄），关闭触笔颜色。在舞台上绘制一个与背景网格大小一致的矩形，调整矩形位置，使其完全与网格重合，如图6-10所示。

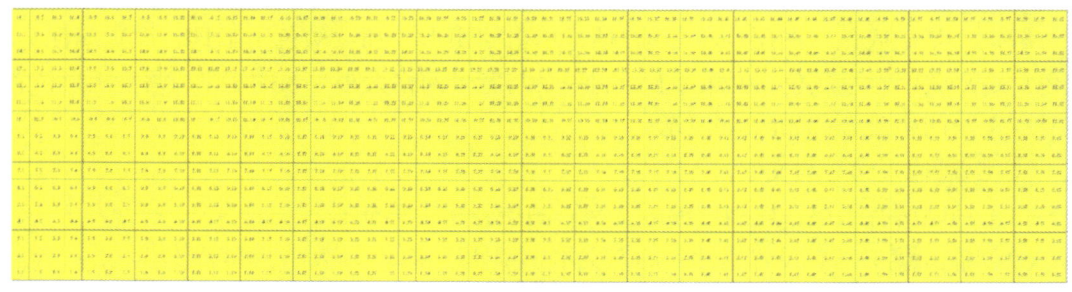

图 6-10 基础底色（黄色）

**第3步：** 绘制绿色山峰。

（1）解锁"坐标网格"图层并单击第6帧，框选所有的网格并解除组合。

（2）单击 工具后关闭触笔颜色，填充色（绿）。单击方格编号（16.9），完成第1个"山峰"的图色填充，然后依次向斜下进行填充颜色。

（3）第2个"山峰"从编号（14.21）开始，再依次填充到最底层方格，完成后的绿色山峰，如图6-11所示。

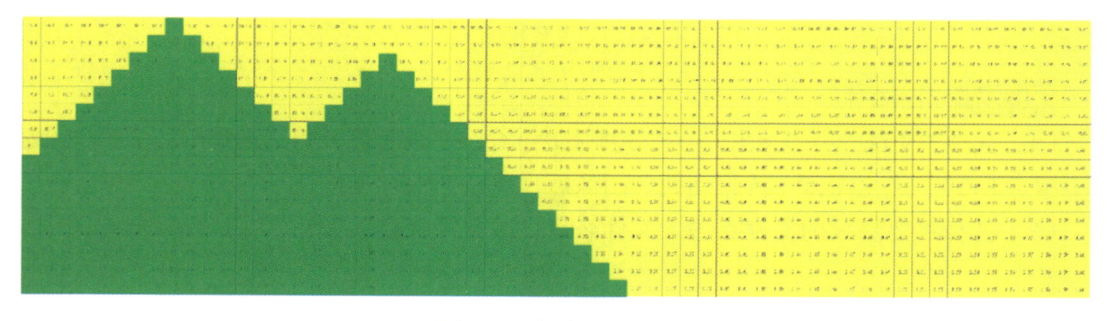

图 6-11 绿色山峰图案

**第4步：** 绘制彩虹。

（1）解锁"网格"图层并单击第6帧，单击 工具后：关闭触笔颜色，填充色（蓝）。

（2）在坐标网格（位置在9.28～9.60之间）填充一条蓝色弧线。
（3）用同样的方式在蓝色弧线下方（位置在9.29～9.59之间）填充一条红色弧线。
（4）在红色弧线下方（位置在9.30～9.58之间）填充一条绿色弧线，完成彩虹绘制，如图6-12所示。

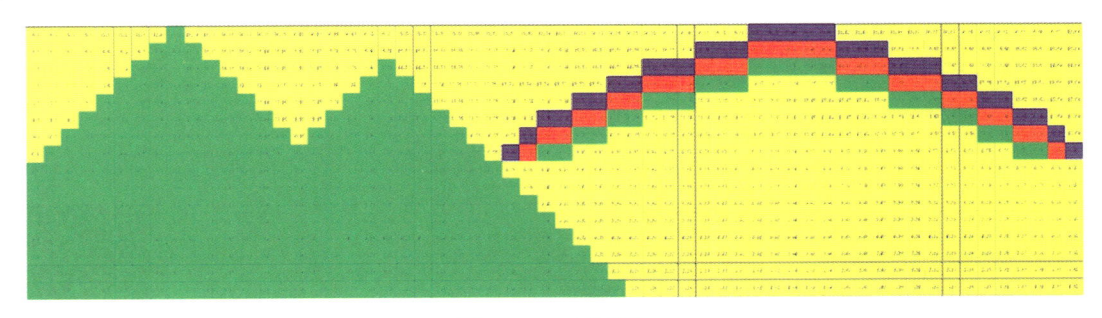

图 6-12　三色彩虹

**第5步**：绘制流水。
（1）解锁"网格"图层并单击第6帧，单击 工具后关闭触笔颜色，填充色（白）。
（2）单击编号（7.1）所在的方格，完成一个图色填充。
（3）按照河流（由高到低，曲折蜿蜒）的走向填充单线条，完成白色流水图样绘制。

**第6步**：调整绘图。
根据图形的整体结构，适当地调整方格颜色位置。调整方法同上（单击 工具后按【Delete】键进行删除，单击 工具将所需对象进行颜色补充）。调整后锁闭"坐标网格"图层。

**第7步**：输入编号与文字。
（1）锁闭所有图层，再解锁"编号文字"并单击第5帧；单击 T 工具设置属性：静态文本、字体（宋体）、大小（80）。
（2）在舞台小标注框上单击鼠标左键输入数字"3"；在大标注框上单击两次输入"高山、流水、彩虹造型"。调整两个文本到两个标注框的中间，如图6-13所示。

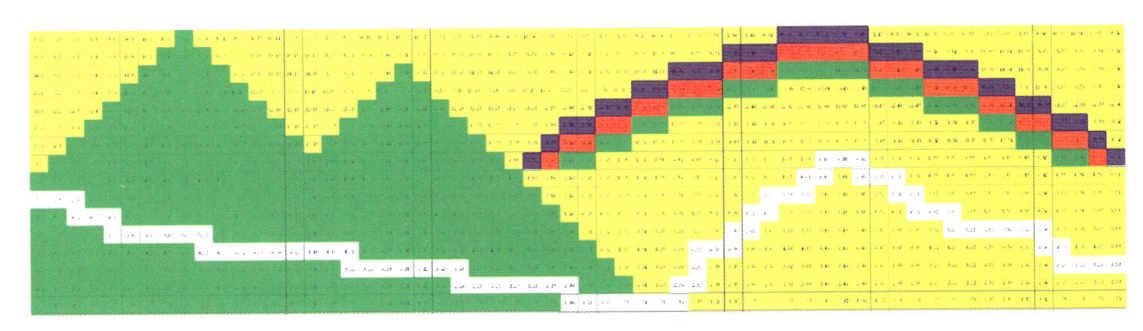

图 6-13　最终效果

第8步：导出图片。

（1）选择"文件"→"导出"→"导出图片"，设置图片格式：JPEG、品质100%、图片宽度8192、优化图稿，待自动处理图像后，单击"保存"按钮。

（2）再次在对话框中选择"An出图"，单击"保存"按钮，完成图片导出关闭文件夹。

## 6.4　多色背景本坐标图

团体操"多色背景本"背景表演是指在单个画面表演时，一个表演单位（演员）所持的道具，有两种颜色以上。表演的道具一般为绘画本或者喷绘布方块。

### 6.4.1　绘制"多色"背景坐标图

第1步：准备绘制图层。

打开"背景坐标图"图纸，分别复制"坐标网格""标注框"和"坐标号"图层的第3帧，粘贴帧到对应图层的第7帧处。最后在"编号文字""基础底色"和"辅助"图层的第7帧中插入空白关键帧，然后保存文件。

第2步：导入图片并设置属性。

解锁"基础底色"并单击第7帧，将"男子竞技体操"图片导入到舞台。设置属性：长宽1800、高480、(120,120)。框选图片单击鼠标右键选择"分离"命令。

第3步：输入编号与文字。

锁闭所有图层，解锁"编号文字"图层并单击第5帧。单击 T 工具后设置属性：静态文本、字体（宋体）、大小（80）。分别在舞台上的标注框输入数字"4"和"男子竞技体操"。调整两个文本的位置。

第4步：导出图片。

（1）选择"文件"→"导出"→"导出图片"命令，在弹出的对话框中设置图片格式：JPEG、品质100%、图片宽度8192、优化图稿，待自动处理图像后，单击"保存"按钮。

（2）再次在对话框中选择"An出图"，选择将要置放的文件夹，单击"保存"按钮，完成图片导出关闭文件夹，如图6-14所示。

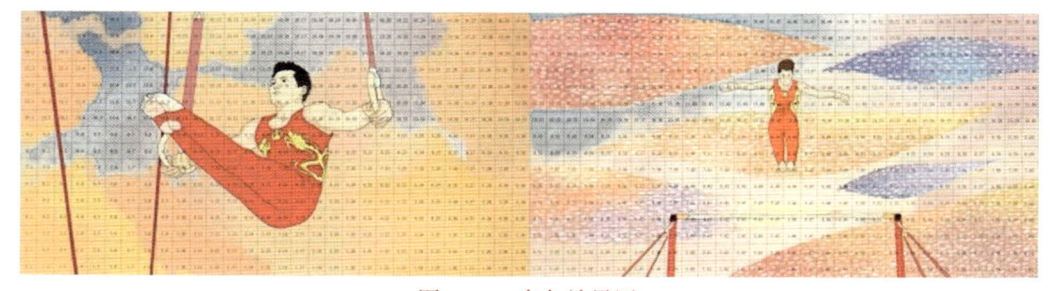

图6-14　多色效果图

## 6.5 "背景坐标图"实例展示

大型文体活动往往都有一个宏大的开幕式表演，如运动会、庆典、艺术节等等。本章节主以这三种活动形式的开幕式背景表演为实例，展示创作过程中的基本规律与特点。

> **示例：南美运动会"背景坐标图"**

南美运动会(英文：South American Games，又名：ODESUR Games，西班牙文：Juegos Sudamericanos，葡萄牙语：Jogos Sul-Americanos)是南美洲举行的地区综合性运动会，四年一度。第十届南美运动会于2018年5月在玻利维亚玻科恰班巴市举行，此次运动会的开幕式的表演形式为大型团体操，主题名为"共同的向往"。背景表演围绕"欢腾的7色旗""民族颂歌"和"共同的向往"三个篇章进行，以祝贺2018第十一届南美洲体育盛会在玻利维亚恰班巴的隆重开幕。

共计2990人参与背景表演（26横排、115纵队）。设计的背景图有运动、自然风光、欢迎等主题元素。部分背景坐标图如图6-15～图6-19所示。

图 6-15　笑脸图

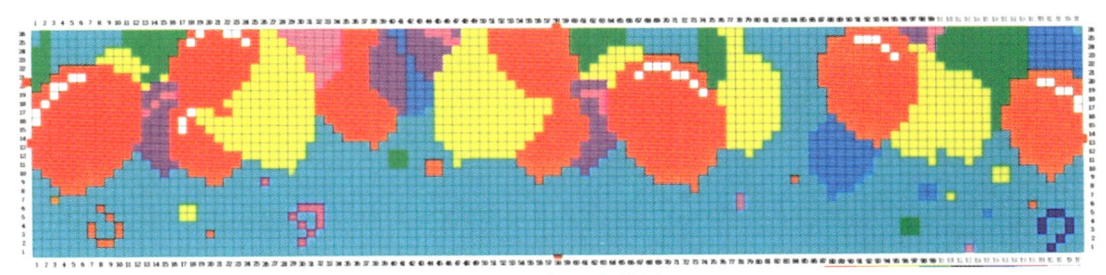

图 6-16　气球欢腾图

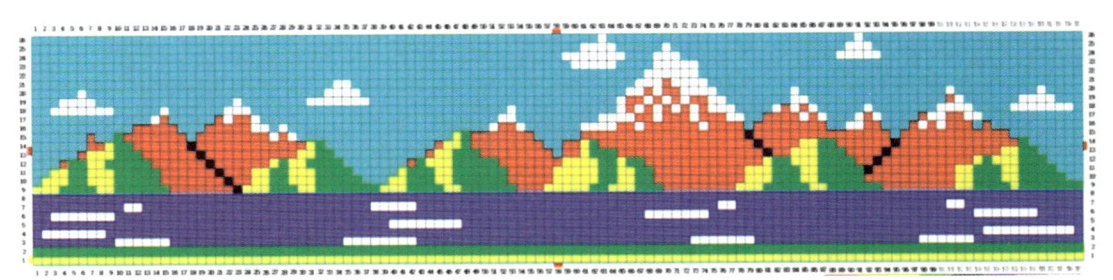

图 6-17　雪山图

Animate 2022 动画制作
团体操队形

图 6-18　矿业图

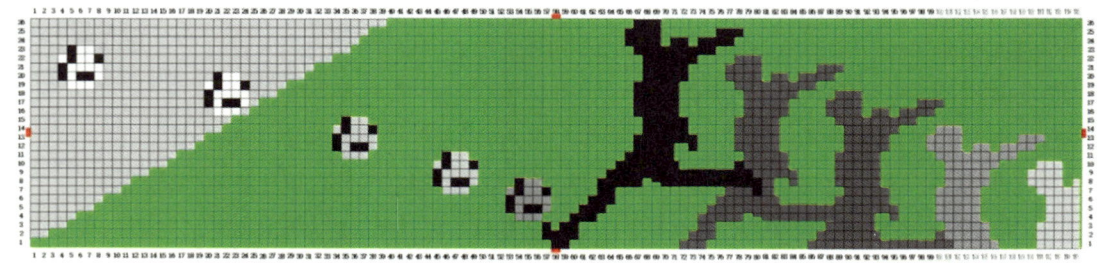

图 6-19　足球运动图

# 第7章
# 团体操背景动画

一场大型团体操如果背景表演的图案复杂、画面颜色多会导致一个单元的演员（坐标点）所持的背景本颜色多，故称为"多色背景本表演"。如果表演画面仅由3个左右的颜色构成，可称之为"单色背景本表演"。"背景动画"是在"背景坐标图"文档的基础上构建完成的，因此其创建方法几乎一致，仅增加了文档中图层的复制并粘贴，具体方法如下：

**第1步：** 创建"背景动画"新文档。

打开An图标，选择"文件"→"新建"→"角色动画"→"全高清"命令，并在右侧详细信息选项卡里设置属性宽2040、高840、帧速率4.00，平台类型选择ActionScript3.0，单击"创建"按钮保存设置。完成上述基本设置后再次选择"文件"→"另存为（A）"命令，将文件名设为"背景动画"。

**第2步：** 构建"背景动画"文档内容。

打开"背景坐标图"文档，单击"编号文字"图层的第3帧，按住【Shift】键，鼠标左键单击"辅助"图层的第3帧。然后单击鼠标右键"复制帧"。切换到"背景动画"文档，鼠标右键单击该图层第1帧后"粘贴帧"，完成后再次选择"文件"→"保存"命令，保存文件。

## 7.1 同时展示和消失类

本书介绍的背景动画有：整体画面和主图形画面同时展示和消失两种。在背景动画的制作过程中，一般采用"补间动画"和"逐帧动画"两种方式。背景画面停留的时间较长，在制作时通常选择"补间动画"。

**示例1：整体同时展示和消失**

**第1步：** 基础准备。

（1）打开"背景动画"文档，锁闭全部图层，删除"辅助"图层。

（2）解锁"标注框"图层并单击第1帧，按【Ctrl+A】组合键全选后转换为元件。在该图层的第160帧"插入关键帧"，在第159帧处创建传统补间。

（3）分别解锁"坐标号"和"坐标网格"图层，在第160帧处插入关键帧，在第159帧创建传统补间动画，然后锁闭全部图层。

整体同时展示和消失

**Animate 2022 动画制作**
团体操队形

第2步：导入背景主图。

（1）解锁"基础底色"图层在第40帧插入关键帧；在第39帧创建传统补间动画；在第41帧插入空白关键帧。将"男子竞技体操"图片"导入到舞台"，设置属性：（120,120）。单击图片后选择"转换为元件"。在第80帧插入关键帧；在第79帧创建传统补间；在第81帧插入空白关键帧，如图7-1所示。

（2）将"中华民族大团结"导入到舞台，设置属性：（120，120）。单击图片后转换为元件。单击该图层第120帧插入关键帧；在第119帧处创建传统补间；在第121帧处插入空白关键帧，在第160帧插入关键帧，在第159帧创建传统补间动画，完成后锁闭全部图层，如图7-2所示。

图7-1　第39帧的文本内容　　　　　图7-2　第81帧的文本内容

第3步：绘制标注内容。

（1）解锁"编号文字"图层，在第40帧插入关键帧，在第39帧创建传统补间，在第41帧插入空白关键帧。单击**T**工具后设置属性：静态文本、字体（宋体）、大小（80）。

（2）在小标注框输入"1"。在大标注框输入"男子竞技1"。调整数字和文字位置，使其分别居中。按【Ctrl+A】组合键全选图层内容后转换为元件。

（3）同样的方法完成"编号文字"图层第79、80、81帧的动画制作，在第81帧输入数字"2"和"中华民族大团结2"。

（4）在上述图层的第120帧"插入关键帧"，在第119帧创建传统补间动画，在第120帧插入关键帧，在第121帧插入空白关键帧。在第160帧插入关键帧，在第159帧创建传统补间，完成后锁闭全部图层。

第4步：导出动画短片。

选择"文件"→"导出"→"导出视频/媒体"命令，在弹出的对话框中设置渲染：宽2040、高840、间距（整个影片）、格式（QuickTime）、预设Default，选择输出文件夹后，标注文件名"1.整体同时展示"，导出影片路径，单击"导出"按钮，如图7-3所示。

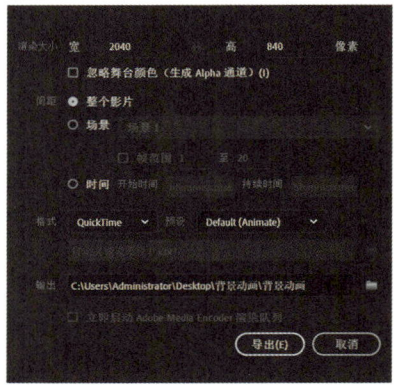

图7-3　导出路径

**示例2：主图形同时展示和消失**

**第1步：** 绘制基础内容。

打开"背景动画"锁定全部图层。解锁"标注框"和"坐标号"图层，分别全选图层的第1帧并转化为元件。在第160帧插入关键帧，在第159帧处创建传统补间，完成后锁定全部图层。

主图形同时展示和消失

**第2步：** 绘制动画主图内容。

（1）解锁"基础底色"图层并单击第1帧，单击 ■ 工具后设置属性：填充色（绿）、边框色（无），绘制一个与舞台网格完全重叠的绿色矩形，按【Ctrl+A】组合键全选后转化为元件；在第160帧插入关键帧，在第159帧创建传统补间动画。

（2）解锁"坐标网格"图层，单击第2帧并插入关键帧，全选网格后转换为元件，在第40帧插入关键帧；在第39帧创建传统补间，在第1帧复制帧，在第41帧处粘贴帧。框选整个网格选择"修改"→"取消组合"命令。

（3）单击 ◆ 工具后关闭触笔颜色，选择填充颜色（红）。根据设计的"全身运动一"图，进行图案颜色的填充。完成后全选网格，将其转换为元件并保存文档，如图7-4所示。

图7-4　全身运动一　　　　图7-5　全身运动二

（4）在"坐标网格"第79、80、81帧和第119、120、121帧的分别完成创建传统补间，插入关键帧和复制粘贴帧的动画图操作（详见本节对应视频），在第81帧处填充图案（全身运动二）的颜色，如图7-5所示；完成后按【Ctrl+S】组合键保存文档。

（5）单击【编号文字】图层的第160帧插入关键帧，在第159帧创建传统补间动画，锁闭全部图层。

**第3步：** 绘制标注内容。

（1）解锁"编号文字"图层第1帧，在第40帧处"插入关键帧"，在第39帧处"创建传统补间动画"，在第41帧处"插入空白关键帧"。单击 T 工具后设置属性：静态文本、字体（宋体）、大小（80）。

（2）分别在标注框输入"5"和"全身运动一"。调整它们的位置使其居中。全选图层内容转化为元件。

（3）用同样的方法完成本图层第79、80、81帧的动画制作，在第81帧处输入数字和文字。

（4）到第120帧插入关键帧，在第119帧处创建传统补间动画，在第121帧插入空白关键帧。

（5）到第160帧插入关键帧，在第159帧处创建传统补间动画，锁闭全部图层。

第4步：导出动画短片

选择"文件"→"导出"→"导出视频/媒体"命令，在弹出的对话框中设置渲染大小宽2040、高840、间距（整个影片）、格式（QuickTime）、预设（Default），选择输出文件夹后，命名为"2.主图形同时展示和消失"，单击"导出"按钮，完成影片所有工作。

示例3：主图形同时闪动

第1步：绘制动画基础内容。

（1）打开"背景动画"文档，锁闭全部图层，删除"辅助"图层。

（2）解锁"标注框"图层并单击第1帧，按【Ctrl+A】组合键，全选舞台上的网格后转换为元件。

主图形闪动

（3）在该图层第105帧插入关键帧，在第104帧创建传统补间动画。

（4）同样的方法在"坐标号"图层上完成转化为元件，插入关键帧和创建传统补间动画的操作，最后锁定全部图层。

第2步：绘制主图内容。

（1）解锁"基础底色"图层，单击■工具后设置属性：填充色（蓝）和边框（无），绘制一个完全重叠网格的矩形。全选网格后"转化为元件"。在该图层的第105帧插入关键帧，在第104帧处创建传统补间动画。

（2）解锁"坐标网格"图层，单击第2帧并插入关键帧。框选整个网格后顺序选择"修改"→"取消组合"命令。

（3）单击 工具后，关闭笔触色，选择填充颜色（白）。根据设计的图案"体侧运动一"素材，填充（编号15.30、15.31）的坐标格为白色。

（4）填充完毕后，全选网格并转化换元件，再单击"坐标网格"的第5帧并插入关键帧，在图层的第4帧处创建传统补间动画，如图7-6所示。

（5）用同样的方法对"体侧运动二"教学填色，在第6至10帧创建补间动画，如图7-7所示。

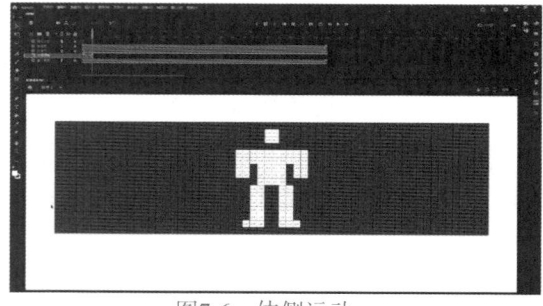

图7-6 体侧运动一　　　　　　　　图7-7 体侧运动二

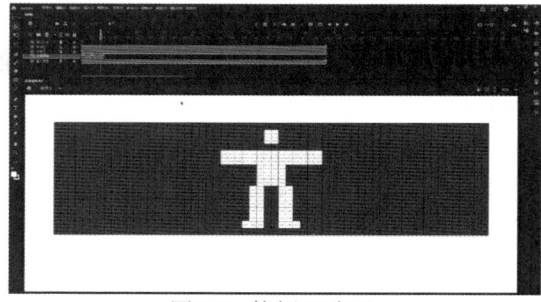

（6）用同样的方法将"体侧运动三"填色，在第11至15帧创建补间动画，如图7-8所示。

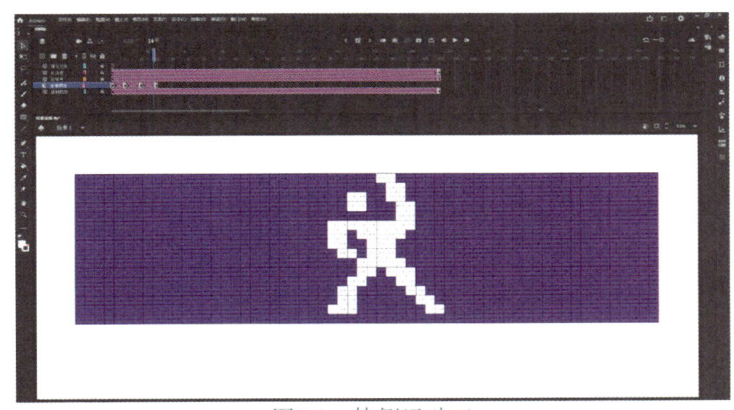

图7-8 体侧运动三

（7）单击"坐标网格"图层第6帧，按住【Shift】键并单击第10帧后复制帧；在第16帧处粘贴帧，在第2帧复制帧，在第21帧处粘贴帧，到图层的第25帧插入关键帧，在第24帧处创建传统补间动画。

（8）同样的方法，在"坐标网格"图层的第6至25帧复制帧。将复制的内容到第26、46、66、86帧处粘贴帧。

第3步：绘制标注内容。

（1）解锁"编号文字"图层，单击图层的第2帧并插入空白关键帧。

（2）单击 T 工具后设置属性：静态文本、字体为宋体、大小（80），在标注框分别输入"序号和文字"，调整文本位置使其居中。全选图层内容后转换为元件。

（3）在第105帧插入关键帧，到第104帧处创建传统补间动画。

第4步：导出动画短片。

选择"文件"→"导出"→"导出视频/媒体"命令，在弹出的对话框中设置渲染：大小宽2040，高840，间距（整个影片），格式（QuickTime），预设（Default），选择输出文件夹并命名，单击"导出"按钮导出影片。

## 7.2 依次展示和消失类

背景图案在依次展示和消失时，由于每帧的变化较大，通常采用"逐帧动画"的方式进行动画制作。

示例1：左右依次展示和消失

第1步：绘制基础内容。

（1）打开"背景动画"文档，删除"辅助"与"背景"图层。解锁"标注框"图层并单击第1帧，全选标注框后"转化为元件"，在图层的第150帧插入关键帧，在第149帧创建传统补间动画。

左右依次展示

（2）同样的方法制作"坐标号"图层，锁闭全部图层。

第2步：绘制主图内容。

（1）解锁"坐标网格"图层并单击第1帧，框选整个网格，选择"修改"→"取消组合"命令。单击 ◆ 工具后关闭笔触色，颜色（黄）。根据设计的图案"新的征程"素材，填充第1纵队坐标方格（编号1.1～16.1）为黄色。

（2）在图层的第2帧处插入关键帧，填充第2纵队坐标方格（编号1.2～16.2）相对应的颜色。

（3）同样的方法，逐帧完成填充第3~60纵队坐标方格相对应（黄或红）的颜色填充后的画面，如图7-9所示。

（4）在第90帧"插入关键帧"，单击第89帧依次选择转换为逐帧动画和每帧设为关键帧。

（5）在第91帧插入关键帧，将第1纵队坐标方格（编号1.1～16.1）的内容全部删除。

（6）在第92帧插入关键帧，将第2纵队坐标方格（编号1.2～16.2）的内容全部删除。

图7-9　填充后的主图效果

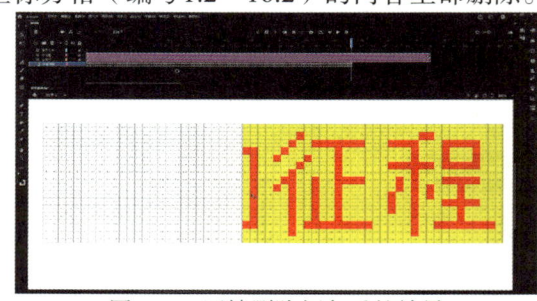

图7-10　逐帧删除颜色后的效果

（7）同样的方法，逐帧完成删除第3～60纵队坐标方格内容，如图7-10所示。

第3步：绘制标注内容。

（1）解锁"编号文字"图层并单击第1帧，单击 T 工具后设置属性：静态文本、字体（宋体）、大小（80）。然后在底框上"数字"和"新的征程"，调整位置。按【Ctrl+A】组合键全选图层内容，单击鼠标右键选择"转换为元件"命令。

（2）在第150帧插入关键帧，在第149帧创建传统补间动画。

第4步：导出动画短片。

选择"文件"→"导出"→"导出视频/媒体"命令，在弹出的对话框中设置渲染：大小宽2040、高840、间距（整个影片）、格式（QuickTime）、预设（Default），输入文件名，单击"导出"按钮，完成影片制作。

示例2：从中间向左右依次展示和消失

第1步：绘制动画基础内容。

打开"背景动画"，锁闭全部图层，删除"辅助"和"基础底色"图层。解锁"标注框"图层并单击第1帧，全选后"转化为元件"。在第80帧插入

中间向两侧

关键帧，在第79帧创建传统补间。同样的方法制作第3图层"坐标号"，锁闭全部图层。

第2步：绘制主图内容。

（1）解锁"坐标网格"图层，单击第2帧并"插入关键帧"，框选整个网格，单击"修改"和"取消组合"按钮。

（2）单击 工具后关闭笔触色，填充色（蓝）。根据设计的图案"翅膀"，填充（编号第30和31纵队坐标方格）内为蓝色部分，之后在图层第3帧处插入关键帧，在第3帧填充第29～31纵队坐标方格内为蓝色的部分。

（3）同样的方法，逐帧完成填充第1～28和第32～60纵队方格内相对应的颜色，如图7-11所示。

（4）在第50帧插入关键帧，在第49帧进行转换为逐帧动画和每帧设为关键帧的操作。

（5）在第51帧插入关键帧，将第30～31纵队坐标格的内容全部删除，在第52帧插入关键帧，将第29～32纵队坐标方格内容全部删除。同样的方法逐帧删除第1～28和第32～60纵队坐标方格内相对应的内容。局部图示如图7-12所示。

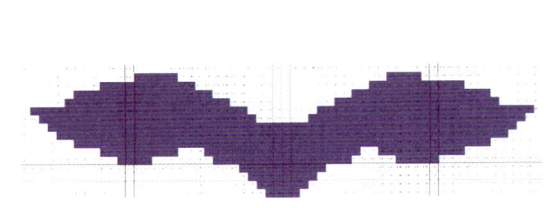

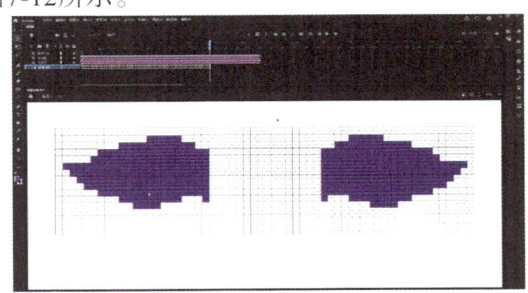

图7-11　翅膀完整图案　　　　图7-12　删除后的局部图示

第3步：绘制标注内容。

解锁"编号文字"图层并单击第1帧。设置属性：为静态文本、字体（宋体）、大小（80）。然后输入数字和"翅膀"。全选图层后选择"转化为元件"命令。在第80帧插入关键帧；在第79帧创建传统补间动画。

第4步：导出动画短片。

选择"文件"→"导出"→"导出视频/媒体"命令，在弹出的对话框中设置渲染：大小宽2040、高840、间距（整个影片）、格式选择（QuickTime）、预设（Default），输入文件名，单击"导出"按钮，完成影片制作。

示例3：斜角依次展示及消失

第1步：绘制基础内容。

打开"背景动画"，锁闭全部图层，删除"辅助"和"基础底色"图层。解锁"标注框"图层并单击第1帧，全选后选择"转化为元件"。在第120帧插入关键帧。在第119帧创建传统补间动画。用同样方法制作"坐标号"上

斜角依次

内容，锁闭全部图层。

**第2步**：绘制主图内容。

（1）解锁"坐标网格"图层，单击第2帧并插入关键帧，框选网格后顺序单击"修改"和"取消组合"按钮。单击 ◆ 工具后关闭笔触色，填充色（蓝）。根据设计的图案"古道回响"，填充（编号16.1）坐标方格内为蓝色。

（2）在第3帧插入关键帧，单击第3帧，填充（编号15.1、16.2）方格内为蓝色。

（3）在第4帧插入关键帧；单击第4帧，填充（编号14.1、15.2、16.3）方格内为蓝色。

（4）用同样的方法，逐帧斜角45°填充坐标方格内相对应的颜色。

（5）在第80帧插入关键帧，在第79帧依次转换为逐帧动画和每帧设为关键帧。

（6）在第81帧插入关键帧，将（16.1和1.60）方格内色块删除，在第82帧处插入关键帧，将（16.2、15.1、1.59、2.60）方格内色块删除。同样的方法，斜角逐帧删除方格内相对应的内容，如图7-13所示。

**第3步**：绘制标注内容。

解锁"编号文字"图层并单击第1帧。设置属性：静态文本、字体（宋体）、大小（80）。然后，在标注框上输入数字和"古道回响"。全选图层内容后选择转换为元件命令。在图层的第120帧插入关键帧，在第119帧处创建传统补间动画，创建完成图示，如图7-14所示。

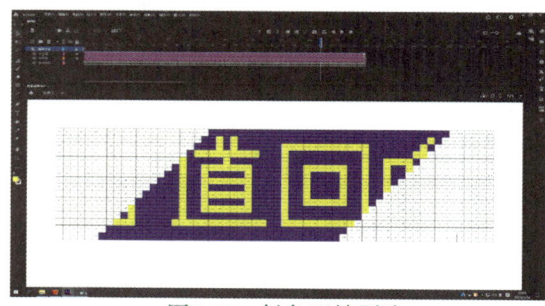

图7-13　斜角逐帧删除　　　　　　　图7-14　创建完成图示

**第4步**：导出动画短片。

选择"文件"→"导出"→"导出视频/媒体"命令，在弹出的对话框中设置渲染：大小宽2040、高840、间距（整个影片）、格式（QuickTime）、预设（Default），输入文件名，单击"导出"按钮，完成影片制作。

**示例4：上下依次展示及消失**

**第1步**：绘制基础内容。

（1）打开"背景动画"文档，锁闭全部图层，删除"辅助"图层与"基础底色"图层。

（2）解锁"标注框"图层并单击第1帧全选舞台上的标注框并转换为元件，在第110帧插入关键帧，在第109帧创建传统补间动画。

上下依次展示

（3）同样的方法完成"坐标号"图层的第1帧、第110帧和第109帧上的动作，然后锁闭全部图层。

第2步：绘制主图内容。

（1）解锁"坐标网格"图层，单击第2帧后插入关键帧；框选整个网格，选择"修改"→"取消组合"命令。单击 工具后关闭触笔颜色，选择红色。

（2）根据设计的"中国结"图案，将（编号16.30）的方格填充为红色。在图层的第4帧"插入关键帧"，再次填充（编号15.30）方格为红色。

（3）同样的方法横排向下逐帧填充对应的颜色。填充规律是"每隔一帧设为关键帧"后再进行颜色填充，如图7-15所示。

（4）在第65帧插入关键帧，在第64帧转换为逐帧动画。

（5）在第66帧插入关键帧，在（编号1.30）方格内填充红色；在第68帧插入关键帧并删除（编号2.30）方格内的红色。同样的方法，横排向上逐帧删除方格内相对应的颜色，如图7-16所示。

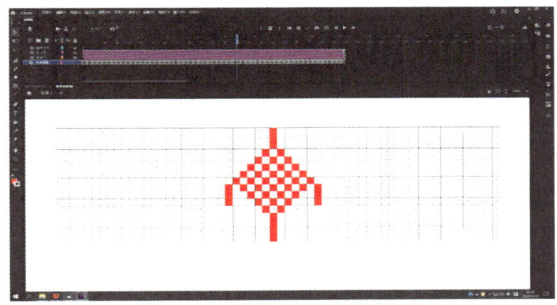

图7-15 从上往下填充效果　　　　图7-16 从下向上逐帧删除颜色

第3步：绘制标注内容。

（1）解锁"编号文字"图层，在图层的第1帧单击 T 工具后设置属性：静态文本、字体（宋体）、大小（80）。在舞台上的标注框输入"数字"和"中国结"。全选图层内容后转化为元件。

（2）在第110帧插入关键帧；在第109帧创建传统补间动画。

第4步：导出动画短片。

选择"文件"→"导出"→"导出视频/媒体"命令，在弹出的对话框中设置渲染：大小宽2040、高840、间距（整个影片）、格式（QuickTime）、预设（Default）、输入文件名、单击"导出"按钮完成影片制作。

示例5：放射和聚拢

第1步：绘制基础内容。

（1）打开"背景动画"文档，锁闭全部图层，删除"辅助"与"基础底色"，解锁"标注框"图层并单击第1帧，全选框后转换为元件。

放射与聚拢

（2）在第100帧插入关键帧，在第99帧创建传统补间动画。

（3）同样的方法制作"坐标号"图层，完成后锁闭全部图层。

**第2步：** 绘制主图内容。

（1）解锁"坐标网格"图层，单击第2帧并插入关键帧，选择"修改"→"取消组合(U)"命令。单击 工具后关闭笔触色，选择红色。根据设计图案完成"花朵"的颜色填充。然后在第3帧插入关键帧。

（2）从右至左按逐帧填充红色（**注意**：每次填充前需要在填充图层插入关键帧）。花枝制作完成以后，圆形花朵以（编号8.30、8.31、9.30、9.31）四个坐标格为圆心，依次向外填充颜色，如图7-17所示。

（3）在第65帧插入关键帧，在第64帧处转换为逐帧动画。在颜色填充过程中，每帧都要设为关键帧，如图7-18所示。

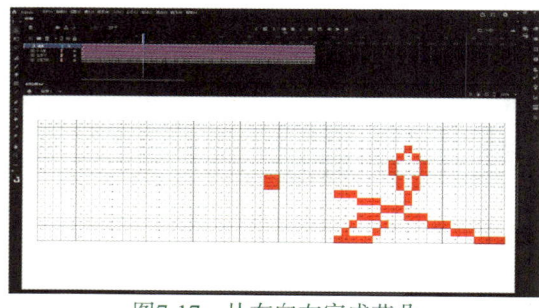

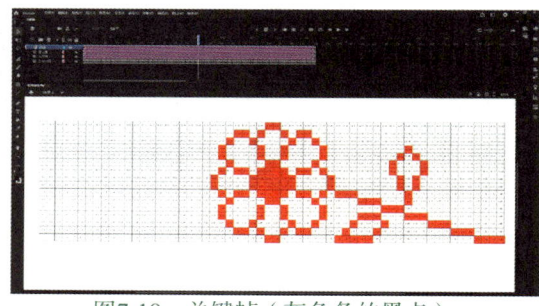

图7-17  从右向左完成花朵　　　　　图7-18  关键帧（灰色条的黑点）

（4）在第66帧插入关键帧，删除（编号1.60）方格内红色；单击第67帧并插入关键帧，删除（编号1.59）方格内红色。

（5）用同样的方法从右至左按照花朵造型，逐帧删除坐标方格内（花枝）相对应的颜色。圆形花朵按照由外向内删除方格内颜色，如图7-19所示。

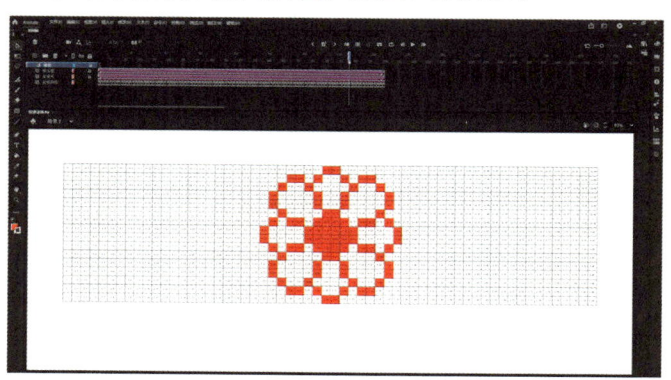

图7-19  逐帧删除局部效果

（7）完成删除后，在第100帧插入关键帧，在第99帧处选择转换为逐帧动画，在删除过程中，每帧都要设为关键帧。

**第3步：** 绘制标注内容。

解锁"编号文字"图层并单击第1帧，设置文本属性：静态文本、字体（宋体）、大小（80）。在舞台标注框输入"数字"和"花朵"。调整它们居中。全选图层内容后转换为元件。在第100帧插入关键帧，在第99帧处创建传统补间动画。

**第4步：** 导出动画短片。

选择"文件"→"导出"→"导出视频/媒体"命令，在弹出的对话框中设置渲染：大小宽2040、高840、间距（整个影片）、格式（QuickTime）、预设（Default），输入文件名，单击"导出"按钮，完成影片制作。

### 示例6：螺旋展示和消失

**第1步：** 绘制基础内容。

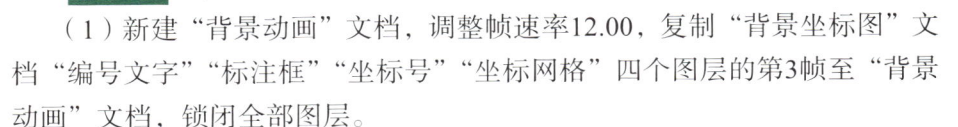

（1）新建"背景动画"文档，调整帧速率12.00，复制"背景坐标图"文档"编号文字""标注框""坐标号""坐标网格"四个图层的第3帧至"背景动画"文档，锁闭全部图层。

螺旋展示

（2）解锁"背景动画"→"标注框"图层，单击该图层的第1帧，全选标注框后转化为元件；在第600帧插入关键帧；在第599帧处创建传统补间动画。同样的方法制作"坐标号"图层的相同内容，锁定全部图层。

**第2步：** 绘制主图内容。

（1）解锁"坐标网格"图层，单击第2帧并插入关键帧，框选整个网格后选择"修改"→"取消组合"命令。单击 🖌 工具后关闭笔触色，选择填充颜色（黄）。

（2）根据设计的"波浪"图案元素，填充（16.1、16.2、15.1、15.2）四个坐标方格为黄色；完成后单击第3帧处插入关键帧。

（3）再次单击第3帧，填充（16.3、16.4、15.3、15.4）四个坐标方格为黄色。同样的方法逐帧填充4个坐标方格颜色，由外向内进行螺旋填充而且每帧均要设为关键帧，如图7-20所示。

（4）单击第350帧并插入关键帧，在第349帧选择转换为逐帧动画。

（5）单击图层的第351帧并插入关键帧，删除坐标编号（16.1、16.2、15.1、15.2）四个方格内黄色；在第352帧处插入关键帧，删除坐标编号（16.3、16.4、15.3、15.4）四个方格内黄色。

（6）同样的方法逐帧删除方格颜色（4个坐标编号为1组），删除的方式为由外向内螺旋前进。

（7）在第600帧处插入关键帧；在第599帧转换为逐帧动画，同样在每帧的操作中均要插入关键帧。

**第3步：** 绘制标注内容。

解锁"编号文字"图层并单击第1帧。设置属性：静态文本、字体（宋体）、大小（80）。

然后在标注框上键入"数字"和"波浪"并全选图层内容，选择"转换为元件"命令。在第600帧插入关键帧，第599帧创建传统补间动画，完成后的波浪图如图7-21所示。

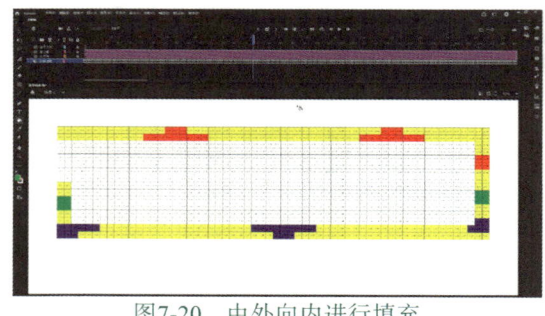

图7-20　由外向内进行填充　　　　　　图7-21　完整波浪图

**第4步**：导出动画短片。

选择"文件"→"导出"→"导出视频/媒体"命令，弹出的对话框中设置渲染文件：大小宽2040、高840、间距"整个影片"、格式（QuickTime）、预设Default，输入文件名，单击"导出"按钮，完成影片制作。

### 示例7：流水线图形展示

**第1步**：绘制基础内容。

打开"背景动画"文档，锁定全部图层，删除"辅助"图层。解锁第2图层的"标注框"图层并单击第1帧，全选后转换为元件；在图层的第150帧处插入关键帧；在第149帧创建传统补间动画。同样的方法制作"坐标号"图层相同的内容，完成后锁闭全部图层。

流水线展示

**第2步**：绘制主图内容。

（1）解锁"基础底色"图层，单击■工具后设置属性：填充色（黄）、边框无颜色，绘制一个网格完全重叠的黄色矩形。全选网格后"转化为元件"。在第150帧插入关键帧，第149帧处创建传统补间动画。

（2）制作高山：解锁"坐标网格"图层，单击第2帧并插入关键帧，框选整个网格后选择"修改"→"取消组合"命令。单击■工具后关闭触笔颜色，填充色（绿）。根据设计的图案，填充高山坐标（编号1.1~1.34）方格为绿色；完成后单击第3帧并插入关键帧；再次单击第3帧，填充高山坐标（2.1~2.33号）方格为绿色。用同样的方法逐帧向上填充，如图7-22所示。

（3）制作彩虹：单击图层的第18帧并插入关键帧，单击■工具后据设计好的"彩虹"图案填充坐标（9.28、9.29、10.29）号相对应的颜色，完成后单击第19帧并插入关键帧；再次单击第19帧，填充坐标（9.30、9.31、10.30、10.31、11.30、11.31）号相对应的颜色。同样的方法逐帧向右两纵队进行填充，彩虹坐标图如图7-23所示。

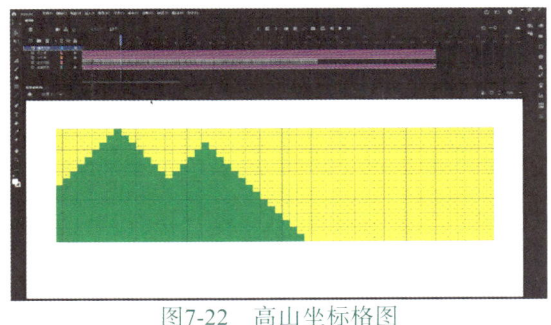

图7-22　高山坐标格图 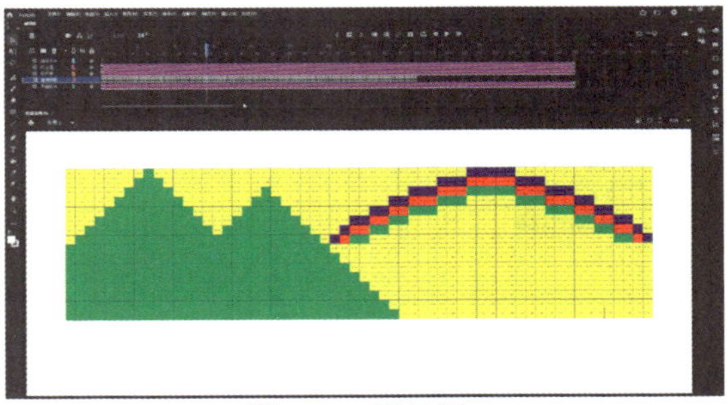　　　　　　图7-23　彩虹图

（4）制作流水。单击第35帧并插入关键帧，单击 ![工具] 工具后填充流水坐标(7.1,7.2)为白色，单击第36帧处并插入关键帧。再次单击第19帧，填充流水坐标编号方格(7.3,6.3)为白色。同样的方法，按照流水的方向，每帧完成两个坐标方格的填充，如图7-24所示。

（5）在第100帧插入关键帧，在第99帧选择"转换为逐帧动画"和"每帧设为关键帧"命令。

（6）在第101帧插入关键帧，单击 ![工具] 工具后关闭触笔颜色，填充颜色（绿）。将原流水坐标(7.1,7.2)填充为高山绿色，在第102帧处插入关键帧。再将原流水坐标(7.3,6.3)填充为绿色。同样的方法，按照流水的方向，每帧完成两个方格的高山绿色和黄色的填充，如图7-25所示。

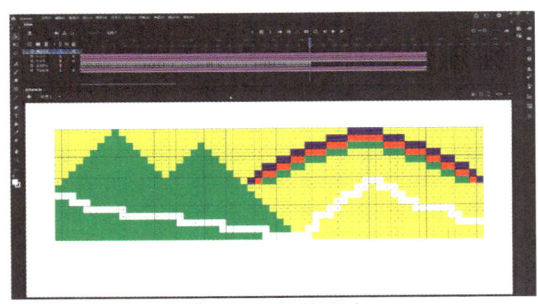

图7-24　白色流水 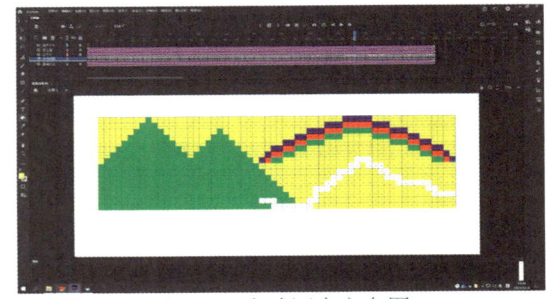　　　　　　图7-25　流动河水方向图

（7）单击图层的第160帧并插入关键帧；在第159帧处，依次执行"转换为逐帧动画"和"每帧设为关键帧"命令。

**第3步：** 绘制标注内容。

解锁"编号文字"图层并单击图层的第1帧。单击 ![T] 工具后设置属性：静态文本、字体（宋体）、大小（80）。在标注框输入数字和"高山、流水、彩虹造型"。调整两个文本位置使其居中。全选图层单击鼠标右键并转换为元件。在第160帧处插入关键帧；在第159帧处创建传统补间动画。

**第4步：** 导出动画短片。

选择"文件"→"导出"→"导出视频/媒体"命令，在弹出的对话框中设置渲染文件：大小宽2040、高840、间距"整个影片"、格式（QuickTime）、预设Default，选择文件夹后命名，单击"导出"按钮完成影片制作。

*示例8：主图形依次展示和消失*

**第1步**：绘制基础内容。

打开"背景动画"文档，锁闭全部图层，删除"辅助"图层。解锁"标注框"图层并单击图层第1帧，按【Ctrl+A】组合键，全选标注框后转换为元件。在第160帧处插入关键帧，在第159帧处创建传统补间动画。同样的方法制作"坐标号"图层的相关内容，完成后锁闭全部图层。

**第2步**：绘制主图内容。

（1）解锁"基础底色"图层，单击■工具后选择填充颜色（绿），边框颜色（无），绘制一个与舞台网格完全重叠的绿色矩形。按【Ctrl+A】组合键全选后，单击鼠标右键选择"转化为元件"命令。在第160帧处插入关键帧；在第159帧处创建传统补间。鼠标右键单击第2帧并插入关键帧，框选整个网格后选择"修改"→"取消组合"命令。

（2）单击■工具后关闭触笔颜色，填充色（黄）。根据设计好的图案"运动12356"，数字"1"和坐标编号4.5以下高山部分填充为黄色；单击"坐标网格"图层并在第11帧处插入关键帧，在第10帧处依次选择"转换为逐帧动画"和"每帧设为关键帧"命令。

（3）单击第12帧并插入关键帧。将数字"2"和坐标编号6.11以下高山部分填充为黄色；在第22帧处插入关键帧，单击图层的第21帧处依次选择"转换为逐帧动画"和"每帧设为关键帧"命令。

（4）同样的方法，依次在第33帧完成数字"3"和红色山体填充，在第44帧完成数字"5"和蓝色山体填充；在第55帧处完成数字"8"和蓝色山体填充，完成后的山体填充如图7-26所示。

（5）在第90帧处插入关键帧；在第89帧处依次选择"转换为逐帧动画"和"每帧设为关键帧"命令。

（6）在第91帧处插入关键帧，删除数字"1"和坐标4.5以下的高山黄色方块部分，保留"高山1"和"高山2"重叠部分；在第101帧处插入关键帧，在第100帧依次选择"转换为逐帧动画"和"每帧设为关键帧"命令。

（7）在第102帧处插入关键帧，删除数字"2"和高山的黄色方块部分，填充高山缺少部分的。在第112帧处插入关键帧；在第111帧处依次选择"转换为逐帧动画"和"每帧设为关键帧"命令。

（8）同样的方法在第113帧删除数字"3"和红色山体方块，填充蓝色高山缺少部分；在第124帧删数字"5"和蓝色山体方块，填充白色高山缺少部分；在第135帧删数字"8"和蓝色山体方块，如图7-27所示。

（9）单击图层的第160帧并插入关键帧；在第159帧处依次选择"转换为逐帧动画"和"每帧设为关键帧"命令。

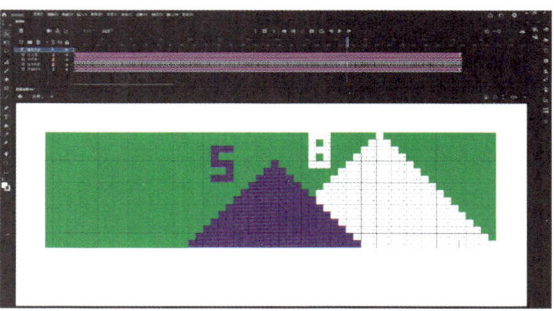

图7-26　完整的山体　　　　　　　　　图7-27　逐渐被删除的山体

**第3步：**绘制标注内容。

（1）解锁"编号文字"图层并单击第1帧。单击 T 工具后设置属性：静态文本、字体（宋体）、大小（80）。在标注框输入数字"17"和"运动12358"。调整两个文本位置使其居中。

（2）按【Ctrl+A】组合键，全选图层并"转化为元件"，在第160帧插入关键帧，在第159帧处创建传统补间动画，如图7-28所示。

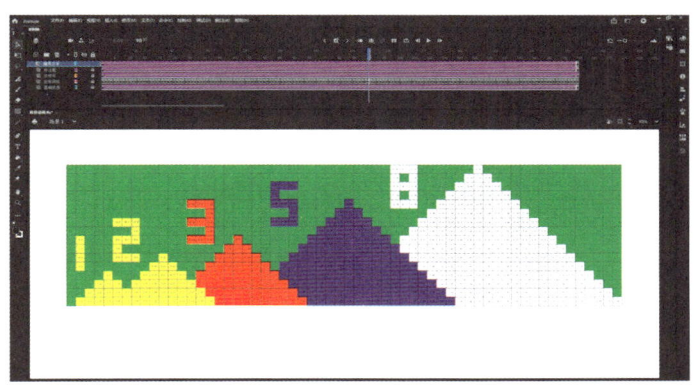

图7-28　动画构建成功图示

**第4步：**导出动画短片。

选择"文件"→"导出"→"导出视频/媒体"命令，在弹出的对话框中设置渲染：大小宽2040、高840、间距（整个影片）、格式（QuickTime）、预设（Default），输出选择文件夹后再输入文件名，单击"导出"按钮、完成影片制作。

## 7.3 "背景动画"实例展示

实例1：暖场背景动画
实例2：民族传承背景动画
实例3：体育与艺术背景动画

暖场背景　　　　　民族传承　　　　　体育与艺术

# 反侵权盗版声明

电子工业出版社依法对本作品享有专有出版权。任何未经权利人书面许可，复制、销售或通过信息网络传播本作品的行为；歪曲、篡改、剽窃本作品的行为，均违反《中华人民共和国著作权法》，其行为人应承担相应的民事责任和行政责任，构成犯罪的，将被依法追究刑事责任。

为了维护市场秩序，保护权利人的合法权益，我社将依法查处和打击侵权盗版的单位和个人。欢迎社会各界人士积极举报侵权盗版行为，本社将奖励举报有功人员，并保证举报人的信息不被泄露。

举报电话：（010）88254396；（010）88258888

传　　真：（010）88254397

E-mail：　dbqq@phei.com.cn

通信地址：北京市万寿路南口金家村288号华信大厦
　　　　　电子工业出版社总编办公室

邮　　编：100036